本书部分内容为国家自然科学基金项目"基于文本逻辑主题结构的数字出版内容重组研究"（项目编号：7163208）、湖北省自然科学基金项目"基于理想认知模型的出版内容重组框架研究"（项目编号：2020CFB821）以及国家社会科学重大基金项目"虚拟现实媒介叙事研究"（项目编号：21&ZD326）之成果。同时，本书部分内容源于国家新闻出版署语义出版与知识服务重点实验室以及中宣部国家新闻出版署高端人才智库的研究成果。

中国有声读物平台
服务质量评估及优化研究

RESEARCH ON THE EVALUATION AND
OPTIMIZATION OF THE SERVICE QUALITY FOR
CHINESE AUDIBLE READING PLATFORMS

袁小群 ◎ 著

人民出版社

目　　录

前　　言

作为数字阅读的延伸，有声读物依靠用户听力进行阅读，解放了读者眼睛和常规阅读内容载体支撑的条件，扩充了用户阅读方式，还给受众带来场景化的沉浸式收听，提高受众阅读体验，成为用户的重要阅读媒介之一。虚实交融的当前社会，人们阅读需求随着受教育水平的提高不断增多，而移动设备的普及又挤压了用户阅读空间，催生有声读物这种便捷灵活的阅读方式的快速发展。但有声读物市场快速发展带来整个产业的繁荣的同时，也加剧了产业各主体间的竞争，加之我国有声读物市场起步较晚、缺乏城市的商业模式和产业链，产业主要由互联网公司主导，导致有声读物平台各类服务质量问题如服务品质和资源管理等频现，降低了用户的内容消费体验和消费积极性，在一定程度上阻碍了有声读物产业的发展。

事实上，虚实交融的泛在移动信息环境下，用户深度参与内容生产与传播，注重消费体验和消费需求的满足，对有声读物平台服务质量提出更高要求。同时，有声读物服务平台服务质量是有声读物生产和服务的综合体现，直接影响用户对有声读物消费的体验，是有声读物产业良性发展的核心要素。目前学术界对有声读物平台的研究多聚焦于盈利模式、商业模式和运营模式等方面，少数涉及用户及平台服务质量的研究讨论多为案例分析和经验描述，缺乏理论基础和数据支撑。鉴于此，本书聚焦我国有声读物平台服务质量，在分析我国有声读物平台核心用户群体青少年的价值诉求和形成路径基础上，构建有声读物平台服务质量评价体系，找出我国有声读物平台服务质量存在的主要问题，并设计出相应的优化策略，主要工作有如下几点。

第一，基础理论框架构建和问题提出。通过对本书研究内容涉及相关领域的理论进行梳理，为读者阅读本书后续章节涉及的相关概念加以明晰，同时构建本研究的基础理论框架。在此基础上，通过对我国有声读物及其平台的发展历程及现状进行分析，找出目前我国有声读物平台服务面临的问题。

第二，构建基于用户需求期望与满足的有声读物平台服务质量评价模型，从用户消费视角找出我国有声读物平台服务质量存在的问题。为此，本书以有声读物核心用户群体青少年为对象，运用用户价值理论和阶梯访谈法，构建我国有声读物平台用户价值模型，找出有声读物平台服务的用户关键价值。在此基础上，选择适合有声读物平台服务质量评估的服务质量评估理论，构建有声读物平台服务质量评估模型，总结出有声读物平台服务质量影响因素对其服务品质的影响效果及我国有声读物平台服务质量面临的主要问题。

第三，从内容管理和平台服务方面构建我国有声读物平台服务质量优化方案，在满足用户个性化内容消费需求的基础上，为用户大范围提供随时随地的有声读物消费需求，进而实现系统以较少的成本提供高效内容服务，在保证用户服务体验的同时，维持平台的平稳性和安全性，解决当前有声读物平台服务质量中的内容管理、平台服务和客户反馈等主要问题。

本书采用互补共融的研究方法，针对有声读物平台用户价值获取和服务质量评价具有较强人文社科特色，而有声读物资源管理和平台构建与服务则具有鲜明技术属性的特点，综合应用文献分析法、文件调查法、阶梯访谈法等人文社科研究方法，对我国有声读物平台的用户价值和服务质量进行分析和评估；然后利用推荐技术、云计算技术、资源优化技术以及模型构建、算法设计等科学技术和研究方法，针对我国有声读物平台服务质量面临的主要问题设计一套平台服务质量优化方案，从内容管理、平台服务和客户反馈等视角对平台服务质量进行提升，最终形成用户需求视角的我国有声读物平台服务质量评估和优化方案。本书从理论上分析了为我国有声读物平台用户价值驱动因素及实现路径，揭示了不同因素对平台服务质量的影响效果，并解决了如何发现用户并根据用户需求智慧化运营和管理有声读物平台，丰富了有声读物平台在用户价值、服务质量评价、信息系统建设和管理等领域理论等方面的积累，有助于从业者把握用户需求本质，自上而下指导其产品设计和服务，也为有声读物平台构建和管理提供理论借鉴和技术支持，具有重要的理论价值和现实意义。

绪　　论

　　随着互联网和数字技术的进步，传统媒体数字化发展迅速，有声读物作为人们休闲娱乐、学习提升的重要选择，得到了广泛传播和快速发展。艾媒报告显示，有声读物市场蓬勃发展，持续三年增速高于30%，用户也在大规模增长①。作为数字阅读的延伸，有声读物依靠读者的听力进行阅读，读者仅利用耳朵即可获得通常的阅读享受，解放了读者眼睛和常规阅读内容载体支撑的条件，扩充了用户阅读方式，能在不同的阅读场景里满足用户的读书需求，成为用户的重要阅读媒介之一。尤其在虚实交融的当前社会，一方面随着人们受教育水平的逐渐提高，阅读需求不断增多；另一方面，各种智能设备的普及和在社会生活中的应用，用户需要同时关注各类应用，挤压了用户阅读空间。显然，有声读物仅需耳朵来阅读适应这一阅读需求并得到快速发展，其市场影响力持续扩大，增长速率也远超行业平均水平。但随着有声读物市场进入高速发展阶段，各服务提供商迫切需要提高自身竞争优势来站稳脚跟并获得快速发展，加剧了产业及各主体间的竞争。由于有声读物通过平台为用户提供阅读服务，其各类问题，如服务品质，资源管理,定价机制甚至平台运营等，均通过平台服务质量加以体现。显然，从用户视角出发，评价有声读物服务平台的服务质量,找出平台服务存在的问题及其对应的原因,并设计可行的优化方案,提升平台向用户提供服务的质量,满足用户需求,更好地为用户提供高效高质量的服务,有助于促进有声读物市场的发展和完善。

---

① 《2020—2021年中国在线音频行业研究报告》，艾媒网，2021年3月21日,见 https://www.iimedia.cn/c400/ 77771.html。

·1·

一、研究背景和意义

（一）研究背景

近年来，有声读物产业尤其依托于互联网的数字有声读物产业在世界范围内掀起波澜，被视为数字出版领域令人惊讶的"游戏规则改变者"[①]。英美等国的有声读物销量和收益连年攀升，与印刷书籍的市场表现形成鲜明对比。从"看书"到"听书"正在改变中国人的阅读方式和阅读习惯。国民听书率增长幅度较大，平均增长超过6个百分点，成为全民阅读新的增长点。2021年，我国有三成以上国民有听书习惯，超过32.7%的听书人群使用移动有声App平台听书。[②] 相比纸质图书与电子书，有声读物为人们提供了一种便捷、感官体验丰富的阅读、交流与休闲方式，也因此获得用户和资本青睐，形成广阔的市场空间。快速发展和广阔市场前景造就激烈的竞争环境。一方面，有声读物市场参与者众多，已形成以喜马拉雅、荔枝和懒人听书等平台为代表，其他垂直平台分割长尾市场的竞争格局；另一方面，用户规模持续大幅度增长，各平台在用户争夺方面依然胶着，造成平台内容布局、经营策略和提供的内容同质化明显。同时，5G技术进一步扩大物联网终端链接场景，有声读物产业迎来新一轮机遇和挑战。

事实上，有声读物并非新兴艺术形式。20世纪30年代美国政府就为阅读障碍人群如盲人读者、视障读者以及学龄前儿童制作了有声产品。随着技术革新和商业开发的深入，有声读物历经盒式磁带、CD、收音机等载体变迁，并在社会经济推动下逐渐发展为一种流行的大众阅读和休闲媒介。20世

---

① I. Have, B. S. Pedersen, "The audiobook circuit in digital publishing: Voicing the silent revolution", *New Media & Society*, 2019, 22(3), pp.409-428.

② 《2021年我国成年国民各媒介综合阅读率持续稳定增长》，央视新闻手机端，2022年7月21日，见 https://content-static.cctvnews.com/snow-book/index.html? item_id = 8892066234375449336。

纪 90 年代，有声读物以数字格式文件存储在互联网终端，有声读物的数字化时代由此开启。最早进入有声读物数字化市场的是美国奥德博（Audible）公司。该公司创立于 1995 年，主营有声读物网络下载业务，于 2008 年被亚马逊收购。目前，奥德博已成为全球最大的有声读物销售商与生产商，向用户提供品种丰富的有声读物在线收听、下载、创作交流等服务。① 此后，有声读物经历了十多年电脑在线收听或下载导入 MP3 等移动设备的阶段，代表性平台是苹果播客。2010 年左右，欧美有声书产业爆发增长，涌现出一批有声读物分销和出版平台如 Audiobooks，向用户提供在线有声书服务。再之后，以租借和订阅模式向用户分销有声读物的平台相继出现，如 Downpour 和 Playster。②

我国有声读物起步于 20 世纪 90 年代末，以网络广播的形式存在和传播。国内最早成立的移动有声读物平台是于 2011 年 9 月上线的蜻蜓 FM，最初为用户提供在线收听广播电台的服务，之后逐步扩展内容品种。2013 年起移动互联网音频平台井喷式发展，喜马拉雅 FM、豆瓣 FM 等接连上线。2015 年以喜马拉雅 FM 为代表的有声读物 App 用户实现大规模增长，有声产业开始商业化布局。从用户角度来看，有声阅读这种古老的艺术形式正借助互联网技术与移动终端重新走进大众视野。与之相对应，有声读物产业蓬勃发展，一度超过电子书成为数字出版产业的优势增长板块。根据艾媒咨询发布的报告，2020 年中国在线音频用户规模达到 5.7 亿人，2022 年有望升至 6.9 亿人。③

欧美有声书行业起步较早，主要由传统出版商及第三方制作平台进行专业生产，以正版优质内容和付费订阅为基础形成了较为成熟的商业模式和产业链。与此相对，我国有声读物产业主要由互联网公司主导，以 PUGC 为最大特色，内容品种较为繁杂；由于起步较晚，产业及平台在跨越式增长中存在诸多问题，如内容制作水平参差不齐、制作流程不专业，内容和运营策略

---

① 贺钰滢：《奥德博有声出版公司研究》，《出版科学》2016 年第 1 期。
② 徐丽芳、周伊：《欧美有声书平台比较研究》，《出版参考》2019 年第 4 期。
③ 《2020—2021 年中国在线音频行业研究报告》，艾媒网，2021 年 3 月 21 日，见 https://www.iimedia.cn/c400/ 77771.html。

同质化，服务品质不稳定，平台运营不规范等。这使得我国有声读物平台在用户价值创造和价值提升等方面不尽如人意，具体表现为无法满足用户需求，无法提供高质量服务，企业竞争力疲软等。

事实上，用户需求是企业存在和发展的基础，有声读物产业也不例外。信息环境下用户更为挑剔，不仅深度参与内容生产与内容传播，对使用体验和服务质量的要求也越来越高。显而易见，用户的态度和消费行为是推动有声读物平台发展的关键力量。同时，有声读物服务平台服务质量是有声读物生产和服务的综合体现，直接影响用户对有声读物消费的体验，是有声读物产业良性发展的核心要素。因此，本书着眼于用户价值，以有声读物消费主体的青少年为对象，在分析我国有声读物平台青少年价值诉求和形成路径的基础上，构建有声读物平台服务质量评价体系，评估我国有声读物平台的服务质量，然后从平台资源优化和内容管理视角，设计出有声读物平台服务质量优化策略。

（二）研究意义

服务质量优化是企业获得持久竞争优势的重要来源。本书将伍德拉夫的用户价值理论引入有声读物平台，分析我国有声读物平台青年用户价值驱动因素和生产路径。在此基础上，本书综合运用服务质量理论，构建有声读物平台服务质量影响因素体系和服务质量评价模型，以此获得我国有声读物平台服务质量面临的问题。然后本书利用相关信息技术，从平台运维视角设计的相应的服务质量优化策略，以期为我国有声读物平台服务质量的提高和维护提供借鉴，具有重要的理论意义和实践意义。

首先，目前学术界对有声读物平台的研究多聚焦于盈利模式、商业模式和运营模式等方面，少数涉及用户及平台服务质量的研究则讨论多为案例分析和经验描述，缺乏理论基础和数据支撑。本书以用户价值为视角，分析有声读物平台用户价值驱动因素及实现路径，丰富了有声读物平台在用户价值理论等方面的积累，有助于从业者把握用户需求本质，自上而下指导其产品设计和服务提供。

其次，本书在收集分析有声读物平台服务质量影响因素基础上，构建有声读物平台服务质量评价模型，从理论上揭示了不同因素对平台服务质量的影响效果，为有声读物平台构建提供指导。

最后，本书从平台运营和维护视角，引入合作云及区块链等信息技术，设计了一套有声读物平台资源优化和管理的方案，从理论上解决了如何发现用户并根据用户需求智慧化运营和管理有声读物平台，为用户提供有品质保障的有声读物消费，为从业者提供有声读物平台运营和管理上的指导。

二、研究综述

本书从用户价值视角对有声读物平台服务质量进行评价并设计相应的优化策略。文献调研发现与此相关的研究主要集中在有声读物和有声读物平台及其服务评价两方面。

（一）有声读物研究

国内外有声读物产业发展路径的不同导致在这一领域学术研究也侧重不同。国外关于有声读物的资料虽然不多，但基础扎实、脉络清晰。学术讨论较为深入，市场统计相对规范，共同呈现其有声读物产业发展状况。国内的学术性讨论大致以 2013 年为界线，尤其近几年对有声读物的研究呈井喷现象，多在"知识付费""自媒体""PUGC"等语境下进行产业分析，缺乏理论探讨。基于此，本书对国内外文献进行梳理并分类归纳，以期呈现有声读物研究的完整面貌。

（1）有声读物演变视角。尽管 20 世纪 30 年代已出现有声读物，但半个世纪之后有声读物才逐渐走进大众视野。作为"新兴事物"，从业者、消费者及观察者都对有声读物充满困惑。有观点认为有声读物只是印刷书籍的录音版本，不能称为"一本书"，人们也无法通过耳朵来阅读。Shokoff 则认为对原著进行删节属改编范畴，有声读物与电影类似，都是以另一种媒介呈现印刷文本内容。① 也有人将有声读物与朗读文化相联系，认为印刷文本被朗读出来以后，会给读者不一样的体验。这些讨论呈现了有声读物从进入市场到被人们接受的过程，厘清了有声读物与印刷书籍的关系：有声读物源于印刷书籍，但终将独立。Whitten 从有声读物产业链各方描述其增长过程，包括受众、生产、市场营销、发行渠道、行业协会及媒体报道，并着重讨论有声读物的产品标准，是否保持原著内容完整性，支持何种格式会直接影响受众消费与市场反应。② 有声读物市场地位有赖于产业链每个环节，随着需求增长，市场参与者越来越多，生产标准和分销渠道逐渐完善，媒体对有声读物的报道也水涨船高。有声读物已从印刷书籍的附属产品（by-product）转变为数字出版与数字阅读的中心。Have 等人认为，尽管有声读物市场表现优秀，学术界并未对此引起重视，因此有必要重建包含有声读物在内的数字出版生态圈，重新审视产业链各环节的角色定位。③

（2）载体变迁视角。与音乐行业发展同步，盒式磁带及 CD 承载的有声读物在国外经历了 30 多年的发展，培育了相当庞大的消费群体。互联网及数字格式对有声读物既是机遇又是挑战。Colbjørnsen 对挪威市场上的有声读物发行商与服务提供商进行案例研究，探讨流媒体技术对有声读物产业乃至整个出版产业的影响，认为移动终端与 GPS 技术的结合将拓宽有声读物消费场景，提升消费体验。④ Furini 设计了新型有声读物系统，支持用户与有声读物进行互动，为其提供超越被动收听的乐趣。⑤ Dongolo 等人为儿童开发了以增强现实

---

① J. Shokoff, "What Is an Audiobook?", *The Journal of Popular Culture*, 2001, 34(4), pp. 171-181.

② R. Whitten, "Growth of the audio publishing industry", *Publishing Research Quarterly*, 2002, 18(3), pp.3-10.

③ I. Have, B. S. Pedersen, "The audiobook circuit in digital publishing: Voicing the silent revolution", *New Media & Society*, 2019, 22(3), pp.409-428.

④ T. Colbjørnsen, "The accidental avant-garde: Audiobook technologies and publishing strategies from cassette tapes to online streaming services", *Northern Lights: Film & Media Studies Yearbook*, 2015, 13(1), pp.83-103.

⑤ M. Furini, "Digital audiobook: from passive to active pursuit", *Multimedia Tools and Applications*, 2007, 40(1), pp.23-39.

（AR）为基础的有声读物 App，支持图像自动识别并显示，让儿童在听书的同时能看到相应的图像，增强内容理解和阅读趣味性。[①] 王勉则详细介绍 MPR 纸质数码有声出版技术的创新发展，并对该技术给有声书带来的发展潜力进行分析。[②]

（3）产业发展视角。产业链和市场营销角度研究有声读物的盈利模式、运营模式及市场发展策略，多为案例分析，备受关注的平台有喜马拉雅、懒人听书等。王香玉认为，付费收听与广告营销是有声读物平台盈利最为重要的来源，也是内容平台的常规盈利模式；社群经济和周边售卖依托黏性较高的用户，成为平台新的经济增长点；随着用户增长，平台逐渐壮大，其作为分销渠道的话语权和收益也越来越重要。[③] 可以看出，优质内容是支撑有声读物平台获利的基础，以此为原点，技术和产业链配合才能发挥作用。孔凡红、邱璨等人都讨论了新环境下有声读物的市场发展策略，认为精准定位受众是有声读物市场开发的前提，面对有声读物受众认知度较低的情况，企业应开展各类营销活动帮助潜在受众接受新鲜事物，从而拓展用户规模。[④]

（4）从阅读、传播及媒介视角。邓香莲对大学生群体的有声阅读行为进行实证研究，认为性别和年龄对大学生选择有声阅读平台和阅读内容具有显著影响。[⑤] 陈博雅运用阅读推广理论对小学生听书的阅读推广效果展开新的探索。研究结果表明：听书对小学生阅读有显著促进，如锻炼想象力、增加阅读兴趣等；同时听书在小学生监护者群体中认同度极高，为以听书形式开

---

① Z. Dongolo, K. Kovacs, K. Simon, Z. Szecsi, Legendárium Nagyappó: Augmented Reality-Based Audiobook Application, *2018 IEEE 16th International Symposium on Intelligent Systems and Informatics*（SISY）.

② 王勉：《MPR 纸质数码有声出版技术创新及发展优势》，《科技与出版》2014 年第 4 期。

③ 王香玉：《自媒体时代有声读物的盈利模式研究》，广西大学 2018 年硕士学位论文。

④ 孔凡红：《全媒体时代有声读物的市场策略探究》，北京印刷学院 2017 年硕士学位论文；邱璨：《移动互联网时代我国有声读物创新发展策略研究》，河北大学 2017 年硕士学位论文。

⑤ 邓香莲：《新媒体环境下大学生有声阅读行为特征研究——以上海大学生为例》，《图书情报知识》2018 年第 5 期。

展阅读推广活动提供极大便利。① 童云和周荣庭则探讨在新型传播语境下，有声读物用户的新变化与新特征，并提出基于用户需求的超媒介生产策略。② 孔嘉雯研究了文化传播力视角下有声读物的发展策略。③ 赵丽华从阅读历史和阅读文化的角度对听书的内涵、发展现状和不足、后续发展方向进行了学理性的探讨，认为听书作为一种通俗化阅读方式，是人们回归传统朗读及听觉空间（麦克卢汉）的体现。④ 传统朗读与现代有声阅读都十分强调听觉和声音对阅读的重要性，又各有不同。移动互联网造成的空间区隔和个体沉默，无法真正带来听书文化的繁荣。因此，有声阅读应该从经验和传统中汲取养分。一方面要发挥朗读的文本建构能力，另一方面则提高聆听者的互动性。Barnett 以美国前总统奥巴马《我父亲的梦想》⑤ 一书为例，探讨有声读物在媒介领域的位置，认为有声读物是介于声音对象（sound object）和印刷书籍或文学对象之间的中间媒介、混合媒介。⑥ Rogowsky 等人则开展实验测量听力阅读的效果及其与视觉阅读的差异。⑦

（5）有声读物发展现状和存在问题方面。我国有声书产业起步晚，发展速度快，在产业生态建构方面问题频发。田莹认为我国有声读物面临内容单一、品类陈旧、宣传不力、产业链短缺等问题，具体表现如下：一是内容，目前各平台 PGC 与 UGC 并存，内容质量参差不齐，分类模糊且同质化较高；二是从业人员，广播电台在移动有声读物平台出现之前发展式微，流失大量

---

① 陈博雅：《听书对小学生阅读推广效果的影响研究》，西南大学 2018 年硕士学位论文。
② 童云、周荣庭：《论有声读物的用户需求及其超媒介生产策略》，《现代传播（中国传媒大学学报）》2018 年第 5 期。
③ 孔嘉雯：《文化传播力视角下有声读物的发展策略研究》，苏州大学 2018 年硕士学位论文。
④ 赵丽华：《从朗读到有声阅读：阅读史视野中的"听书"》，《现代出版》2018 年第 1 期。
⑤ *Dreams of My Father*，该书于 1995 年首次出版，2005 年奥巴马开始其政治生涯时重新发行，并由作者朗读开发了有声版本。
⑥ T. Barnett, "Book review: Digital Audiobooks: New Media, Users and Experiences", *Media International Australia*, 2017, 164(1), pp.160-161.
⑦ B. A. Rogowsky, Calhoun B. M., Tallal P., "Does Modality Matter? The Effects of Reading, Listening, and Dual Modality on Comprehension", *SAGE Open*, 2016, 6(3).

专业人才，导致当前有声产业人才储备不足，产品制作水平堪忧；三是商业模式，我国有声读物商业模式不成熟、盈利模式单一，且长尾产业链不足；最后是版权问题，这是我国内容产业的积弊，侵权问题频发且维权成本非常高。[①] 有声读物的版权问题也是学者们关注的重点和热点。我国内容产业的版权保护环境向来不甚乐观，有声读物作为高速发展的新兴板块，更是侵权问题频发，且在互联网企业的"避风港"原则下维权变得十分困难。张惠彬和刘诗蕾针对此问题提出了一系列防范机制，如出版方要根据法院条例，建立规范的内容授权机制，以厘清有声书出版授权涉及的诸多权利和权利人之间的复杂关系；其次有声读物平台应该加强自身管理的合规化，慎用"避风港"原则，严肃处理平台用户侵权行为；最后主管部门应该加强执法力度。[②]

（6）欧美有声读物方面。欧美有声读物产业已经在内容生产、内容分销、平台建设、用户付费和内容授权等方面形成了一个多方参与的较为稳定的良性循环生态圈。朱娟和李永发总结了美国有声出版服务模式：基于自主内容生产的自产自销型出版、以图书馆为主要销售对象的第三方出版、内容生产与渠道销售相分离的搭台唱戏型出版以及基于版权再开发的出版商自主出版服务模式。[③] 裴永刚认为，美国有声书能够快速且良性地发展得益于行业协会的规范化运作，成熟的阅读推广方式以及完善的产业链条。[④] 欧美有声书行业的先进经验对我国有声产业的发展有一定启示，但借鉴的同时也应考虑国内市场特点和用户习惯。

（二）有声读物平台及其评估研究

国内关于有声读物平台的研究大致集中在以下几方面：（1）总结我国有

---

① 田莹：《新媒体时代有声读物的发展问题与对策分析》，河南大学 2013 年硕士学位论文。

② 张惠彬、刘诗蕾：《从"眼见"到"耳闻"：有声书出版侵权行为的法律规制》，《科技与出版》2018 年第 10 期。

③ 朱娟、李永发：《美国有声书产业发展现状及对我国的启示》，《科技与出版》2019 年第 3 期。

④ 裴永刚：《美国有声书发展态势及启示》，《现代出版》2017 年第 1 期。

声读物平台的现状，提出移动互联网时代/全媒体时代/自媒体时代有声读物平台发展的创新策略，包括服务模式、盈利模式、商业模式、运营方式以及竞争战略。① （2）介绍国外优秀的有声书平台，对其从生产到销售再到版权问题的全过程进行对比分析，从而为我国有声书平台的发展提供建议。② （3）是有声读物平台用户研究。这个方向研究成果较少，且已有的用户研究大都集中在用户满意领域，或研究用户付费的影响因素等，鲜有涉及用户价值的研究。叶阳和张美娟等人基于技术接收模型，分析有声书 App 用户使用行为的影响因素，并通过调查问卷的方式实证研究各项影响因素的路径关系和影响程度。研究结果表明，社会影响、感知有用性对用户使用有声读物平台具有促进作用，其中社会影响更为突出。③ 叶阳和王涵基于顾客价值感知理论，引入在线口碑、人际影响、个人付费意识 3 个影响因素，构建了有声阅读平台用户付费意愿理论模型，并进行实证检验。④ 这些研究扩充了有声读物平台的研究内容，从用户感知价值的角度探讨有声读物平台的发展策略，是有益的尝试。（4）还有一类属于交叉领域，将有声读物平台划入知识付费平台的范畴，或将其置于知识付费的大环境下，研究其平台机制、商业模式和市场机制等问题。⑤

国内关于有声读物平台评估的研究主要是从用户体验的角度入手，即以

---

① 诸葛寰宇：《我国有声书平台的发展研究——以喜马拉雅 FM 和蜻蜓 FM 对比为例》，《北京印刷学院学报》2017 年第 4 期；周云倩、钟孟倩：《移动有声阅读双边市场特征与平台竞争研究》，《中国出版》2018 年第 14 期。

② 徐丽芳、周伊：《欧美有声书平台比较研究》，《出版参考》2019 年第 4 期；贺钰滢：《奥德博有声出版公司研究》，《出版科学》2016 年第 1 期；王紫璇、王一鎏：《Libro.fm：专业的有声"独立书店"》，《出版参考》2018 年第 5 期。

③ 叶阳、张美娟、王涵：《有声书 App 用户使用行为影响因素分析》，《出版发行研究》2017 年第 7 期。

④ 叶阳、王涵：《有声阅读平台用户内容付费意愿影响因素研究》，《图书馆学研究》2018 年第 1 期。

⑤ 左玉冰、祁大伟：《知识付费平台产品价值链和运营模式分析》，《科技与出版》2019 年第 4 期；彭兰：《平台机制与用户意愿：知识付费的两大要素解析》，《中国编辑》2018 年第 11 期。

用户为中心进行研究，包括用户对平台的使用行为和意愿。叶阳和张美娟等人分析了用户在使用有声读物平台过程中用户行为可能与哪些因素有关，得出社会影响和感知有用性能够正向影响用户使用行为的结论。① 姜虹冰和吕建生引入体验价值理论，构建了用户对有声读物平台的持续使用模型，得出感知娱乐性、阅读有用性、社交有用性能够被用户的期望确认度正向影响的结论。② 魏志鹏和张丽基于技术接受模型进行实证研究，分析了感知有用性、感知娱乐性、资源优化度、使用成本等因素均能影响用户对有声读物平台的使用情况。③ 栾碧雅和张卫东综合用户感知质量、感知价值，构建了移动有声阅读用户满意度影响因素模型，研究发现有声阅读平台的使用受到了用户个人背景的影响，如性别、年龄和学历等，并且大部分用户更喜欢消费时间短、娱乐消遣类型的内容。④

此外，有声读物平台评估研究还包括有声书特征的服务评价，如声音、主播、内容等的质量。高志辉针对付费有声书从内容、服务、知识效用、价格四个维度构建了用户对知识服务满意度的评价指标体系。⑤ 在有声读物声音的质量研究方面，童云和周荣庭建构的评价模型基于听觉体验和用户认知，从规范性的有声语言质量、声音和谐程度、音频适听形态等维度展开。⑥ 曾志华和卢彬从价值维度、规范维度、审美维度、影响维度这四个方面构建了

---

① 叶阳、张美娟、王涵：《有声书 App 用户使用行为影响因素分析》，《出版发行研究》2017 年第 7 期。

② 姜虹冰、吕建生：《有声读物 App 用户的持续使用行为影响因素研究》，《科技与出版》2020 年第 10 期。

③ 魏志鹏、张丽：《在线有声读物平台用户行为影响因素探析——基于技术接受模型的实证研究》，《出版与印刷》2020 年第 1 期。

④ 栾碧雅、张卫东：《基于感知理论的移动有声阅读平台用户满意度研究》，《图书馆学研究》2020 年第 16 期。

⑤ 高志辉：《付费有声书知识服务满意度研究——以"樊登读书"为例》，《情报科学》2020 年第 5 期。

⑥ 童云、周荣庭：《有声读物声音质量评价维度》，《中国广播》2020 年第 1 期。

有声读物播读评价指标体系。[①] 王冉研究了有声读物知识付费平台，以用户体验理论和服务质量维度理论为基础，提出了由系统质量、内容质量、移情质量这三个维度构成的评价体系，并以喜马拉雅为例实证分析存在的问题和原因。[②]

　　显然，国内外关于有声读物平台的评价研究基本上均糅合了文献理论基础和实际平台情况，对现实都有一定程度的指导作用。而且，国内的有声读物平台评估是"以用户为中心"来展开，从对硬件性能、软件性能、资源质量等因素的感知评价到功能体验、个性化服务等因素的体验服务评价，其服务质量评价的指标大部分是从用户的角度看问题，而不仅仅只看平台系统自身。作为应用系统的一种，有声读物平台有其特定的硬件基础和软件配置，且运行在现实环境下，必然受这些硬软件配置、系统构建方式及外部运行环境的影响。此外，有声读物平台有其自身业务逻辑，由相应的功能模块组成，也会受到支撑这些功能业务实现的技术影响。此外，泛在移动环境和个性化定制服务客观上要求有声读物平台具有很强适应性，能随时随地为用户提供个性化定制服务，而云计算即购即用以及自动部署技术则意味着能利用现有云计算资源，自动构建涵盖所有用户的信息系统，为用户提供信息服务。但目前尚缺乏关于泛在移动环境下综合用户和平台等视角研究有声读物平台服务品质评价的工作。为此，本书正是力图基于泛在移动环境，从系统和用户两个角度，系统深入分析影响有声读物平台服务品质的影响指标和评价模型，并提出相应的优化策略，以提升有声读物平台服务质量，促进有声读物市场健康发展。

----

① 曾志华、卢彬：《中国有声读物播读评价体系构建研究》，《现代传播（中国传媒大学学报）》2018 年第 7 期。

② 王冉：《基于用户体验的知识付费平台服务质量评价体系构建研究》，安徽大学 2019 年硕士学位论文。

三、研究对象、目标和研究方法

（一）研究对象和研究目标

本书以我国有声读物平台为研究对象，从用户视角评估其服务质量并设计出相应的优化策略，以提升我国有声读物平台的用户服务能力，促进有声读物产业的健康可持续发展，包括如下目标。

（1）以我国有声读物平台核心用户青少年为例，分析有声读物平台用户价值诉求和形成路径，为我国有声读物产品设计的改进、价值提升和服务水平的提升提供指导。

（2）收集和分析我国有声读物平台服务质量的影响因素，构建有声读物平台服务质量评价模型，揭示不同影响因素对平台服务质量的影响效果以及我国有声读物平台的服务优缺点，有助于有声读物平台建设和服务质量改进。

（3）从平台资源优化和产品管理视角设计了泛在移动环境下有声读物平台智能运营和管理方案，有助于我国有声读物服务企业运行和管理能力的提升，进而提升其服务平台的服务质量。

（4）从用户需求视角分析有声读物平台服务的优缺点及面临的问题，并从平台视角引入信息技术加以解决的研究思路不仅适合我国有声读物平台建设和服务质量提升，还能为泛在信息环境下相似的出版模式如在线教育、出版知识服务等的研究提供借鉴和指导。

（二）研究方法

本书综合利用多领域融合和定性与定量相结合的研究方法来评价我国有声读物平台服务质量，提出优化策略。

有声读物平台服务质量评估及优化是一个包含用户价值、评价理论和信息技术等领域的综合性问题，首先需要综合分析研究问题的特点。在此基础上，针对特定问题，从相应领域选择合适的理论，形成解决方案，然后利用系统集成的方法，完成最终的研究。

为此，本书先从已有文献中梳理平台用户价值构成要素和平台服务质量影响因素，形成相应的价值构成指标体系和服务质量影响因素体系，然后针对有声读物平台特性，选择合适的理论构建平台用户价值理论和服务质量评估模型，最后通过问卷、访谈等方式收集数据，应用到构建的价值模型和质量评估模型，确定不同指标的权重，并完成模型指标休整，最后通过实证对获得的结果进一步修正并获得最终结果。

为实现上述目标，本书广泛使用文献研究法、问卷调查法、统计分析法和层次分析法等方法，简要列举如下。

文献研究法：查找有声读物平台、服务质量评价等内容的相关文献资料，分类整理并详细分析资料，总结归纳学者们的研究成果，并结合服务质量评价模型等理论来构建有声读物平台服务质量评价指标体系，为下文实证研究提供基础。

问卷调查法：根据构建的有声读物平台服务质量评价理论模型中的各项指标，来设计问卷、回收问卷，以收集用户的基本信息和用户对于各个维度的各个指标的感知，通过网络平台发放问卷并回收数据，以做后续分析和研究。

统计分析法：回收问卷数据后，首先分析问卷数据的信度和效度，确定问卷数据的稳定性和有效性，确保这些数据是可以使用分析的；然后对问卷数据进行描述性因子分析，来确定各维度和二级指标是否合理，如有不合理之处，及时修正指标体系。

层次分析法：本研究将根据因子分析和差值计算的结果，利用层次分析法中的乘积标度法来确定指标权重，并将维度权重和指标权重结合计算服务质量的得分。

阶梯访谈法：阶梯访谈法是揭示用户价值层次的一种非常有效的访谈技术。指通过一对一半结构化深度访谈，不断引导用户感知产品属性与自我价值之间的联系。该方法通过一系列特定技巧（如设定情境、多问为什么以及使用第三人称）来确定属性层（A）、结果层（C）和价值层（V）的构成元素及它们之间的联系。访谈的关键在于帮助和引导用户探查其特定场景中的认知过程和选择行为，最终为每位用户形成一系列 A-C-V 价值阶梯，以直观理解用户价值及其形成路径。阶梯访谈获取的内容是进行阶梯式定量分析的基础。

阶梯式定量分析：完成访谈之后需对访谈内容做简要处理，即梳理每位用户的回答，为其形成若干条 A-C-V 价值阶梯；之后要对阶梯内容做量化分析。首先将每个阶梯拆为几部分，识别属性—果—目标层之间的关联关系，据此构建得分矩阵和综合关联矩阵，最终绘制由众多用户阶梯组成的用户价值层级结构图。具体步骤包括以下四步：（1）建立内容编码概要，拆分阶梯；（2）利用编码概要将所有用户 A-C-V 价值阶梯转化成数字编码链（chain），对所有编码链的记录构成得分矩阵；（3）根据得分矩阵构建综合关联矩阵，关联矩阵中每一格代表一对编码直接和间接关联的次数，关联次数越多，表示编码之间关系越密切，空白格表示编码之间没有关联。（4）根据综合关联矩阵构建用户价值层级模型，以树状图形式表示。

四、研究思路、框架和研究内容

（一）研究思路

在有声读物平台服务质量评估及优化策略研究基础理论框架下，本书按照提出问题、分析问题和解决问题的思路展开。

（1）有声读物平台服务质量评估及优化策略研究基础理论框架构建。有声读物因便捷性而深受用户欢迎，成为人们休闲娱乐和学习提升的重要选择。在市场和需求双重推动下，有声读物平台得到快速发展，但也形成激烈的竞争市场。在此环境下，如何持续满足用户需求并获得竞争优势，是有声读物平台亟待解决的现实问题。显然，和其他出版产品相似，有声读物平台首先需要为用户提供满足其价值的服务。在满足用户价值需求基础上，作为一种服务产品，有声读物平台的服务质量直接影响到用户的阅读体验。事实上，有声读物平台为用户提供有声读物内容产品服务，综合有声读物内容产品制作品质和平台建设、服务和运营维护等多方面因素。相应的，其服务品质不再是简单反映平台自身或者有声读物产品自身的质量，而是上述各环节在对用户服务的综合体现，需要根据用户价值相关理论加以综合分析。最后，泛在移动环境下，各类智能终端的普及使用，用户移动性和随机性增强，加剧了有声读物平台适应性地对资源需求灵活性的要求，才能保障平台自身服务品质。随着现实社会生活虚实交融性增强以及网络信息技术的发展，有声读物产品管理成为影响其服务质量的重要因素，而云计算和区块链技术分别在扩展性和追踪溯源上具有独特的优势。因此，有必要根据有声读物平台和用户有声读物消费的特点，利用云计算和区块链及其他相关技术，从服务质量提升方面对有声读物平台进行优化，使之能够保障用户服务品质及产品资源的管理。显然，虽然有声读物平台服务质量涉及多方面因素，但用户价值、服务品质评估、云计算和区块链等领域的理论，分别能有效解决相关环节的问题，能够构建出有声读物平台服务质量评估及优化策略研究的理论框架。

（2）提出问题。从我国有声读物平台发展历程和现状入手，系统梳理我国有声读物平台发展历程并进行现状分析，从其演化过程和现在面临的问题提炼出本研究的基本问题。与其他出版产品相类似，有声读物平台服务首先需要持续满足其用户价值，其服务质量还需综合考虑产品质量和平台自身的服务质量等多方面因素。相应的，其优化策略需要从平台资源优化配置和有声读物产品的有效管理的方面进行。

（3）分析问题。在有声读物平台服务质量评估及优化策略基础理论框架指导下，根据有声读物及其服务平台的服务特点，分别选择合适的用户价值和服务质量评估理论及研究方法，从用户价值视角和平台服务质量视角分析有声读物平台服务的核心用户价值和路径，以及各因素平台服务质量的影响效果。

（4）解决问题。在理论分析基础上，本研究分别从网络资源和有声读物产品资源视角出发，提出一种基于合作云的服务平台智能优化策略并设计了一种基于区块链的有声读物平台内容资源管理方案，实现网络资源和内容资源在平台中的优化配置，进而提升有声读物平台的服务质量。

（二）研究框架和研究内容

本书针对社会生活深度虚实交融在泛在移动环境下我国有声读物平台竞

争加剧而导致的有声读物平台服务质量问题层出不穷现象，综合运用用户价值、服务质量评估、云计算和区块链等理论和技术，系统解决了有声读物平台服务质量评估和优化的研究，在完善有声读物理论基础上，为我国有声读物平台建设单位的建设和运营方案设计及各级管理部门的相关政策制定提供指导和借鉴，促进我国有声读物市场的良性发展，包括如下内容。

绪论部分阐述了本次研究的背景、意义，并对有声读物及有声读物平台的研究现状进行概述，然后总结本书的研究对象、目标和研究方法，研究思路、框架和研究内容。

第一章是基础理论，旨在通过对本书研究内容涉及相关领域的理解进行梳理，为读者阅读本书后续章节涉及的相关概念加以明晰，同时构建本研究的基础理论框架。为此，本章针对我国有声读物平台服务质量评估及优化问题首先需要持续满足用户价值，还需要综合考虑有声读物产品特点、用户服务体验以及平台持续服务等多方面因素，以及需从有声读物内容资源和网络服务资源视角来提升有声读物平台的服务质量，系统梳理用户价值理论、服务质量评估、用户偏好和推荐系统以及云计算和合作云平台的相关理论，从而为读者建立起初步理论基础，便于后续章节的阅读和理解。

第二章是问题提出，旨在通过对我国有声读物及其平台的发展历程及现状进行分析，找出目前我国有声读物平台服务时面临的问题。为此，本书首先分析梳理了我国有声读物平台的发展历程，明晰推动有声读物平台发展的核心要素。在此基础上，详细分析我国有声读物平台的发展现状及其在服务方面面临的各种问题，为后续问题分析部分提供现实参考。

第三章和第四章是本书的问题分析部分，从用户价值和服务质量评估两个视角运用相关理论进行系统分析，总结出我国有声读物平台在服务质量上存在的问题。为此，本书在第三章运用用户价值理论和阶梯访谈法，首先找出有声读物平台服务的用户价值要素。然后利用阶梯访谈法，通过深度访谈获得的有用数据，最终构建出显示用户价值产生路径的用户价值层级结构图，并进一步将访谈数据应用到用户价值层级结构中，获得用户的关键价值，明确用户价值产生路径的特点和造成无法产生用户价值属性的原因。随后，本书在第四章选择适合有声读物平台服务质量评估的服务质量评估理论，构建有声读物平台服务质量评估模型，结合问卷数据，系统总结出有声读物平台服务质量影响因素对其服务品质的影响效果。

第五章到第八章是本研究的问题解决部分，从平台网络资源分配和有声读物内容资源管理两个视角来提升有声读物平台服务质量。为此，本书在第五章首先针对泛在移动环境导致平台服务范围和服务内容变化，利用各类定位技术尤其是室内定位技术，解决室内用户定位难题。在此基础上，引入议会理论，设计用户服务节点匹配算法，完成用户到平台服务节点的合理分配，实现平台对用户服务质量的提升。在完成用户定位和服务节点选择的基础上，第六章旨在确定平台服务用户所需网络资源。为此，本章先从用户视角入手，根据用户偏好，利用推荐理论，向用户推荐符合其需求的有声书资源，并以此为基础完成平台服务资源的需求量。最后，本章提出一套平台资源动态分配的策略，以实现有声读物平台服务资源的优化配置，从理论上保证用户的服务质量。为此，本章在分析各类网络应用架构基础上，针对泛在移动环境下有声读物平台多采用分布式结构的特点，利用云计算即购即用的服务模式，设计了一种适用泛在移动环境下的智能服务边缘节点资源分配策略，从理论上保证了有声读物平台用户服务质量。在此基础上，第七章提出了一套节点间内容传输过程中的动态资源分配策略，有效地对平台内有声读物服务过程中的网络服务资源进行分配，实现有声读物平台利用云资源的平台智能管理方案，保证泛在移动环境下有声读物平台的服务品质。同时，针对当前信息技术环境下有声读物产品的管理问题，本书在第八章利用区块链在产品管理和溯源的天然优越性，设计出一种基于区块链的有声读物平台知识产权管理方案，确保有声读物平台服务过程中各方利益主体的利益，保证有声读物平台服务过程中内容品质和权力等方面的品质。

结语部分是本书的总结，系统梳理和总结本书的基本结论、观点，取得的突破和尚存在的不足。

第一章 基础理论

本章为全书的理论基础部分，包括用户价值理论、服务质量、推荐系统和云计算等内容，是后续章节尤其有声读物平台用户价值分析、平台服务质量评价及优化等相关章节的展开提供理论基础。

第一节 用户价值理论

用户价值研究的兴起是企业不断寻求竞争优势的必然结果，其内生性原因在于用户价值驱动了大部分的用户消费行为，是决定用户选择产品和购买行为发生的关键因素。

用户价值研究起源于营销学。20 世纪 50 年代，顾客价值（Customer Value）理论萌芽并得到发展，到 90 年代以后已成为国外学术界和企业界共同关注的焦点领域，被视为竞争优势的新来源。其间，用户价值研究也向其他学科领域进行扩散。如 20 世纪 80 年代图书情报学领域出现了信息用户价值的研究[1]，用以指导信息产品的开发、信息系统的设计与服务优化等工作。

一、用户价值的定义

关于用户价值，学者们给出了众多解释，合并归类之后大致包括以下几种观点：菲利普·科特勒（Philip Kotler）和迈克尔·波特（Michael E. Porter）的

---

① 张琦、徐志武、贺钰滢：《科学网博客用户价值研究》，《知识管理论坛》2017 年第 4 期。

顾客价值权衡观。① 科特勒将顾客价值定义为整体顾客利益和整体顾客成本之间的差异，即顾客对从不同备选项上获得的整体利益与所支付的整体成本之间的差异。② 波特提出顾客价值是顾客感知产品性能与支付购买成本的一种权衡。③ 希斯（Sheth）、纽曼（Newman）与格罗斯（Gross）等人的顾客价值构成观，他们认为产品为顾客提供了五种价值：功能价值、情感价值、认识价值、社会价值和情境价值。④ 以及被大多数研究者所认同的罗伯特·B. 伍德拉夫（Robert B. Woodruff）的顾客价值层次观，伍德拉夫通过开展顾客如何看待价值的一系列实证研究，将顾客价值定义为顾客在一定的使用情境中对产品属性、属性的效用以及使用结果达成或阻碍其目的和意图的感知偏好和评价。⑤ 他基于信息处理的认知逻辑将用户价值划分为三个层次，即属性层、使用结果层和最终目的层。⑥ 伍德拉夫的定义抓住了顾客价值的本质，即顾客价值并不仅仅来源于产品属性，还包含更多更高层次的东西；同时该定义揭示了用户与产品和特定使用情境之间的关系，将顾客价值置于一个动态变化的过程中。

二、用户价值识别

用户价值识别即探究用户需要什么价值，即用户希望从企业的产品和服务中得到什么，对于企业选择关键的用户价值并制定价值交付战略意义重大。

---

① 叶志桂：《西方顾客价值研究理论综述》，《北京工商大学学报（社会科学版）》2004年第4期。

② ［美］科特勒等：《营销管理》第14版，王永贵等译，中国人民大学出版社2014年版。

③ 刘晓兰、徐丽芳：《中文数字学术期刊用户价值模型实证研究》，《出版科学》2012年第6期。

④ 叶志桂：《西方顾客价值研究理论综述》，《北京工商大学学报（社会科学版）》2004年第4期。

⑤ 刘晓兰、徐丽芳：《中文数字学术期刊用户价值模型实证研究》，《出版科学》2012年第6期。

⑥ ［美］伍德拉夫、加蒂尔：《洞察你的顾客》，董大海、权小妍译，机械工业出版社2004年版，第51页。

菲利普·科特勒认为价值链理论作为可供企业使用的一种战略工具，有助于识别能创造更多顾客价值的各种途径。价值链能够作为顾客价值识别工具，原因在于企业价值链和用户价值链之间的对应关系。企业价值链包括相互关联的五项基础活动和四项辅助活动，每一项活动都会消耗一定的资源并创造价值。企业的任务就是对比分析自身与竞争者在价值链各环节的优势与劣势，进而判断是否为顾客创造和提供了价值，并据此分配企业资源。

菲利普的用户价值识别来源于企业及其竞争者的各项价值创造活动，从内部管理视角认为企业是价值传递的发出者，顾客在这一过程中只是价值的被动接受者。[①] 伍德拉夫则转向企业外部的市场，从顾客角度出发，把顾客对价值的感知作为决定因素，提出测量顾客价值的实证技术，即顾客价值确定（Customer Value Determined，CVD）流程，该流程的第一步就是运用各种定性方法对用户价值进行定期测量，从而准确识别用户价值维度。如被证明在价值确定的初始阶段特别有用的三种定性数据搜集技术：观察法、焦点小组法和深度访谈法。

三、用户价值的驱动因素

用户价值驱动因素即影响或推动用户价值形成的各类变量。主流观点认为顾客价值驱动因素主要包括产品质量、价格以及服务质量。[②] 企业通过不断提高产品质量或尽力压缩成本降低价格来影响用户的价值感知，但大量案例分析和商业实践都证明仅依靠优质产品与合理定价并不足以长久维持企业在市场中的竞争优势，而难以被竞争对手模仿和复制的服务质量却能成为决胜因素。[③] 此外，品牌权益和顾客关系维持也是影响用户价值的重要因素。品牌对用户购买心理和购买决策的影响已达成社会共识：一方面，良好的品

---

① 胡旭初、孟丽君：《顾客价值理论研究概述》，《山西财经大学学报》2004 年第 5 期。

② Parasuraman，Grewal D.，"The Impact of Technology on the Quality-Value-Loyalty Chain：A Research Agenda"，*Journal of the Academy of Marketing Science*，2000，28(1)，pp. 168-174.

③ 白长虹：《西方的顾客价值研究及其实践启示》，《南开管理评论》2001 年第 2 期。

牌形象能够增强用户购买信心，帮助用户规避购买风险；另一方面，强烈的品牌形象也会为用户带来社会和心理价值，如身份认同或成就感（炫耀）。①从关系营销视角看，企业与顾客之间关系的维护也是用户价值的重要来源之一，可以通过发展良好且持续的顾客关系来创造价值。毕竟自 20 世纪 80 年代起人们已经意识到，吸引一个新顾客的成本要高于维持一个老顾客的成本。②

营销学在 2000 年前后对用户价值驱动因素的研究起到了理论奠基作用，后续研究大多遵循已有成果进行实证研究。如在图书情报学领域，徐丽芳等人在 2017 年基于文献调研法和半结构化访谈法构建了科学网（Web of Science）信息用户价值驱动因素层次结构，并运用层次分析法探究信息用户对价值驱动因素的感知重要度，认为用户对价值驱动因素的感知重要度具有层次性和动态性。③ 与前述研究结果略有不同，信息资源质量和支持性功能如信息检索是科技信息用户最为重视的因素，而"相关服务"则不太受重视。可以认为，用户群体不同，影响其感知价值的因素也各有特点。科技信息用户作为目标明确，自主性较强的用户群体，资源获取才是其最终需求价值，因此他们对诸如用户指南、个性化定制和互动服务等含金量较低的相关服务关注较少也就可以理解了。

四、新环境下的用户价值研究

研究已经证明，顾客价值是多维度的，并且依情境变化而变化。早在 20 世纪末伍德拉夫就指出，新的互联网环境正在塑造崭新的商业环境和消费环境，而敏锐的消费者已经感受到这种影响并逐渐产生价值观的变化。因此，关注颠覆性或重要的环境变化，持续对用户价值进行研究是必要的。互联网

---

① 范秀成：《品牌权益及其测评体系分析》，《南开管理评论》2000 年第 1 期。
② C. Gronroos，"Value-driven relational marketing：From products to resources and competencies"，*Journal of Marketing Management*，1997，13（5），pp. 407−419.
③ 徐丽芳、徐志武、章萌：《科学网信息用户价值及其满意度研究》，《出版科学》2017年第 6 期。

环境和移动信息环境中的用户价值显然是近年来无可争辩的研究热点。与传统环境相比，互联网环境下的顾客价值呈现出许多新特点，同时实证研究表明，一般环境下的顾客价值理论在互联网环境下仍然适用。2017 年，徐丽芳、张琦、王慧等人针对互联网和 Web 2.0 环境下科技信息用户价值展开了一系列实证研究，包括信息用户价值构成和价值测量、用户价值层级结构构建、用户价值驱动因素和满意度研究等。该系列研究涉及学术信息交流的各个渠道和平台，例如数字期刊、全文数据库以及学术博客，为这些平台提高产品和服务水平提供理论依据。[①]

此外，学者们多将用户价值理论应用于具体的行业或企业，从而为其创造价值、制定发展战略、创建竞争优势提供理论指导。如欧阳昌海基于用户价值理论研究网络游戏用户的价值感知要素，认为网络游戏用户感知价值可以分为期望价值和体验价值，同时分析了用户感知价值的市场作用，拓展了网络游戏的营销手段和发展策略。[②] 丁海猛和文宏伟通过对消费者需求认知的分析，构建实体书店的顾客价值体系，即由目标市场认知力、书店力和场景力共同构建的顾客价值体系。[③] 以及针对 B2C 电子商务、旅游和短视频等行业的用户满意、用户使用意愿、用户价值和用户忠诚度的研究。[④]

值得注意的是，虽然移动信息环境是近年来的绝对热点，但近几年内国内针对移动互联网环境下的产品、平台或服务的用户价值研究文献却并不多。笔者能筛选出的如邓学平等人基于"手段—目的"链视角开展了移动定位社交产品用户价值实证研究。[⑤] 王俊佳以用户感知价值为基础构建移动新闻客户端用

① 张琦、徐志武、贺钰滢：《科学网博客用户价值研究》，《知识管理论坛》2017 年第 4 期；王慧、徐丽芳：《中文学术期刊全文数据库用户价值研究》，《图书情报知识》2017 年第 6 期。

② 欧阳昌海：《基于用户价值的网络游戏营销策略》，《中国出版》2014 年第 24 期。

③ 丁海猛、文宏伟：《角色变迁、顾客价值体系构建与商业模式再造——实体书店的发展探讨》，《科技与出版》2018 年第 4 期。

④ 张天莉、罗佳：《短视频用户价值研究报告 2018—2019》，《传媒》2019 年第 5 期。

⑤ 邓学平、杨毅、彭超：《移动定位社交产品用户价值研究——基于手段—目的链视角》，《重庆邮电大学学报（社会科学版）》2016 年第 4 期。

户忠诚研究模型，认为移动新闻客户端感知利得及其用户交互感知、互动机制感知、移动平台感知等感知利得要素都对用户满意和用户忠诚有正向影响。[①]

第二节　服务质量

服务质量概念自 Levit 提出来之后，引起学界和业界广泛关注，已成为共同关注的热点话题之一。

一、服务质量概念及特征

Levit 于 20 世纪 70 年首次提出服务质量概念，并认为服务质量就是指服务是否能达到预设的标准。[②] 随后不同学者对服务质量的概念做了相应的定义。Sasser 等也对服务质量做了探讨，认为服务质量是消费者对于服务的满意程度，实际服务结果与原来服务期望的差异决定服务质量。[③] Gronroos 认为服务业需要一个比制造业更广义的质量概念，服务质量包括，人员绩效质量设备质量、资料质量、决策质量和结果质量。[④] Paul 等将服务质量定义为消费者对于服务的满意程度，而消费者对服务的满意度则取决于实际的服务与原来期望间的差距。[⑤] Parasuraman、Zeithaml 和 Berry 认为服务质量是顾客对服务期望与实际服务绩效之间比较的结果。[⑥] Brown 和 Bitner 将服务质量定义

---

① 王俊佳：《基于用户感知价值的移动新闻客户端用户忠诚影响因素研究》，北京交通大学 2016 年硕士学位论文。

② R. C. Lewis, B. H. Booms, *The marketing aspects of service quality*, 1983.

③ W. E. Sasser, R. P. Olsen, D. D. Wyckoff, *Management of service operations: text, cases, and readings, Allyn and Bacon*, 1978.

④ C. Gronroos, "Relationship Approach to Marketing in Service Contexts: The marketing and organizational behavior interface", *Journal of Business Research*, 1990, 20(1), pp. 3-11.

⑤ Peter J. Paul, et al., "Caution in the Use of Difference Scores in Consumer Research", *Journal of Consumer Research*, 1993, 19(4), pp.655-655.

⑥ A. Parasuraman, V. A. Zeithaml, L. L. Berry, "A Conceptual Model of Service Quality and its Implication for Future Research (SERVQUAL)", *Journal of Marketing*, 1985, 49, pp. 41-50.

为消费者于消费后决定是否再次购买服务的整体态度，且顾客满意对认知服务质量有正向的影响。[1] 上述对服务质量的定义表明，服务质量既是服务本身的特性的总和，同时也是消费者感知的反应，具有主观性、全面性、异质性、互动性、整体性五大特征。

（1）主观性。服务质量的感知由服务人员和顾客共同参与，最终由顾客评价得出服务质量的好坏。顾客的主观期望、心情与环境等因素，都将直接影响到顾客对于服务的满意程度；此外，服务人员的心情、工作环境、工作待遇以及顾客的文化修养等都会直接影响到服务人员的服务投入程度，进而影响服务的质量。

（2）全面性。不同的顾客对同一服务会有不同的期望、要求，这要求服务提供商除了能够为一般要求的顾客提供服务外，还要有一套比较全面的预案，当顾客产生特殊或者特色需求时，能够及时为其服务，否则因这些顾客期望得不到满足，降低了服务质量。

（3）异质性。服务无法像有形产品的生产一样通过机器流水线进行生产，实现标准化。基于服务同时性、无形性的特点，不同的顾客在不同的时间、地点，甚至同一顾客在不同的时间、地点，对大体相同的服务都会有不同的评价。因此，服务质量会随着时间、地点、服务对象的变化而变化，这主要体现在以下几个方面。

①同一组织中不同的服务人员，由于受性别、学识、心情、态度、个人修养、服务技能、努力程度等影响，即使同一服务人员提供的服务在质量方面也可能会有差异。

②因为不同的顾客由于受不同的自身因素制约，对服务的要求、期望是不同的，直接影响服务的质量和效果。

③在服务的不同次数的购买和消费过程中，即使是同一服务人员向同一顾客提供的服务也可能存在差异，最终会影响服务质量，使服务组织难以提

---

① R. P. Fisk，S. W. Brown，M. J. Bitner，"Tracking the Evolution of the Services Marketing Literature"，*Journal of Retailing*，1993，69(1)，pp. 61–103.

供强可靠性、强一致性的服务。

（4）互动性。服务质量是在服务提供者与顾客互动的过程中形成的，如果没有顾客的紧密配合、响应，或顾客无法清晰地表达服务要求，那么服务过程就将失败，服务质量将是低下的。互动性是服务质量与有形产品质量一个非常重要的区别，这使得顾客对服务质量的评价，不仅要考虑服务的结果，还涉及服务的过程。服务人员在服务过程中，需要及时捕捉到顾客的需求特点，为顾客提供周到的服务。

（5）整体性。服务质量的形成需要服务组织全体人员的参与和协调。不仅一线的服务生产、销售和辅助人员关系到服务质量，而且二线的营销人员、后勤人员对一线人员的支持和有形实物也关系到服务质量。因此，服务质量是服务组织整体的质量。

二、服务质量形成机理

1982 年，格罗斯提出感知服务由技术质量、功能质量和企业形象三个要素构成。随后他将其修正为服务质量由技术质量和功能质量两个要素构成，企业形象对技术质量和功能质量有过滤作用，提出了一个感知服务质量模型，如图 1-1 所示。

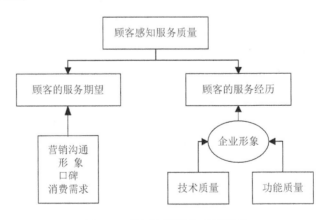

图 1-1　格罗斯服务质量模型

图 1-1 中，技术质量是指服务过程的产出，即顾客从服务过程中所得到的东西，也称为结果质量，顾客容易感知也便于评价。考虑到服务是无形的，在提供服务的过程中，顾客要同服务人员接触，服务人员的行为、态度、穿着等将直接影响到顾客对服务质量的感知。显然，顾客对服务质量的感知不仅包括他们在服务过程中得到的东西，还包括他们如何得到这些东西，即功能质量，也称为过程质量。功能质量难以被顾客客观地评价，它更多取决于顾客的客观感受。企业形象在感知服务质量的形成过程中起到"过滤"作用，顾客会利用企业形象来"过滤"企业的技术质量和功能质量。如果企业具有良好的形象，当技术质量或功能质量出现差错时可能会被顾客忽略。若频频出错，就会损坏企业形象。若企业形象不佳，细微的失误都有可能给顾客造成很坏的印象，从而影响顾客对服务质量的感知。

在此基础上，Parasuraman、Zeithaml 和 Berry 从差距的角度来理解服务质量的形成，认为服务质量是期望的服务和感知的服务之间的差距，这个差距是由服务过程中的 4 个差距累计而成的，即服务质量差距分析模型（见图 1-2）。差距分析模型将顾客的服务感知与服务期间的差距定义为差距 5，它取决于与服务传递过程相关的其他 4 个差距的大小和方向，企业应致力于消除这 4 个差距，以缩小差距 5，提高服务质量。各差距含义描述如下。

差距 1：质量感知差距。指服务企业的管理者不能准确地感知顾客服务预期。

差距 2：质量标准差距。指服务提供者所制定的服务标准与管理层认知的顾客服务预期不一致而产生的差距。

差距 3：服务传递差距。指服务生产与传递过程没有按企业所设定的标准来进行。

差距 4：市场沟通差距。指服务企业在市场宣传中所作出的承诺与企业自身实际提供的服务不一致。

差距 5：感知服务质量差距。指顾客所感知或实际体验的服务质量与预期不一致。

显然，图 1-2 表明服务质量与顾客的态度紧密相关，是随着时间的积累，顾客对服务质量的一种认知，满意则是某一次特定交易的结果。服务绩效与恰当或理想服务质量比较的结果形成良好的顾客感知服务质量，也决定了顾客的满意度。

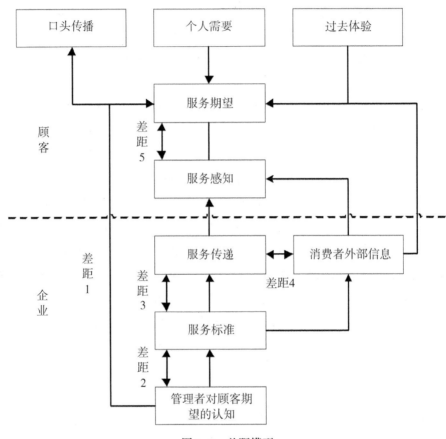

图 1-2　差距模型

三、服务质量构成要素

不同于有形产品，服务是无形的、不可储存。这决定了服务质量有着不同于实体产品的质量内涵。由于没有有形产品依托，顾客对于服务的质量的评价往往是一种主观感受，很难以客观的标准来衡量。前文关于服务质量评价的理论和方法均基于顾客的服务感知与服务期望。通过对比期望和感知之间的差异，即顾客首先有对服务的期望，然后通过接触服务，获得服务感受。显然，服务接触是顾客与组成服务及服务质量的相关要素之间的互动行为。根据服务蓝图的构成，可以将服务划分为三个区域：服务接触区域、内部支持区域和外部协调区域，如图1-3所示。

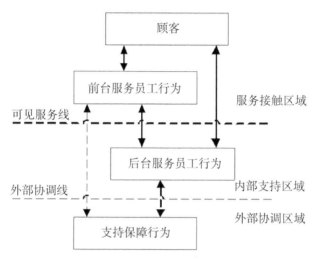

图1-3　服务质量的三个区域

　　服务接触区域涵盖了顾客与服务系统间所有的互动行为。对顾客而言，在该区域内的互动行为都是可视且可评价的。因此，一个服务的好坏，取决于服务质量的构成要素系统与顾客的互动，从而满足顾客期望的情况。

　　正如前文所述，格罗鲁斯认为服务质量分为结果质量和过程质量两个要素。结果质量是指服务结果或产生的质量，或者说在服务交易结束后顾客得到的实质内容。过程质量则指顾客是如何接受或者得到服务的，包括服务人员的态度行为及顾客等待的时间长短等。之后，他又将服务质量划分为职业作风与技能、态度与行为、服务的易获得性和灵活性、可靠性与信任性、服务补救能力、服务环境组合、声誉与信用等7个维度。PZB则认为服务质量包括可靠性、响应性、胜任力、接近性、礼貌性、沟通性、信赖性、安全性、了解性和有形性等十个要素，并将其整合为可靠性（公司准确可靠地执行所承诺服务的能力）、响应性（企业快速有效地服务顾客的能力）、安全性（雇员的知识、态度及能使顾客信任的能力）、移情性（服务人员给予顾客的关心和个性化服务）和有形性（在服务过程中能够被顾客感知的实体部分，包括有形的工具、设备、人员和书面材料）等五个维度。Gummesson 在综合顾客感知服务质量模型和有形产品质量概念的基础上，将产品/服务质量划分为设计质量、生产质量、过程质量和产出质量四个方面。[①]

显然，上述服务质量要素的研究以认知理论为基础，从服务质量产生机理出发，分析并归纳服务质量表征要素，建立模型。其中 PZB 的服务质量评价模式在实证研究中具有很广泛的应用。PZB 认为服务质量是由顾客服务感知值与期望值的差距形成的，设计了一个由有形性、可靠性、安全性、响应性、移情性等 5 个维度构成的，包括 22 项问题的 SERVQUAL 量表来测评服务质量，形成了一个研究比较成熟的服务质量测评理论。

第三节　推荐系统

推荐系统是互联网时代为解决海量信息过载而产生的一种信息过滤和筛选工具，被广泛应用在各类信息和商品服务领域。

一、推荐系统产生原因及定义

在信息匮乏时期，获得更多信息以便作出合理决策成为人们的核心诉求。随着信息技术日渐融入人们日常生活，信息共享加速知识传播和知识获取，导致信息呈现爆炸式增长，导致人们接收到的信息量远超其处理能力，形成信息超载。为此，搜索引擎应运而生。通俗地讲，搜索引擎是一种根据用户需求，对信息进行组织和处理，从大量无序信息中筛选出有用信息的信息检

---

① E. Gummesson, "The new Marketing—Developing Long-term Interactive Relationships", *Long Range Planning*, 1987, 20(4), pp. 10-20.

索服务。它根据用户输入的检索条件（如关键词列表）对信息进行过滤，并将合适的结果反馈给用户，从而缓解信息超载的问题。但搜索引擎需要用户手动输入检索条件，并从检索结果选择有用信息，费时费力。同时，受认知限制，人们对自己所需信息并不太了解，导致不同目的检索出现相同结果的现象，缺乏个性化。例如果农和手机爱好者输入"苹果价格"，会返回相同的结果。但事实上，果农检索是为了了解水果市场的价格趋势，手机爱好者则可能为了解新款苹果手机的报价。

推荐系统通过个性化信息过滤的方式来提升搜索引擎在信息过滤过程中存在的问题。与搜索引擎相比，它主动为用户在海量信息中寻找有价值的信息，并将其推送给用户。例如根据用户历史阅读数据，结合与该用户同类型人群当前内容消费热点，预测用户可能感兴趣的信息或商品并发送给用户，避免搜索引擎导致的千人一面现象发生。

推荐系统兴起的另一个原因是信息不对称造成供需双方的搜索成本高。事实上，大多数商品均存在二八现象，即需求量大的流行商品数量不多，但是单个商品的需求量都很大，而大量商品为单个需求量小的非主流商品，在需求曲线上形成了一个长长的"尾巴"。这种长尾现象导致商品和服务的提供商很难找到或是找不到合适的客户或买家，同时大量用户或买家很难找到或是找不到自己真正需要的商品或服务。显然，这种"长尾"代表着市场上存在大量非主流的商品和大量非主流需求的客户。激活这些商品和用户，能让市场潜力得到充分展示，有助于经济的活跃。但这些商品和用户的满足需要个性化技术，即利用个性化推荐技术，让每位非主流需求的客户能够看到其所喜好的或需要的小众、非主流商品。

显然，推荐系统既是一种信息过滤系统，也是一种双边匹配系统。一方面帮助用户发现对自己有价值的信息，另一方面让信息能够展现在对它感兴趣的用户面前，从而实现信息消费者和信息生产者的双赢。从用户的角度，推荐系统能够帮助其解决信息超载的问题。从海量的信息中筛选出用户感兴趣的或是需要的信息，并主动推送给用户，进而提高用户的决策效率，同时也能提升用户的幸福感。从平台的角度，推荐系统能够帮助其提高用户的满意度和忠诚度。同时，推荐系统还能给平台带来丰厚的收益，进而帮助其发展壮大。从供应商的角度，推荐系统能够帮助其进行商品推销。特别是对于那些生产和供应非主流商品的供应商，推荐系统能够帮助其把商品推销出去，使其得以生存，并且持续发展。从行业发展的角度，推荐系统能够帮助其更加健康、多元化的发展。推荐系统通过发掘多样、零散的长尾市场，帮助尾部商品和商家得以推广和生存，避免头部商品和商家形成垄断，进而促进整个行业更加健康的发展。

二、推荐系统发展历程

最早的推荐系统是 1992 年施乐公司推出的 Tapestry 系统。该系统是施乐公司为应对公司因大量的邮件而导致的信息过载问题而开发的一套基于协同过滤内部新闻组文档推荐系统。

1994 年，麻省理工学院和明尼苏达大学共同推出 GroupLens 系统。该系统将推荐问题形式化为一个协同过滤模型，使之能适应于不同网络进行网络新闻推荐。

1995 年，卡耐基梅隆大学的 Robent Armstrong 等人在美国人工智能协会上提出了个性化导航系统。斯坦福大学的 Marko Balabanovic 等人在同一会议上推出了个性化推荐系统 LIRA。1995 年 8 月，MIT 的 Henry Lieberman 在国际人工智能联合大会上提出了个性化导航智能体 Letizia。

1996 年，雅虎推出了个性化 My Yahoo。1997 年，AT&T 实验室提出了基于协同过滤的个性化推荐系统 PHOAKS 和 Referral Web。1999 年，德国德累斯顿工业大学的 Tanja Joerding 实现了个性化电子商务原型系统 TELLIM。

2000 年，日电研究院的 Kurt 等人为搜索引擎 CiteSeer 增加了个性化推荐功能。2001 年，纽约大学的 Gediminas Adoavicius 等人实现了个性化电子商务网站的用户建模系统。同年，IBM 公司在其电子商务平台 Websphere 中增加了个性化功能，以便商家开发个性化的电子商务网站。

2003 年，谷歌开创了 AdWords 盈利模式，通过用户搜索的关键词来提供相关的广告，提升了其广告收入。2007 年，谷歌为 AdWords 添加了个性化元素，不仅关注单次搜索的关键词，而且还会对用户一段时间内的搜索历史进行记录和分析，据此了解用户的喜好和需求，更为精准地呈现相关的广告内容。

2006年，美国著名的流媒体和视频网站网飞启动一项百万美金大奖赛，要求在其现有的推荐系统Cinematch的基础上，将电影推荐的准确率提高10%。到2009年，BellKor's Pragmatic Chaos团队达到了预期目标。

2010年以后，推荐系统进入快速发展期，除了在电商和广告领域，其在音乐、视频、求职等诸多领域也都得到了成功应用，并慢慢成为各种互联网应用的一种标配。

三、常见传统推荐算法

推荐算法是推荐系统中最为核心和关键的部分，直接影响到推荐系统性能的优劣。经过30多年的发展，学者提出众多不同推荐算法，较常见的推荐算法包括基于人口统计学的推荐、基于内容的推荐、协同过滤和混合推荐。

基于人口统计学的推荐简单地根据用户的基本信息计算用户之间的相似度，然后将相似用户喜欢的项目推荐给当前用户，是最为简单的推荐算法。这种算法首先根据用户的人口统计学属性，如年龄、性别等信息，计算用户之间的相似度。然后，寻找和当前用户相似的用户。最后，把该相似用户喜欢的项目推荐给当前用户。显然，这种推荐算法不需要知道当前用户的历史行为数据，因此不存在用户冷启动问题。此外，该算法也不依赖于项目的属性，可以无缝接入到其他领域的应用中。但该算法是根据用户的人口统计信息寻找出相似用户并做的推荐。事实上，具有人口统计信息相似性过于粗糙，导致该算法难以个性化，用户体验较差。

基于内容的推荐算法旨在为用户推荐与其感兴趣的项目内容相似的项目，即通过发掘用户曾经使用过项目的特性，并为其推荐类似的项目。为此，该算法首先根据项目的内容描述信息（如相声）计算项目之间的相似度。然后，寻找和当前用户喜欢过的项目相似的项目，如和相声A是同一类型的相声C。最后，把相声C推荐给当前用户。与基于人口统计学的推荐相似，基于内容的推荐算法也不需要知道被推荐项目的历史行为数据，也不存在项目冷启动问题。而且该类算法也不依赖于用户的属性，不需要收集可能涉及用户隐私的相关用户信息。但该算法依赖于对项目内容的分析，需要一些相关的领域知识和专业领域的分析方法（如自然语言处理与分析技术、视频处理与分析技术、音频处理与分析技术等）。此外，该类算法只会给用户推荐和他喜欢过项目相似的项目，因此推荐结果缺乏新颖性。

协同过滤通过借鉴相关（或相似）人群的观点进行推荐，是另一种基于统计信息进行信息过滤的方法。该类算法根据用户的历史行为数据寻找相似用户或项目，然后再基于这些关联性为用户进行推荐。为此，算法首先根据用户的历史行为数据计算用户之间的相似度。然后寻找和当前用户相似的用户，如和当前用户同样喜欢过物品的用户。最后，把相似用户喜欢过的其他项目推荐给当前用户。显然，协同过滤算法在计算用户之间或是项目之间的相似度时，仅依赖于用户的行为数据，不需要知道用户或项目的任何属性或内容信息，也不需要相关的领域知识。此外，该算法的推荐结果可能是用户意想不到的（相似用户喜欢过，但当前用户还不知道的项目），即推荐结果具有较好的新颖性。但该算法对于没有任何行为数据的新用户或是行为数据较少的老用户，难以给出有效的推荐结果，即存在冷启动和数据稀疏问题。

上述各种基础推荐算法尝试利用不同的信息源，从不同角度来解决个性化推荐问题。这些算法虽各有利弊，但是相互之间存在互补关系。如果能有效地将各种算法进行组合或是混合，充分发挥各自的优势，则可以达到更好的推荐效果。鉴于此，各种混合推荐算法纷纷被提出。事实上，现有的各种商用推荐平台中，很少只用一种推荐算法，一般都是通过对多种不同的推荐算法进行混合或组合，以求获得所需结果。

第四节　云计算

云计算将计算变成实用程序，使软件作为服务并塑造 IT 硬件的设计和购买方式，进而改变 IT 行业服务和发展。利用云计算，互联网创新思维的开发人员不再需要大量的硬件成本来部署他们的服务或运营它，从而可以关注于自己的产品开发和服务创新。此外，云计算有助于服务提供商避免因用户预测不当而导致的服务系统资源配置过高或者过低，进而出现的资源利用率低或者服务质量低的现象。

一、云计算定义

云计算是由网格计算发展而来，由大量的集群使用虚拟机方式，通过高速互联网络互连，形成虚拟资源池，并以即购即用的方式向用户提供存储、计算和带宽等各类服务。这些虚拟资源可自主管理和配置，并用冗余的方式保证其高可用性。

云计算是继互联网、计算机后在信息时代又一种新的革新，是信息时代的一个大飞跃，也是未来互联网应用的主要载体和信息技术产业发展的战略重点。其产生和发展与并行计算、分布式计算等计算机技术密切相关。早期的云计算是简单的分布式计算，旨在解决任务分发并进行计算结果的合并。但云计算的核心思想即虚拟化技术可以追溯到 1956 年。虚拟化是今天云计算基础架构的核心，是云计算发展的基础。而后随着网络技术的发展，逐渐孕育了云计算的萌芽。

2006 年，Google 首席执行官 E. Schmid 首次提出"云计算"（Cloud Computing）的概念。

2008 年，微软发布其公共云计算平台（Windows Azure Platform），拉开了微软的云计算大幕。

2009 年，江苏南京建立国内首个"电子商务云计算中心"。同年 11 月，中国移动云计算平台"大云"计划启动。

2020 年，我国云计算市场规模达到 1781 亿元，增速为 33.6%。其中，公有云市场规模达到 990.6 亿元，同比增长 43.7%，私有云市场规模达791.2 亿元，同比增长 22.6%。2021 年，我国云计算市场规模达到 3229 亿元，增速为 54.4%。

与传统的网络应用模式相比，云计算具有高灵活性、可扩展性和高性比。

此外，云计算还具有如下优势与特点：

虚拟化技术。必须强调的是，虚拟化突破了时间、空间的界限，是云计算最为显著的特点，虚拟化技术包括应用虚拟和资源虚拟两种。众所周知，物理平台与应用部署的环境在空间上是没有任何联系的，正是通过虚拟平台对相应终端操作完成数据备份、迁移和扩展等。

动态可扩展。云计算具有高效的运算能力，在原有服务器基础上增加云计算功能能够使计算速度迅速提高，最终实现动态扩展虚拟化的层次达到对应用进行扩展的目的。

按需部署。计算机包含了许多应用、程序软件等，不同的应用对应的数据资源库不同，所以用户运行不同的应用需要较强的计算能力对资源进行部署，而云计算平台能够根据用户的需求快速配备计算能力及资源。

灵活性高。目前市场上大多数 IT 资源、软、硬件都支持虚拟化，比如存储网络、操作系统和开发软、硬件等。虚拟化要素统一放在云系统资源虚拟池当中进行管理，可见云计算的兼容性非常强，不仅可以兼容低配置机器、不同厂商的硬件产品，还能够外设获得更高性能计算。

可靠性高。倘若服务器故障也不影响计算与应用的正常运行。因为单点服务器出现故障可以通过虚拟化技术将分布在不同物理服务器上面的应用进行恢复或利用动态扩展功能部署新的服务器进行计算。

性价比高。将资源放在虚拟资源池中统一管理在一定程度上优化了物理资源，用户不再需要昂贵、存储空间大的主机，可以选择相对廉价的 PC 组成云，一方面减少了费用，另一方面计算性能又不逊于大型主机。

可扩展性。用户可以利用应用软件的快速部署条件来更为简单快捷地将自身所需的已有业务以及新业务进行扩展。如，计算机云计算系统中出现设备的故障，对于用户来说，无论是在计算机层面上，抑或在具体运用上均不会受到阻碍，可以利用计算机云计算具有的动态扩展功能来对其他服务器开展有效扩展。这样一来，就能够确保任务得以有序完成。在对虚拟化资源进行动态扩展的情况下，同时能够高效扩展应用，提高计算机云计算操作水平。

根据云计算架构不同层级提供的服务，可将云计算服务类型分为基础设施即服务（IaaS）、平台即服务（PaaS）和软件即服务（SaaS）三类。

基础设施即服务（IaaS）是主要的服务类别之一，它向云计算提供商的个人或组织提供虚拟化计算资源，如虚拟机、存储、网络和操作系统。

平台即服务（PaaS）旨在为开发人员提供通过全球互联网构建应用程序和服务的平台。PaaS为开发、测试和管理软件应用程序提供按需开发环境。

软件即服务（SaaS）通过互联网提供按需软件付费应用程序，云计算提供商托管和管理软件应用程序，并允许其用户连接到应用程序并通过全球互联网访问应用程序。

从部署类型来看，计算被分为了三大类：私有云、公有云和混合云。私有云是为一个客户单独使用而构建的，因此提供对数据、安全性和服务质量的有效控制。企业拥有基础设施，并可以控制在此基础设施上部署应用程序的方式。私有云可部署在企业数据中心的防火墙内，也可以部署在一个安全的主机托管场所，其核心属性是专有资源，可由公司自己的互联网机构，也可由云提供商进行构建。

公有云通常指第三方提供商为用户提供的能够使用的云，一般可通过Internet使用，可能是免费或成本低廉的，其核心属性是共享资源服务。这种云有许多实例，可在当今整个开放的公有网络中提供服务。

混合云，是一种将私有云与公有云加以结合的计算环境，可在它们之间共享数据和应用程序。混合云有助于企业在保持自己业务安全的前提下，利用公有云的资源来提升自己的服务能力，达到了既省钱又安全的目的，是近年来云计算的主要模式和发展方向。

二、云计算的经济优势

云计算给互联网带来最大的变化在于其即购即用的商业模式。通过虚拟化技术，将大量资源聚合构建成虚拟资源池，为用户提供即购即用的计算、存储和信息传输服务，如图1-4所示。在图1-4中，云计算可以同时扮演多个角色。例如，云提供商也可能在云基础设施上托管自己的面向客户的服务，也可以直接向用户提供计算服务或者存储服务。

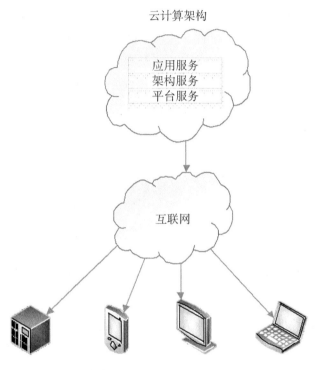

图1-4　云计算架构

在图 1-4 中，如果资源池足够大，足以快速跟随负载激增。那么云计算用户无须提前计划自己的需求，仅在需求增加时增加相应的资源，在需求减少时自动降低消费需求。也就是说，用户能够根据需要在短期内为消耗的资源付费（如按小时计算处理器和按天计算存储），并根据需要释放它们，以获得更高效率。云计算的这种经济吸引力本质在于云计算的"按需付费"，并且允许用户购买云计算资源在时间上不均匀分布，从而减少购买方的前期投入。例如，用户今天使用 100 个服务器小时即购买 100 小时服务期，明天不用服务器便不需购买资源，避免前期资本支出，进而有助于推动其核心业务的投资。显然，哪怕这种即购即用服务的定价比同期购买服务器更贵，其成本仍然会被云计算的这种弹性和风险转移带来的经济效益所抵消。现实中，用户一般是波动的，这意味着系统资源要么过度配置，要么配置不足，而云计算的这种即购即用的商业模式恰好能有效避免过度配置带来的资源利用率低和配置不足导致的服务品质下降等负面影响。

当前，云计算能够以细粒度（如一次一台服务器）添加或删除资源，且交付时间为几分钟，意味着云计算真正能做到随时为客户提供其所需资源，保证资源与工作负载的匹配更加紧密。而且，由于用户对网络接入的随机性，资源需求存在较大波动。观察数据表明，许多应用服务的峰值工作负载超过平均值2到10倍。为了提高用户黏性，大多应用范围提供商采用峰值资源配置方式，即以用户最高峰时的所需资源为系统标配，意味着大多数时候整个系统资源处于空闲状态。用户变化越明显，资源浪费越多。例如，假设存在一种需求可预测的服务，其高峰期中午需要500台服务器，而低谷在午夜只需要100台服务器，一整天的平均利用率是300台服务器。也就是说，该服务每天的实际成本是300×24＝7200服务器小时。但为吸引用户，服务需要给用户提供其满意的服务品质，即系统需要保证高峰时刻用户的服务品质，必须按照提供500台服务器的峰值的配置，需支付500×24＝12000服务器小时，比平均利用率多出1.7倍。如果按照典型摊销时间，利用云计算即购即用商业模式，只需三年便可收回传统构建系统的成本。

云计算不仅利用昼夜服务波动带来经济效益，还有助于克服季节或其他周期性需求变化带来的问题。例如6·18和双十一等电子商务大促，或者各类节后照片共享网站高峰期，以及一些意想不到的新闻事件导致的需求爆发。这些需求蜂拥现象很难采用传统方式加以解决。首先，获取和安装新设备需要较长时间（通常数周），意味着需求产生前的较长时间便要做出准确预判，这本身就是一个巨大挑战。而一旦预判的资源不足以支撑用户需求，将会因为服务品质下降而流失客户，引起连锁反应。假设一个站点的用户分为活跃用户（经常使用该站点的用户）和背叛者（那些放弃该站点或由于性能不佳离开该站点的用户）两类。此外，假设由于资源配置不足导致较差服务而丢失掉的活跃用户的比例为10%，即当服务质量不足时，有10%活跃用户会离开该网站。该站点最初被配置为处理400000名用户的预期峰值（每台服务器

1000 名用户×400 台服务器），但意外的正面新闻在第一个小时内吸引了 500000 名用户。在被拒或接受不良服务的 100000 人中，10000 人永久丢失，还剩 390000 个活跃用户。在接下来的一小时内，新增了 250000 个独立用户。显然，由于资源不足，该站点有 240000 个过剩用户，导致 24000 人叛逃。19 小时后，该系统的新用户数量将接近于零，系统处于稳定状态。很明显，系统在这 19 小时内获得了不到 400000 名用户的稳定收入，还不包括因服务质量导致离开该网站用户传播带来的负面影响。云计算的即购即用商业模式能够有效避免上述情况发生。例如，Animoto3 通过 Facebook 提供其服务时经历过因需求激增导致系统三天内从 50 台服务器增长到 3500 台服务器的情况。显然，即使每台服务器的平均利用率很低，也没有人能预见到资源需求会在三天内每 12 小时突然翻一番的情况。而 Facebook 云计算有效地提供了 Animoto3 所需资源。高峰消退后，交通量下降到较低水平，避免了因需求量激增导致的负面影响。

第二章　我国有声读物平台发展现状

最早的有声读物可追溯到磁带，后来则指印刷书籍的录音版本，虽然当前关于有声读物的定义有多种，国家版权局于 2017 年正式对其做了界定，认为有声读物是指内容表现为文字作品、形式表现为录音者的声音，利用现代网络技术以二进制数字文件的形式固定下来，经由网络平台向广大受众传播的录音作品。本章从有声读物概念与特点、有声读物平台发展历程以及我国有声读物发展现状进行简要介绍，为后续章节的展开提供基础知识。

第一节　有声读物概述

一、概念界定

有声读物，也称为有声书或听书，英文有 audiobook、audiobooks、spokenbooks、talkingbooks 或 audioreadings 等表述，在学术研究中一般统称为 audiobook。随着载体变迁，学者们也经常使用 digital audio book 作为指代。根据现有的文献资料来看，国外的 audiobook 多指有声书，即印刷书籍的录音版本，包括删减版与未删减版、人声演绎与机器自动识别；近年来也包括与图书内容组织架构保持一致的原创有声书。

我国文字有声化时代的开始以"世界名著半小时"系列的发行为标志，1994 年以高等教育出版社音像中心为代表的有声读物出版商，先后出版了《鲁滨逊漂流记》《平妖传》《高老头》等国内外经典名著的录音制品，这意味着我国有声读物在出版业舞台上开始崭露锋芒。我国有声产业起步较晚但发展势头迅猛。艾媒咨询的报告显示，我国有声读物的用户快速增长，2019 年中国数字出版产业接近万亿元规模，同时数字阅读行业蓬勃发展，2022 年达到 453.9 亿元，2020 年中国在线音频用户规模达到 5.7 亿人，2022 年升至 6.9 亿人。[①]

2017 年，国家版权局在《有声读物该如何避免侵权风险》中对有声读物做出的定义为：有声读物是指内容表现为文字作品、形式表现为录音者的声音，利用现代网络技术以二进制数字文件的形式固定下来，经由网络平台向广大受众传播的录音作品。由此可见，对有声读物的定义围绕"录音制品"展开叙述。在新媒体时代中，技术的革新为有声读物提供了更为广阔的创作空间，有声读物不仅仅是对文字作品的有声化，它正借助网络站点、App、车载设备等终端成为一种全新的"阅读"方式，内容也从小说扩展到广播评剧、信息咨询等形式，是从眼睛到耳朵的延伸。立足当下我国有声读物发展环境，孟丹丹在借鉴前人界定的基础上，将移动互联时期的有声读物界定为："有声读物是指以移动智能终端、光盘、磁带或其他音频方式为载体，以'耳朵听'代替'眼睛看'为阅读方式，以纸质图书为文本或原创独立策划内容，可通过在线收听、下载收听或播放器收听的录音制品。"[②] 有学者认为有声读物是指以声音为主要展示形式，需存储在特定载体并通过播放设备解码，支持用户以听觉方式阅读的音像作品。[③]

综上所述，国内学者对有声读物的概念表述大致分为两类：一类认为有声读物与有声书不做区分，都是 audiobook 的中文表述，认为有声读物是指以声音为主要展示形式，需存储在特定载体并通过播放设备解码，支持用户以听觉方式阅读的音像作品；一类严格区分有声读物和有声书，认为有声读物

---

① 《2020—2021 年中国在线音频行业研究报告》，艾媒网，2021 年 3 月 21 日，见 https://www.iimedia.cn/c400/77771.html，最后访问日期：2022 年 9 月 15 日。

② 孟丹丹：《移动互联时代有声读物的发展现状、问题与对策》，河南大学 2016 年硕士学位论文。

③ 淳姣、赵媛、薛小婕：《有声读物图书馆及其构建模式研究》，《图书情报工作》2010 年第 23 期。

的内涵更为丰富，有声书是有声读物的类型之一，此外还包括其他类型的音频内容，如评书、时事述评、相声、脱口秀节目等。听书则等同于有声书，一般是指以纸质书籍或原创数字作品为基础，对原文不加修改或进行合理加工，通过音频形式展现出来的一种网络出版物，具有一定知识性和思想性。

实际上，有声读物最早于 20 世纪 30 年代出现在美国，最初是为了让盲人和伤残军人通过"听"来阅读书籍，目的是解决视障人士的阅读问题，此后逐渐发展为一种广受全民欢迎的听书方式。1952 年，凯德蒙成立美国第一家以有声读物出版发行为主营业务的公司，这成为欧美有声读物市场化的开端。1994 年美国有声读物出版商协会（Audio Publishing Association，APA）颁布行业标准，其对有声读物的定义被公认为最权威也最受认可。此标准将有声读物定义为"其中包含不低于 51% 的文字内容，复制和包装成盒式磁带、高密度光盘或者单纯数字文件等形式进行销售的录音产品"[1]。这一定义高度概括了有声读物在内容形式、载体和最终呈现方式上与其他出版物产品的不同。

德国也是有声读物流行国家之一。1955 年，soundbooks（有声书）被发明出来，当时因为技术条件的限制，有声读物市场没有得到太大的发展，直到 1990 年，才出现音频热。如今的德国是一个有着浓郁读书氛围的国家，有声读物在德国得到了广泛的普及和传播。在德国一个名为"耳朵也能读书"的活动中，五岁至二十一岁使用过或正在使用有声读物的孩子和年轻人比例高达 81%，纸质阅读比例是 90%。此后，有声读物的载体逐渐从 CD 和磁带发展为移动终端，因此有声读物的形式和内涵也发生了变化。

智能手机、移动终端等技术的出现成为有声读物打开移动互联时代市场大门的一把钥匙，为有声读物的发展提供了良好的契机。与传统有声读物不同，移动互联时代的有声读物是以网页、智能终端、客户端、车载设备等为载体，由专业的平台或主播提供有声读物内容的录制、收听、分享的阅读服务，涵盖了小说、评书、学习、培训、新闻咨询、广播剧等方面的内容。用

---

① 　林佩、王兆谷：《传播载体变迁视阈下的有声读物》，《出版发行研究》2019 年第 5 期。

户还可以通过在有声读物平台上进行注册，拥有属于自己的账号，与千千万万的受众进行有声读物的分享与交流。

城市现代化进程的加快，社会人员流动性增强，快节奏的生活方式以及社会生活的多元化，促使越来越多的碎片化时间被分割出来，与之相伴的是阅读进一步场景化以及纸质阅读越来越让位于无处不在的屏幕阅读。移动互联时代的有声读物与之前的传统有声读物相比，载体更为丰富、内容更为多元。其不受时空限制、像音乐一样自由的独特属性赢得了大众的广泛认可，有声读物从满足特定的教育需求，视力障碍和阅读障碍人群的大众市场，逐渐扩展为全民阅读的形式之一。有声读物作为一种新兴的文化载体，因其内容涵盖广泛、获取限制较少、短时高效的知识输入等特点受到越来越多听众的青睐，成为一种全新的"阅读"方式。有声读物解放了双眼，将阅读延伸到了耳朵，不仅解决了视障人士、老人和儿童的阅读需求，而且使得更多的文学作品通过声音走进大众视野，极大地丰富了人类的智力成果。

二、有声读物的特点

（一）用耳获知，打破时空限制

传统纸质阅读以人类的眼睛为主要的阅读工具，而有声读物的出现打破了人类惯用的以"看"为主的获知方式，而改用"听"。"用耳阅读"阐释了阅读的新方式，耳朵成为文字的延伸方式之一。传统阅读依托于纸质书籍，具有携带性较差、占据空间、阅读场所受限制等缺点，且通常需要占据读者整块的阅读时间，在一定程度上与当下人们的生活节奏和生活方式不相符。

互联网时代的到来加速了人们的生活节奏，更多的碎片化时间被分隔出来，而人们对信息的需求越来越呈现一种多元化的趋势，不仅在信息内容上较之前更为广泛深刻，获取信息的形式上也表现出了丰富多元的需求性，受众都喜欢以一种更加轻松有趣的方式去获取同等内容的信息。

有声读物的出现让人们将碎片化时间充分利用起来，读者只需要一部智能手机和一个有声读物 App 就可以随时随地听自己想要的书籍，获取想要的信息，这一阅读形式的出现打破了时空对受众阅读需求的限制，使受众能够不受时间和环境的限制进行阅读，节省了一定的时间成本和经济成本。

（二）降低成本，打造沉浸式阅读体验

网络技术使有声作品的复制传播几乎实现零成本。与传统的有选择性地仔细甄别作品价值后通过刻录、翻录、录音、出版、发行及销售等手段复制音频作品不同，现今以数字为载体的音频作品能够实现精确的无损复制，而基于数字网络这一超大的信息容量，所产生的复制成本几乎可以忽略不计。

App 等有声读物区别于传统阅读的最鲜明的地方在于通过将文字信息转换成声音，朗读者根据文字内容的情感状态，通过抑扬顿挫的声音节奏与情绪化表达将文字内容想要传递的感情淋漓尽致地呈现了出来，给受众带来场景化的沉浸式收听，受众的参与感被充分调动，进而可以营造出一种身临其境的收听氛围，使受众得到最优的阅读体验。例如，中国评书艺术家单田芳，其富有特色的嗓音，丰富饱满的情感以及对历史人物深刻的解读将历史故事活灵活现地呈现在听众面前，让听众感觉仿佛回到了书中所叙述的那个年代，真真切切地感受着历史人物的各种喜怒哀乐与那个年代独有的社会风貌。

（三）"多任务+知识性"的内在属性

快餐式的工作与生活会让人们产生疲惫不堪的感觉，在快节奏生活中的人们很难抽出一整块的时间去进行阅读。而有声读物是一种伴随性的阅读方式，人们只需要打开有声读物 App 就可以做到"一心二用"，比如在开车、走路、跑步的时候或者做家务的同时也可以进行有声阅读，这样一来，许多书在不知不觉中就听完了，很多被浪费的碎片化时间就在这种多任务的阅读方式中被充分利用了起来。

有声读物在帮助人们缓解生活压力、消愁解闷的同时也能提供给读者一些具有知识性的信息。许多有声读物 App 平台上专门划分出了英语、文学、历史等栏目，让有学习需求的读者进行学习。比如，借助英语原音影视资料等具有吸引力的现代化学习资源开展有声阅读能增强学习的趣味性，起到事半功倍的效果。

（四）增强传播效果，实现信息共享

数字网络技术使得传播途径和传播方式发生巨变。数字网络传播的全球同步性突破了传统媒体的地域、时间和空间限制，网络用户以及运营商数量呈几何级增长，各自媒体平台提供的个人账号分享机制以及网络受众对优质作品的传播意愿进一步缩短了传播路径。

有声读物是基于公益性目的开始出现的，旨在为盲人群体提供一种获取信息的渠道，并未受到大众消费的驱动。相较于传统纸质阅读，有声读物的阅读门槛较低，让更多不具备识字能力的人享有了同等的信息接近权，扩大了信息传播的范围，实现信息共享，让偏远地区的人也能接收到更多的信息，缩小了社会不同阶层之间的信息差距，降低了信息鸿沟。

（五）个性化推荐，把握听众偏好

个性化推荐是大数据商业创新的一种重要形式，是一种通过对受众需求进行精准化分析后进行相关推送的功能。为了更加准确地了解受众的需求，用户在有声读物 App 客户端进行注册的时候，平台会先让用户选择自己感兴趣的节目类型，从而在用户使用有声读物 App 收听节目的时候进行精准推送。此外，受众在 App 平台上的每一次搜索与点击都会形成用户日志被推送到后台数据库进行大数据分析，以便能及时了解用户收听习惯和类型的变化。

有声读物 App 通过个性化推荐系统，为用户推送他可能感兴趣的音频资源，通过这种方式提升用户的有声阅读体验感，进而提高用户的点击率，增强用户黏性。例如，喜马拉雅 FM 里面的"猜你喜欢"、蜻蜓 FM 里面的"推荐"、懒人听书里面的"每日推荐"等都是个性化推荐的表现形式。精准的个性化推荐有利于平台及运营者把握用户心理，揣摩用户的心理预期，为用户推荐合适的产品和服务，满足用户需求。

第二节　我国有声读物平台发展历程

一、有声读物平台概述

有声读物平台实质上是一个提供技术服务的服务机构，通过网络技术为公众提供相关信息并参与有声作品的传播，为有声作品创作者和消费者搭建快速交易的平台，实现创作者和消费者的双向互动。罗茜在《我国有声读物平台研究——以喜马拉雅 FM 为例》中指出有声读物平台"主要是指集有声读物的出版、发行、消费于一体的互联网平台"①。我国有声读物平台的产生，是由我国有声读物的用户、内容提供方和移动互联网技术等因素综合作用的结果。本书所讨论的有声读物平台主要是指内容种类覆盖全面、内容资源丰富的综合类有声读物平台。随着手机等移动终端的普及，有声阅读的运营平台也从 Web 2.0 时代的听书网站发展到 Web 3.0 时代的听书 App。

我国有声读物的发展起源于 20 世纪八九十年代，主要以磁带和光盘的形式为主。20 世纪 90 年代中期高等教育出版社音像中心推出《世界名著半小时》，这是国内尝试有声读物的开端，之后陆续出现湖南电子音像出版社、北京鸿达以太文化发展有限公司、北京新华金典音像有限责任公司、北京静雅思听信息咨询有限公司等从事有声读物开发的公司和机构。2000 年湖南电子音像出版社出版《中国诗文朗诵》CD。北京鸿达以太提出"听评书，到新华，找鸿达"口号，推出"家佳听书馆"知名品牌，产品以评书、相声为主，兼具小说、经管、少儿、教育类别。2003 年北京新华金典音像有限责任公司创立"有声读物网"，提供在线听、下载等服务，读物涵盖文学、财经、娱乐、人物、生活、少儿、教育等 9 大类。北京静雅思听在保证高质量的多门类内容每日更新基础上，进行了特色包装，旗下设有"书声系列""阅耳

---

① 罗茜：《我国有声读物平台研究——以喜马拉雅 FM 为例》，南京大学 2017 年硕士学位论文。

系列""作者系列""播音系列"等系列的读物作品，内容涵盖历史、财经、人物、心理、育儿、文化、人文、社科等方面内容。其产品在京东商城、卓越等电商平台得到了用户认可和支持。

自 2013 年以来，我国有声读物 App 和移动电台的数量呈现井喷式的增长，目前可以统计到的 App 数量已达数百种，这在一定程度上满足了数字化时代受众对于阅读的多元化需求。有声读物 App 是近几年来兴起的新型阅读方式，是一种基于移动终端、以音频为主要内容的听书软件。中国数字阅读白皮书显示，2022 年全国有声读物市场增长 26.7%，达到 152 亿元。[①] 易观智库相关统计数据显示，我国目前有 200 多家听书网站以及近 200 款带有听书功能的 App 应用。有声读物有望成为知识服务的重要入口之一，产业的发展前景巨大。

据不完全统计，截至 2022 年 11 月，安卓系统和 iOS 系统的听书软件有200 多个，其中发展较好的听书 App 有喜马拉雅 FM、蜻蜓 FM、掌阅听书、荔枝 FM、企鹅 FM 等。此外，以社交媒体为载体的有声读物平台与移动端App 强强联合，通过提供对个人账号在各大社交媒体终端互动分享的机制，极大地促进了用户的制作内容和分享的兴趣，反向刺激有声市场的多样态发展。

二、有声读物平台的发展历程

有声物读最初的载体是磁带，随后是与纸质图书配套发行的光盘，它们都需要通过录音机或者录像机进行播放；进入 21 世纪后，随着互联网的发展和人们生活习惯的变化，有声读物的载体发展为 PC 端和移动端，有声读物可以直接在这些平台上进行在线播放。因此，我国有声读物平台的发展历程可以分为网站阶段和移动终端阶段。

---

① 转引自 Controls：《2022 年中国数字阅读白皮书》，见 https://www.hzhcontrols.com/new-8581.html,最后访问日期：2022 年 10 月 15 日。

（一）网站阶段（2000—2011年）

进入21世纪后，随着互联网的发展和网站的大量出现，听书网站成为人们听书的主要平台。听书网站为用户带来了许多便捷，用户可以直接在网站中自主选择有声读物品类，并进行在线收听，与此同时，用户还可以将网站上的有声读物下载到电脑中，通过电脑中的音频播放器进行自由收听。随着MP3等数字播放器的出现，用户还可以将在网站上下载的有声读物文件通过数字播放器播放，可以实现在任何环境和任何位置用MP3进行听书。相比纸质图书的发行，有声读物的音频文件不像实体图书那样占据较大的空间位置，网站听书平台的数字化视频可以进行线上复制和销售，发行与销售同步进行，避免了库存积压。此外，有声读物网站后台还可以储存大量有声读物音频文件，这有利于保障网站有声读物品类的丰富性。

2000年，"家居听书馆"成为当时比较知名的听书网站，网站主要发行以MP3格式为主的评书和相声，同时包含小说、教育、经管、儿童读物等类别的有声读物。有声读物网、天方听书网、网际听书馆、好书下载网以及久久听书网也是当时较为有名的有声读物网站。2011年以前，人们主要通过听书网站进行听书，中国网民掀起了网站听书的热潮，此阶段开启了互联网听书的大门，拉开了有声读物网络化的序幕。

（二）移动终端阶段（2011年至今）

随着手机、平板电脑等移动终端的应用与普及，有声读物的载体也发生了改变，基于手机等移动终端的有声读物平台慢慢占据市场。

2011年至2013年是移动端有声读物平台的萌芽阶段。2011年9月，蜻蜓FM正式上线，成为我国第一个移动端有声读物平台。2011年到2013年，懒人听书、喜马拉雅FM、荔枝FM等移动端有声读物平台相继上线。

2014年至2015年是移动端有声读物平台的探索阶段。在此阶段，喜马拉雅FM、蜻蜓FM、懒人听书等有声物读平台的用户使用数不断增加，目前这三家有声读物平台的用户数均超过2亿，并在不断增加。

2016年至2018年是移动端有声读物平台的发展阶段。这一时期，我国有声读物平台开始尝试商业变现。2016年，喜马拉雅FM、蜻蜓FM等有声读物平台分别进入付费时代，在营销、付费和IP改编三个方面推动了商业变现，同时提供了多元化、个性化和专业化的内容。随后，各个有声读物平台纷纷上线，2017年3月，"豆瓣时间"上线；2017年6月，"湛庐阅读"上线；2017年7月，"中信书院"上线；2017年10月，"新世相读书会"上线。从用户角度来看，有声阅读这种古老的艺术形式正借助互联网技术与移动终端重新走进大众视野。与之相对应，有声书产业蓬勃发展，一度超过电子书成为数字出版产业的优势增长板块。

2011年至2022年，有声读物平台从无到有，从免费到付费，这个发展过程为消费者提供了技术便利和丰富内容，同时也培养了消费者的付费意识，为平台的商业发展打下了基础。

三、有声读物平台发展的原因探析

（一）用户的需求

随着物质生活的丰富和生活节奏的加快，纸质图书的阅读受到越来越多条件的限制，人们需要一种全新的阅读方式来弥补因为忙碌而忽略的"阅读时光"，早晚行走在路上的上班族、健身房里的运动族和有车一族等可以在忙碌的间隙利用起"耳朵"功能，利用碎片化的时间听书、学习。传统的以磁带、光盘为载体的有声读物和听书网站已不能够满足人们在活动状态下随时获得和收听有声读物，因此，对移动端的有声读物平台的需求更显迫切。在中国，购物、出行、支付等都可以在手机上一键完成，人们对于手机等移动终端的依赖越来越强，有声读物App也因此出现，用户利用手机上的有声读物App即可进行听书，满足用户对于知识的需求同时也不占用其他额外的时间。在有声读物出现之前，用户习惯了用"眼睛"看书、看电视、看报纸，不少青少年因为过度使用眼睛而导致视力下降，有声读物平台的出现与普及，使用户有效地利用了听觉功能。

（二）内容提供方的市场需求

我国有声读物的内容提供商主要有出版单位和作者。对于出版机构而言，以磁带、光盘为载体的实体有声读物的出版需要经过严格的审查程序和审批制度，出版的数量也因此受到了限制，大量优秀的作品不能得到出版发行，因此一个专门的有声读物平台的出现就显得急不可待。专业的有声读物平台可以为有声读物提供一个面向市场的渠道，同时，已经出版发行的实体有声读物受到几个层级经销商分发渠道的限制，面对庞杂的消费市场无法被目标用户发现和购买。在缺乏有效的营销推广的市场机制里，很多优秀的有声读物被埋没。

对于作者而言，作品制作成实体有声读物需要经过出版单位编辑部门的筛选和审查，而出版单位的编辑一般根据自己的经验和对市场的判断来决定是否出版发行此作品，具有一定的主观性，因此有些作者的作品可能会被埋没，作者也需要一个有效的平台来让自己的作品被更多的用户听到。

（三）移动互联网技术的发展

移动互联网技术的发展与进步为实现用户需求和内容提供方的需求提供了现实可能。随着手机的普及与运用，开发商捕捉到用户需求、内容提供方的需求，并利用移动互联网技术开发出实现用户和内容提供方需求的应用程序，如喜马拉雅 FM、蜻蜓 FM 和懒人听书等。

数字出版技术将作品内容数字化，将文本内容数字信号上传、储存在有声读物平台，这样一来，出版单位制作音频内容的成本降低、效率提高，通过平台的发布使得有声读物从出版到发行实现零库存。普通用户也可以利用平台进行音频制作和发布，不用经过复杂的程序就可以使自己的作品面向用户发布。数字版权保护技术则为有声读物音频的版权提供了技术保障，使得有声读物平台能够持续、健康地为用户提供正版内容。加之第三方支付技术的成熟，有声读物平台能够实现"内容变现"，用户可以在平台上选购自己感兴趣的音频并支付相应的费用，保障了有声读物平台的营收。

用户的需求和内容提供方的需求是有声读物平台产生的重要原因，移动互联网技术的发展是有声读物平台产生的技术基础，三者相互作用促进了我国有声读物平台的产生，用户可以在平台上随时收听和下载自己感兴趣的有声读物音频，内容提供方有了输送作品内容的渠道，供求双方都实现了自己的需求，有声读物平台是顺应时代和市场的产物。

四、有声读物平台的分类

随着互联网技术的发展和移动终端设备的普及，各大有声读物平台陆续出现，有声读物受众群体扩大，有声读物市场也不断壮大。按照有声读物平台所具有功能属性及内容形式的不同，将我国有声读物平台分为综合类有声读物平台、垂直类有声读物平台以及其他行业平台布局的有声业务，如表2-1所示。

表2-1　我国有声读物平台一览表

类型	定义		代表平台
综合类	内容种类数量多，资源丰富，不偏向于某一类型内容，因此服务的用户范围最为广泛		喜马拉雅FM、蜻蜓FM、云听、荔枝FM
垂直类	在内容布局上深耕某一细分领域，平台用户更有针对性	有声书或有声阅读平台：主要提供出版图书、网文、杂志的有声版本，或原创有声书	懒人听书、酷我听书、氧气听书
		二次元音频平台：二次元广播剧、有声漫画等内容	猫耳FM
		有声学习平台：主要提供有声课程、图书解读等内容和服务	得到App、看理想App
		播客平台或网络电台：主要提供电台节目和实时广播	企鹅FM、阿基米德FM、凤凰FM
		RSS有声读物订阅平台：平台不生产任何内容，只提供较为全面的内容资源订阅和收听服务	苹果播客、小宇宙播客
其他类	其他行业平台布局的有声业务		如豆瓣有声课程、微信读书平台的听书、网易云音乐

（一）综合类有声读物平台

综合类有声读物平台内容种类数量多，资源丰富，不偏向于某一类型内容，因此服务的用户范围最为广泛。比如喜马拉雅、蜻蜓 FM、云听、荔枝FM 等有声读物移动 App，它们大都与各大出版商合作，有着丰富的版权资源，各种品类的音频资源都应有尽有，极大地满足了受众的多样化需求。此外，平台还培育了大量资深的专业主播，保证了音频质量和受众黏度。更有VIP 用户的专属特权和一些需要付费收听的精品内容，不管在内容上还是形式上，综合类有声读物平台都是有声读物领域的标杆。综合类有声读物平台主打的是以娱乐类短音频内容为主的广告模式，早期的工作内容多是为受众播放歌曲类音频，如今逐渐平台化，开始为受众提供多种多样的内容，糅合各界声音，如图书、相声、音乐、电台广播等。如今的综合类有声读物平台不仅仅局限于对图书资源进行音频制作和发放，平台里的音频内容更呈现出多样化的特征。

（二）垂直类有声读物平台

垂直类有声读物平台在内容布局上深耕某一细分领域，平台用户更有针对性。垂直类有声读物平台是专门的阅读平台，通过多种方式满足了当下读者的多种阅读需求，它主要是对出版图书、网络小说等图书的内容进行长音频制作。垂直类有声读物平台精耕于有声书，以书为基础发展而来，细分受众也均是平台内书城的用户、有声书用户又或是以阅读图书、电子图书为目的的大众。因此是专一的只针对出版类或小说内容进行长音频有声读物的制作，并开设虚拟移动书城专门为受众提供阅读服务的移动平台。大多数的垂直类有声读物平台的前身都是网络书城，依托互联网整合图书资源、有声内容生产，包括对出版物、网络小说等内容进行有声制作，在智能手机普及和互联网高度发展的今天，这些内容制造方大多已经纷纷建立了分发渠道，着手打造移动阅读和听书并行的移动终端阅读平台。

（三）其他类有声读物平台

移动数字时代的阅读不仅延伸了纸质阅读，还融合了广播媒介，移动新媒体有声书正处于蓬勃发展的态势。例如，豆瓣等社区提供的有声课程，微信读书依托"微信"的庞大用户基础、社交网络与品牌效力，成为国内移动新媒体有声书领域的主要应用之一，网易云音乐等在线音乐平台的有声读物板块等都是其他行业平台布局的有声业务。此外，还有智能音箱中的有声电台，有声读物在智能音箱中占据一个板块，但智能音箱中的有声读物类目划分较少，评书与网络小说较多，尚处于初级开发阶段，还有待继续完善。这丰富了有声读物平台的多样性，扩大了有声读物的市场。此外，以社交媒体为载体的有声读物平台与移动端 App 强强联合，通过提供对个人账号在各大社交媒体终端互动分享的机制，极大地促进了用户的制作内容和分享的兴趣，反过来刺激有声市场的多样态发展。

第三节 我国有声读物发展现状分析

一、我国有声读物发展历程

我国有声读物起步较晚，20 世纪 90 年代中期真正意义上的有声书才开始发行。90 年代之前虽然也出版过如音乐唱片、评书磁带等形式的音像制品，但音像制品和有声读物不是完全相同的概念，音像制品可以说是有声读物的前身。随着网络技术的不断进步，有声读物的载体形式也发生了巨大的变化。以有声读物制作载体为划分依据，我国的有声读物发展历程可大致分为以下三个阶段。

（一）1980—2002 年：磁带光盘阶段

20 世纪 80 年代，一些随书附赠的音像制品开始出版，如上海有声读物公司出版了《儿童古诗选读》，上海音乐出版社出版了《"聪明泉"儿童音乐》等，但它们都算不上真正意义上独立的有声读物。从 20 世纪 90 年代中期开始，真正意义上的有声书才开始在国内发行，1994 年高等教育出版社音像中心出版了《世界名著半小时》及其续集，共 20 盒音带，拉开了我国有声读物市场化的序幕。1995 年中国唱片总公司出版了《红楼梦》《鲁滨逊漂流记》《十日谈》等以名著为题材的有声读物。同年，评书大家单田芳创办了单田芳文化传播有限公司并与多家电台合作播出自己的评书节目。

此后，北京鸿达以太文化发展有限公司、北京新华金典音像有限责任公司、湖南电子音像出版社都成功出版过有声读物，是我国有声读物市场的先行者。湖南电子音像出版社的《中国名家诗文精品欣赏系列》CD 全套 16 种，于 2000 年出版，涵盖了古今诗文名家的文章，名人朗诵名家名作是其最大特色，是一套集时尚、精美、品位和收藏价值于一体的文化精品。同时，该系列也是"十五"国家重点音像出版物规划项目之一。

（二）2002—2012 年：互联网阶段

21 世纪以来，随着互联网技术的不断发展和普及，为有声读物的发展提供了良好的技术环境，有声读物的发展步伐进一步加快，更多专业公司加入到有声读物的开发制作队伍中，专业的门户网站开始出现。2003 年由北京鸿达以太公司投资建设的国内首家听书网站"听书网"开通运行，此后，中国有声读物开始进入由听书网站主导市场的迅速发展阶段。

2006 年，北京龙杰网大文化传媒有限公司创建"一路听天下"品牌，成为我国首家以汽车用户为定位的车载有声品牌。2009 年底"一路听天下"与天方听书网达成合作意向，联合推出汉王"N518 听书版"电纸书，内容包含了后者所有的作品。2010 年天方听书网被盛大集团收购，网站规模全面扩大，并与中国移动、中国联通等运营商合作，开拓营销渠道。

"听书网"邀请专业声优把经典文学名著和现有的其他各类书籍制作成有声读物，这在一方面可以把作品发布到网站供用户在线收听、下载，另一方面也可以将作品制作成光盘实体发行，最大限度地满足了不同用户的需求。该阶段是国内听书类网站的繁荣期，除了"听书网"，被大众所熟知的还有"天方听书网""久久听书网"等。在这一阶段，有声读物市场初具规模且前景良好，具有巨大的上升空间。

（三）2012 年至今：移动端 App 阶段

随着数字技术的不断进步和手机移动终端的普及，2012 年以后，移动应用程序开发日趋成熟，App 在各行各业中被广泛开发和运用，听书类 App 也逐渐进入人们的视野。移动端有声读物是伴随着互联网的发展而来的，互联网移动端用户数量的增加也就意味着有声读物的发展基石异常坚实。基于移动端的有声读物 App 能在很大程度上满足人民便捷阅读、休闲阅读的需求。目前比较成功的几款移动阅读类 App 有懒人听书、喜马拉雅 FM、蜻蜓 FM、天行听书、氧气听书等。懒人听书推出时间较早，其界面设计简洁清晰，方便用户搜索收听，可以提供有声书、电台、音乐等多种音频形式，其搭建的社区交流平台供听友听后交流心得，在强化社交关系、提高用户留存率方面发挥了不容小觑的作用。懒人听书虽在打造听书功能方面已经十分成熟，但在功能拓展方面还有待改进，它作为我国第一个移动网络有声读物平台对于推动有声读物的变革与发展具有重要的创新性意义。

在懒人听书迅速发展的同时，喜马拉雅 FM 打着"有声播客"的旗号横空出世，以海量的内容资源和大平台+多元化的综合型风格吸引到大批用户，还设置了专属定制收听功能，在具备听书功能的同时搭载电台功能，用户可以自由定制喜欢的节目和板块。喜马拉雅在内容上包罗万象，不管是出版社的书籍资源还是网络小说、情感故事、人文历史、教育学习、相声评书等应有尽有，版权丰富再加上品类齐全，满足了受众的多元化需求，并以多种盈利模式齐头并进的方式拓展市场，注重挖掘与培养受众的付费意识与习惯，通过知识付费的方式形成了内容运营、发展的新生态。

2013 年 8 月上市的天行听书让人眼前一亮，上市仅一周的时间，就在百度移动应用平台突破"10 万+"的下载量，这还不包括安卓市场、应用汇等 App 下载市场的统计数据，热度可想而知。随后，天行听书与国内语音合成领域的专家——捷通华声合作，应用智能人机交互技术（HCI），将文本内容转化成为可以"听"的书，这项技术的运用有利于使听书摆脱对网络的依赖，成为听书 App 市场突破发展瓶颈的关键。

2013 年 9 月，中国电信天翼阅读公司开发了专门的听书软件——氧气听书 App。氧气听书拥有当时国内最大正版有声书库，作品门类和数量十分丰富，涵盖了热门小说、相声评书、文学经典、综艺娱乐、幽默搞笑、孕产保健、公开课等 35 个细分类别，还添加了受众细分功能，满足了用户越来越个性化的需求。这是运营商试水有声读物领域的典范。

我国 2016 年的国民有声阅读数据显示，有声阅读已经成为我国国民阅读的新方式，除了广播、录音带、CD 等载体外，移动有声平台 App、微信公众号等新媒体平台也慢慢出现并成为有声读物的新载体。根据《第十五次全国国民阅读调查报告》公布的调查数据来看，我国成年国民听有声读物的形式不仅发生了变化，并且移动有声阅读 App、微信公众号等新媒体平台已经慢慢成为我国成年国民听有声读物的主流选择。载体形式的多样化和新媒体平台的发展促进了我国有声读物的发展，使得有声读物市场在出版行业也占据了一席之地。第十九次全国国民阅读调查结果于 2022 年 4 月 23 日在北京发布。调查结果显示，2021 年我国成年国民的综合阅读率为 81.6%，人均纸质图书阅读量 4.76 本，人均电子书阅读量 3.30 本，均较上年有所提高。"听书""视频讲书"等阅读形式为读书提供更多选择。

二、我国有声读物平台的发展环境

我国有声读物平台的发展环境日益改善，良好的发展环境保证了我国有声读物平台的健康发展，我国有声读物平台所面临的政策环境、技术环境、经济环境和社会文化环境都在不断改善，并为平台的发展奠定了良好的基础。

（一）政策环境：政策导向利好

最近几年，国家出台了相应的文化政策大力支持有声读物平台发挥传播文化的功效，有声读物平台的内容数字化越来越受到重视。2014 年 4 月，我国听书行业首个反盗版联盟——"中国听书作品反盗版联盟"在杭州万松书院成立，该联盟由氧气听书、央广之声、盛大文学、国视通讯、央视国际、浙江电子音像出版社等单位以及全国听书作品版权方和广大听书作品作者和播音者联合发起，旨在打击听书行业的盗版现象，保障听书作品的内容版权方和生产方的合法权益。2016 年 2 月，国家新闻出版广电总局颁布了《网络出版服务管理规定》，规定从事出版网络服务，并向公众提供具有独创性的音视频读物等原创数字化作品或与已经出版的图书、报纸、音像制品等内容相同的数字化作品等网络出版物的单位必须向有关部门申请取得《网络出版服务许可证》，该规定进一步规范了有声读物行业出版秩序，为有声读物平台的发展营造了良好的行业氛围。同时，国家新闻出版广电总局在 2016 年 12 月发布的《全民阅读"十三五"时期发展规划》中特别提到了要有针对性地向残疾人提供有声读物等阅读资源并强调要提高数字化阅读的质量和水平，有声读物的发展得到了国家的大力支持与关注。2020 年 10 月，中宣部印发《关于促进全民阅读工作的意见》，提出了全民阅读工作的重点任务，包括加大阅读内容引领、组织开展重点阅读活动、加强优质阅读内容供给、完善全民阅读基础设施和服务体系、积极推动青少年阅读和家庭亲子阅读、保障特殊群体基本阅读权益、提高数字化阅读质量和水平、组织引导社会各方力量共同参与和加强全民阅读宣传推广等。2022 年 3 月，国务院印发了《中华人民共和国国民经济和社会发展第十四个五年规划和 2035 年远景目标纲要》，明确提出"深入推进全民阅读，建设'书香中国'"。党的二十大报告指出，"加强国家科普能力建设，深化全民阅读活动"。

（二）经济环境：数字出版经济逐渐繁荣

《2016—2017 中国数字出版产业年度报告》显示，2016 年我国数字出版产业总收入 5720.85 亿元，其中移动出版的收入约 1399 亿元，占总收入的 24.5%。[①] 数字出版经济的不断繁荣，有利于有声读物的广泛传播，有声读物平台作为有声读物的载体也会得到进一步发展。经济的不断发展和繁荣，改变了人们的消费习惯，也增强了人们的精神文化需求，传统媒体的发展模式对消费者的吸引力大幅度降低，必须寻求创新和变化。听书成为一种消费者

---

① 转引自 Controls：《2022 年中国数字阅读白皮书》https://www.hzhcontrols.com/new-8581.html，最后访问日期：2022 年 10 月 15 日。

乐意接受的方式，出版社将优质的纸质内容转变为优质的音频内容，传统广播电台要将丰富的开发制作和运营经验转化为市场力量。在知识经济时代，有声读物成为消费者快速获取知识的形式之一，知乎等社交知识平台的迅速崛起，让用户对知识的重要性认知增强，在此基础上，更多的内容提供商开始积极探索内容变现方式，培养用户的付费行为。这些经济因素都为有声读物平台的发展提供了新机遇。

（三）技术环境：互联网技术发展迅速

移动端是我国有声读物的重要收听渠道，我国有声读物平台以手机、平板电脑等移动终端为依托。据统计，截至 2021 年底，我国 5G 用户数量达3.55 亿，智能手机用户达 9.5 亿人。通信技术的覆盖促使移动设备用户数量不断增加，移动设备的普及为有声读物平台的发展和繁荣提供了设备支持。用户通过手机等移动设备可以完成在线收听、下载、在线讨论与推广有声读物等活动，随着移动互联网技术的发展，用户还可以使用智能手机进行在线内容录制、剪辑和发布，丰富了用户的在线活动。同时，移动支付技术为有声读物平台的商业化提供了可能，不断普及的移动支付也方便用户在线购买有声读物平台的付费内容。

（四）社会文化环境：用户需求不断提升

随着我国教育水平的不断提高、人们的阅读需求不断提升，政府不断推动全民阅读，同时也鼓励发展数字化阅读，作为数字化阅读形式的有声读物也得到不断推广，音频内容能够在各种生活场景满足用户的阅读需求。据统计，2021 年我国成年国民综合阅读率达 81.6%，成年数字化阅读方式接触率达 79.6%，可见我国国民的阅读需求在不断提升，用户的需求是促进出版行业不断发展的动力，从而也会推动我国有声读物市场的繁荣。

与此同时，随着经济的繁荣，人们的生活水平和年收入不断提高，用户的消费观念也在逐渐改变，随着有声读物平台逐渐进入内容付费模式，用户付费习惯和意愿也会不断改变，面对优质有声内容，部分用户具有付费意愿。

信息大爆炸时代，用户通过付费来更快地获取更优质资源的意愿会逐渐增强。

三、有声读物发展存在的问题

（一）内容浅显单一

目前网络上的有声读物内容丰富、种类多样，但是目前很多听书网站的书目大都类似，这意味着现在的有声读物市场缺乏清晰的分类。而作为一种新生的事物，如果缺乏自己显著的特点是很难引发受众的关注，特别是在这样一个注意力经济的时代，要与众不同才能找到自己的生存之路。另外，读者们通过阅读增长知识、提升自身的文化素质。阅读作为中华文化传承的方式之一，它的重要性不言而喻，有声读物作为一种新型的阅读方式，也担负着传承中华文化的使命。一味地迎合受众的口味虽然可以带来不菲的经济利益，但是从长远角度来看，这是不利于我国传统文化发展的。有声读物为了满足大众的这种碎片化阅读的需求极力迎合受众的品味，营造出一种表面"繁荣"的景象，长此以往会让读者对传统文化丧失兴趣，对中华文化造成巨大伤害。

（二）版权管理混乱

有声读物在碎片化阅读时代的出现，也悄然改变着人们的阅读习惯，对传统出版市场的版权保护造成了巨大的冲击。我们平时看到的很多有声读物文本大都来自网络且都是未经原作者同意或出版社授权就私自进行录制。读者在阅读时并没有为文本的内容支付一定的费用。也就是说，有声读物的制作者只需要投入很少的成本就可以通过网络上的下载量和点击率来获得广告，从而轻松获得经济利益。通过比较"有声读物网"和"天方听书网"两家网站的版权声明不难发现，两家网站虽然不尽相同，但都只对有声读物的传播侵权行为作了解释和声明，且这些声明大多也是在为网站开脱。由此我们可以看出，现阶段在发行渠道方面对盗版侵权行为大都是睁一只眼闭一只眼，并没有一些切实有效的方法来保护作者的著作权。长此以往，会严重影响到作者创作的积极性，对我国出版市场产生不利的影响。因此，有声读物版权杂乱这一问题对传统图书市场产生了不小的冲击。就现阶段而言，版权混乱已经变成制约其继续更好发展的一个重要问题。只有规范出版市场、积极打击盗版侵权行为才能保持出版人的积极性，继续为广大读者提供优质的读物，让有声读物稳步地向前发展。

（三）销售发行渠道不完整

我国有声读物的发售与发行大都是与图书绑定，被当作音像作品来出售，即使是在听书网站在线收听或者收费下载，都不能算得上一个完整的发售系统。有声读物在形式上与音像制品并无异同，然而根据内容它应该被列为图书这一类。现在在一些书店有声读物基本上都是跟音乐、电影、曲艺等这些音像制品划分为一类，没有自己专门的销售空间，很多顾客都是以一种休闲娱乐的态度去认识有声读物的，这不利于有声读物的发展。另外，我们知道现在一些听书网站都可以免费试听，用户通过先对读物有所了解，再决定是否为这部有声读物付费，但是在一些实体书店中，这一方法就起不到很好的效果，因为顾客不会花费比翻书还长的时间去慢慢听其中的内容。这一原因，也是有声读物现阶段发行销售方面存在的缺陷之一。

四、有声读物的发展方向

（一）内容高质量化

随着有声读物用户高学历的发展，有声读物本身的质量也应该逐年提高，包括播读者的声音、播读内容，甚至后期制作都会成为用户评价有声读物质量好坏的因素，并且人们在高压力的社会中也在不断地进行学习，全民阅读又成为一种新风尚，所以高质量的有声读物是用户生活中必不可少的。同时，如今由于很多有声读物平台的内容都大同小异，在内容上根本区分不出平台和平台之间的区别，这就要求有声读物的发展要克服现在泛娱乐化的倾向，在内容上进行创新，形成独具特色的有声读物。因此高质量的有声读物是用户的必然选择。

（二）传播便捷化

在互联网技术支持下，实体载体如磁带、光盘的有声读物打破了时间、空间以及存储容量上的各种局限，现在移动有声读物平台的存储空间大，可供用户随时随地使用。移动端的有声读物拥有多元且便捷的传播载体，满足了不同用户的使用需求。有声读物的一大特点就是解放双手双眼，它的便捷性深受如今年轻一族的喜爱，有声读物的便利性不仅体现在场景多样化，更多表现在有声读物的收听方式。移动设备的普及和场景多样化为有声读物向着便利性的方向发展打下了坚实的基础。

（三）互动娱乐化

有声读物相较于传统阅读更注重与读者的互动，尤其是智能语音识别技术的运用使得有声读物的互动性增强。语音式的交互性可以促进用户之间的思想交流，不断推动其认知结构的发展。如今娱乐休闲类的有声读物在有声阅读行业内占有举足轻重的地位，因此，能否满足人们娱乐化的需求，也是有声读物发展的方向之一。每个人都有追求美的权利，不是看在眼里并感到舒适的才叫"美"，入耳的声音也无时无刻不带有美感。同样，有声读物中的"美"就是要用好的声音讲好的故事，产生好的收听效果，声音的真情实感是激发人们审美情趣的基本点。现在社会中人们的精神压力极大，轻松愉悦或者适合运动时的有声读物一定会备受年轻一族的青睐。

（四）碎片化

有声阅读作为一种"行走的声音"，通过平台流动在"碎片缝隙"中，成为用户一种"陪伴式"的存在，打破了传统阅读的时间和空间限制。一些短小精悍、娱乐性强、画面感丰富的作品被更多地创作出来以满足文化市场需求。有声读物能够满足人们碎片化生活下的多场景阅读需求，也让阅读的定义得以延伸，成为数字阅读的新生力量。碎片化的有声读物更加丰富多彩，能够集中展示数量巨大的综合文字、图片以及声音作品，让读者获取更多的知识，从而满足人们在社会生活中快节奏的阅读需求。

（五）体验场景化

如今有声读物的一个很重要的问题是场景分类不明显，平台无法很好地根据用户数据分析出适合用户个体的场景读物。场景中有声读物的选择本身就具有很大的主观性，如今人们的生活经历逐渐丰富，和场景相匹配的有声读物也应该进入人们的视野。将许多线下实体出版的绘本书籍内容进行可视化呈现，在信息技术的支撑下，实现有声读物的场景化和智能化的多元态呈现，从而提升用户的阅读体验。借助越来越发达的科技手段，人工智能与数据的融合，可以简单快捷地记录下用户的使用痕迹，分析出用户当下的使用心理，判断用户的阅读习惯和偏好，刺激用户在不同场景下进行有声阅读的欲望，满足由于用户的主观性选择带来的有声读物场景化差异，提升场景的适配度。

第三章　我国有声读物平台用户价值分析

本章引入伍德拉夫的用户价值理论，将用户需求满足转化为有声读物平台用户价值实现，并以有声读物平台青年用户为对象，综合运用用户价值理论和阶梯理论，对我国有声读物平台的青年用户价值展开研究。

第一节　基于平台经济的有声读物平台用户价值分析框架

用户价值既可以指用户对产品和服务提供者而言的价值，也可以指产品和服务对用户而言的价值，两者本质上是统一的。用户价值并不是产品或服务本身所固有的，而是用户出于自己的目的对供应商所提供的产品和服务进行使用之后的一种体验，即价值是用户感知到的，是基于产品使用的正向和负向结果之间的权衡。为此，本书将我国有声读物平台的用户价值定义为：用户对在特定情境下促进（阻碍）其目标和意图的有声读物平台的属性功能、属性表现和使用结果的感知偏好与评估。基于该定义，用户价值内涵可概括为：有声读物平台是用户实现其特定目标的媒介，用户的价值判断受其背景和使用情境影响，可通过结果交付来创造和提升。

多年数据显示，有声读物平台35岁以下用户占比一直保持在7成以上，且付费意愿较高，是有声读物市场争夺的主要用户群体。考虑到不同用户群体由于身份背景、认知水平、内容偏好不同，其价值诉求差别较大。加之本书最终目的是为我国有声读物平台建立竞争优势提供借鉴。因此，本章以青年用户为对象，开展我国有声读物平台用户价值研究。接下来，本节先介绍用户价值理论和平台经济理论。以此为基础，构建本章的研究框架。

一、用户价值理论

伍德拉夫将用户价值定义为：用户在一定的使用情境中对产品属性、产品功效以及使用结果这3个方面达成（或阻碍）其目标和意图的感知偏好与评价。[①] 伍德拉夫的定义显示出用户价值的复杂性：首先，用户价值是多维度的，用户使用产品的目标通常包含使用价值和拥有价值；用户价值是一种权衡，没有哪一种产品能完全满足用户需求，用户总是对使用产品的正向和负向结果进行权衡之后得出最终感知价值；用户价值也是动态的，会随使用情境变化而变化。

该理论的核心在于提出了"价值层次"的观点。价值层次观将用户与产品相连，将用户对产品属性层的认知、使用产品产生的结果及用户的最终目标联系起来。三个层次自下而上逐渐抽象，也逐渐靠近用户，且低层次价值是获得高层次价值的手段。

用户价值层次理论的另一个特点与稳定性有关。最高层次价值，即用户目标层价值具有长期稳定性。价值观的形成过程复杂且漫长，一旦成型便不会轻易改变，因而是一个人所拥有的最持久和最稳定的一些特征；同样，价值观即使会随着时间演化，过程也极其缓慢。层次越往下稳定性越低，尤其是属性层价值，日新月异，且同一产品门类有无数产品供用户选择，因此产品开发者不能指望依靠属性来吸引和留存用户。这一特点让用户价值层次理论具有出色的指导实践的作用。产品开发者应自上而下，首先理解用户的目标层价值，再逐级落实到产品功能的开发中。

二、平台经济理论

平台经济又称"双边市场"或"双边平台"，是互联网时代兴起的主要

---

① R. B. Woodruff, "Customer Value: The Next Source for Competitive Advantage", *Journal of the Academy of Marketing Science*, 1997, 25(2), pp. 139-153.

商业模式，在这种模式下，借由平台提供者或平台企业，交易双方通过信息纽带互相联结，最终促成交易实现；交易双方即需求方和供给方都是平台用户，平台企业为供求双方提供信息空间、撮合市场交易、降低交易成本、提升交易效率。[①]

平台经济具有三个特点：（1）交叉网络外部性。网络外部性是指某产品对某消费者的效用会随着使用相同产品的消费者数量的变化而变化。而平台经济属于交叉网络外部性，即平台经济的网络外部性来源于双边市场，某产品对需求方消费者的效用取决于使用相同产品的需求和供给双方的数量和质量。（2）价格杠杆效应。平台交易定价由需求方价格和供给方价格共同构成，双边价格是一个此消彼长的过程。当其中一方（记作 A1）用户的数量对另一方（记作 A2）十分重要时，平台一般会采用不向 A1 用户收取费用或只收取很少的费用来提高其用户效用，从而增加用户数量；这样面对 A2 用户，平台的定价谈判能力会有所提升；最终结果是，平台向 A2 用户收取较高价格以弥补用低价策略吸引 A1 用户产生的损失。（3）市场学习效应。双边用户在互联网平台帮助下几乎"面对面"，所有的生产和消费反馈都能快速到达双边用户，增强双方理解，互相提升用户效益。

有声读物平台是互联网环境下典型的双边平台，同时服务于内容消费者和内容生产者。（1）内容消费者和内容生产者通过有声读物平台互相吸引，生产者生产内容，消费者追逐内容，生产者追逐消费者。当两边用户数量和质量都增加时，双边用户及平台企业都获得了正向外部效应。（2）内容消费者和内容生产者也会通过有声读物平台直接进行沟通，需求方可以对内容进行评论，表达自己的偏好、思考过程和期待；供给方接收到这些需求之后，可选择调整内容生产方向或策略，从而更好地服务于自己的受众。（3）内容生产者和内容消费者彼此需要，根据实际情况肯定会产生一方的需求更加迫切的情况，因而也会产生价格杠杆效应。有声读物平台里既有免费内容，也有付费内容，理解了平台经济的价格杠杆效应就能更好地理解有声读物平台

---

① 李凌：《平台经济发展与政府管制模式变革》，《经济学家》2015 年第 7 期。

针对不同内容的定价策略。

三、有声读物平台用户价值分析思路

基于上述用户价值理论和平台经济理论，本章我国有声读物平台用户价值分析思路如下：（1）首先对相关理论和概念进行回顾，明确本次研究所讨论的有声读物平台和用户价值的范畴。（2）通过文献调研，决定采用阶梯访谈法获取数据，并对数据进行阶梯式定量分析，得到我国有声读物平台青年用户价值模型，最终回答研究开始提出的3个问题。获取数据时需先对我国有声读物平台进行调研分析，初步得出有声读物平台的重要功能和属性，据此制定访谈大纲，为正式访谈做准备。（3）最后根据实证研究结果为我国有声读物平台创造和提高用户价值提供建议。在上述分析过程中，用户价值层次理论是支撑整个分析过程的理论基础，平台经济理论则用于辅助结果分析，以期更为深入地理解有声读物平台的价值提供。数据收集和模型构建步骤严格遵循阶梯理论，为结果分析打下坚实的基础。

第二节　有声读物平台用户价值层级模型

为测量我国有声读物平台青年用户价值，本节以伍德拉夫"属性层—结果层—目标层"用户价值层次模型为基础，采用阶梯访谈法和阶梯式定量分析法，揭示有声读物平台、用户及其使用情境之间的相互关系，最终形成我国有声读物平台青年用户价值层级模型。

一、数据收集

测量顾客价值必须使用定性的数据搜集技术。[①] 相对于大规模问卷调查，定性测量结构性较弱，可通过一系列开放性问题鼓励用户自行描述使用产品

---

① ［美］伍德拉夫、加蒂尔：《洞察你的顾客》，董大海、权小妍译，机械工业出版社2004年版，第130页。

的真实细节与感受，而不是用事先确定的标准限制用户表达。阶梯访谈法是揭示用户价值层次非常有效的方法，它要求访谈者从价值层次的最底层，即产品和服务的属性层开始，以中立的状态引导、追问用户使用产品和服务的重要结果，包括正面和负面结果，直至挖掘出用户自己都意识不到的最终目的层价值。

样本选择必须遵循以下标准：（1）对平台具有战略重要性的用户，是平台在市场内主要争取的、能与平台产生最多价值交换的用户；（2）不同用户群体之间可能存在的差别。综合 2019—2021 我国有声读物市场研究报告可发现，在体量和付费意愿等方面对有声读物平台具有优先重要性的用户群体有以下关键特征：80 后、90 后、00 后上班族；2021 年 30 岁以下用户占比高达 66.7%，且不同年龄段的人群对有声读物平台的理解和使用方式并不一样。[1][2] 这是本次研究在一开始就将调研群体限定在"青年用户"，即 35 岁以下用户的原因。

遵循以上标准，本书在微博、微信等社交媒体平台公开招募受访者，并以半结构化方式完成访谈，每次访谈都控制在 1—2 个小时之间。受新冠肺炎疫情影响，所有访谈均在线上完成，访谈的样本主要包括大学生、上班族这两个具有代表性的用户群体。男性样本和女性样本分别占总样本的 47% 和 53%，较为均衡，与艾媒咨询调研显示的有声读物平台用户画像基本一致。受访者年龄分布较为集中，平均年龄 25.8 岁，最低不小于 22 岁，样本的年龄间接影响其身份和收入，收入中位数为 8000 元/月，[3] 整体学历水平较高，且学科背景多样，就职行业也多种多样，具有一定代表性。在样本专业性方面，本书以使用有声读物平台的年限和频率为标准，既有使用此类平台 5 年以上、习惯每天收听有声读物的资深用户，也有刚使用几个月，每周使用

---

[1] 《2019—2020 中国在线音频专题研究报告》，艾媒网，2019 年 12 月 13 日，见 https：//www.iimedia.cn/c400/67192.html。

[2] 《2020—2021 年中国在线音频行业研究报告》，艾媒网，2021 年 3 月 21 日，见 https：//www.iimedia.cn/c400/77771.html。

[3] 为方便统计，学生样本的收入为可支配的生活费。

2—3 次的新用户和低频用户。这样的样本组合覆盖面广，有利于观察使用经验对有声读物平台用户价值的影响。另外，我国有声读物平台数量众多、类型多样，其所面对和争夺的优先重要性用户群体较为趋同；因此为保证此次研究的普遍价值，有必要囊括各类平台的用户。访谈用户既有使用像喜马拉雅、蜻蜓 FM 这样综合类平台的用户，也有使用各垂直类平台的用户，很多用户都是同时使用多个类型的平台。

综上所述，本次访谈筛选的样本具有代表性，由访谈内容所提炼的阶梯能够支撑我国有声读物平台青年用户价值层级模型的构建。

阶梯法是一种半结构化深度访谈法，在访谈开始之前需通过品牌或产品调研、文献调研等方式确立访谈大纲，以保证在长达 1 小时左右的访谈时间里，访谈者能尽量全面地引导用户，减少信息遗漏。笔者前期整理了我国有声读物平台的功能，通过横向对比其他平台（阅读平台、视频平台等），将此类平台的重要功能和服务汇总如下：有声读物收听（寻找、收听、保存），有声读物传播，互动，内容推荐，会员，个人信息，广告及其他。这些功能和服务将作为访谈的基本选项，访谈由此展开，并用以对照之后对重要用户价值维度的识别。

以下是实施访谈需遵循的三个步骤，每个步骤都有其关键任务、访谈技巧和注意事项，可以帮助访谈者更清晰、更有逻辑地达到访谈目标。

（一）识别产品属性

阶梯访谈法始于每位用户在不同品牌产品中感知到的、有意义的差别。用户对这些差别的描述会逐渐呈现出产品的诸多属性和功能。有几种方式可以帮助访谈者获取这方面的信息。

（1）让受访者考虑两三种产品并讨论它们之间的区别。本研究中几乎所有受访者均使用过 2 个以上不同的有声读物平台，比如喜马拉雅、蜻蜓 FM 和苹果播客。"您觉得喜马拉雅、蜻蜓 FM 和苹果播客这三个平台有什么不同？"通过此类问题可直接观察到受访者使用特定产品时的认知和思考过程。如果受访者感到困惑，可以提供一些对比的角度辅助他们识别："您可以从平台类型（综合型 vs 垂直型）、资源丰富程度（丰富 vs 贫乏）、界面设计（繁杂 vs 简洁）等维度去考虑"。

（2）让受访者识别一个喜欢的品牌或供应商，然后讨论原因。一般情况下偏好差异的形成过程较为复杂，用户会综合考虑在频率较高的使用情境下使用某种产品的成本和收益，以此决定自己的优先级；偏好也可能受某种强势因素的决定性影响，比如资源齐全。在受访者对不同品牌产品进行优先级排序以后，要求受访者说出为什么最喜欢/不喜欢某个品牌，这样可以快速识别出产生影响的关键属性和功能。"您说您最喜欢的平台是小宇宙播客，接下来是喜马拉雅和懒人听书，为什么呢？是什么因素让小宇宙播客更受欢迎？"之后需询问受访者对这些平台的实际使用频率，人们喜欢和实际使用的东西可能不太一样，这种差异拓宽了问题讨论的视角。

（3）设置情境。用户在不同情境中，意识和行为都会有所不同。让受访者置身于使用产品或服务时的真实场景，可以帮助他们回忆起重要的产品维度。询问受访者使用有声读物平台的情况：什么时间段使用、当时在哪儿做什么、用哪个平台收听了哪些内容。基于这些信息提供一个类似的使用场景，并提供两到三个有声读物平台，让受访者在具体情境中进行比较和权衡。"想象一下周末下午在家打扫卫生，你想听一些内容度过做家务的这段时间，有喜马拉雅、蜻蜓 FM 和懒人听书三个平台，你会选择哪个？"

（二）区分重要属性

一般情况下，用户对于给定的产品类别只能提及 10—12 个为其提供价值的属性或功能。[①] 访谈者应综合考虑所研究的产品类别和受访者的回答情况来筛选用来继续爬楼梯的"重要属性"。原因在于访谈时间有限，必须尽可能去探索和理解对产品和用户来说最重要的属性。

对用户来讲，重要属性是那些影响其对产品或服务做出评价和行为反应

---

① T. J. Reynolds, J. Gutman, "Laddering theory, Method, Analysis and Interpretation", *Journal of Advertising Research*, 1988, (Feb/March), pp. 11-31.

的属性。重要属性可以驱动用户行为，比如有声读物平台应该意识到"内容资源是否丰富"是至关重要的属性，如果用户无法在平台里找到自己想要的内容，就不会使用该平台。

在访谈中可以注意以下几个细节来形成对重要属性的认识。（1）用户也许会明确陈述对重要性的看法，比如"主播的声音和咬字实在太重要了，如果总是听不清楚或听着不舒服，我就会退出"。（2）假设用户在访谈过程中提到的属性是重要的，没提到的属性则是相对次要的，用户一般不会使用和评价对他们无关紧要的功能。使用这一假设需谨慎，某些属性被提及的次数多是因为它们是区分产品是什么、能做什么的基本要素，比如音频播放功能之于有声读物产品；有些属性虽然较少被提及，但却与用户最看重的某一结果或最终目的联系密切，那就应该将该属性列为重要属性。（3）访谈者应主动探查有关重要性的信息，对用户提及的属性，可以问："这一点对你有多重要？""这会在多大程度影响你对平台的选择？"，或者问："在这些属性或功能中，哪一个对你最重要？"

（三）挖掘最终目的

一次从一个属性开始，访谈者可通过一系列引导型问题确定属性与使用结果和最终目的之间的关系。引导型问题越多，可以得到的信息就越多。用户一般不会过多思考自己使用某产品的行为，因此在访谈过程中会出现"无法回答"的情况。以下几种方式可以帮助解决这种困难，从而引导受访者对使用行为做出清晰的解释并构建完整的价值路径。

（1）多问"为什么"。"为什么"这类问题对于揭示深层次内容及各层之间的关系至关重要。比如："为什么下载功能对你这么重要？""培养幽默感对你意味着什么？"

（2）假设属性缺失。当受访者的回答无法超越某个特定层次时，可以引导他们思考某一属性缺失时他们的感觉和可能采取的行动。这种方法通常能使受访者表达出有意义的关联。比如："如果下班路上不能听有声读物你会做什么呢？""如果听广播剧时不能看/发弹幕你会怎么样呢？"

（3）使用第三人称。当受访者无法确定自己的动机或难以表达清楚自己的想法时，可以询问他们认识的其他人在相似情境中的感受。比如："您提到晚上睡前会和室友们一起在喜马拉雅上面听鬼故事，您觉得他们睡前为什么要听这个？"

（4）执行消极阶梯。当受访者无法阐明他们为什么做出某种行为时，可以询问受访者为什么不采取其他行动。这种方法可以挖掘出隐藏在用户意识深处的行为动机。比如："您刚才提到您更喜欢按专辑为有声读物付费，为什么不使用会员服务呢？"

（5）对比年龄差异带来的不同。用户行为会随生活状态的改变而改变，通过引导用户对比其在不同年龄、不同生活状态下的产品使用行为，可以帮助受访者认真思考并准确表达自己的感受。比如："您刚才提到您经常在睡前听播客，这个习惯是从什么时候开始的？跟几年前的习惯一样吗？"

通过上述流程和技巧执行阶梯式访谈，可以逐渐挖掘出用户的价值层次，厘清其价值形成路径。比如：

Q：在使用有声读物平台的过程中，哪些功能对你是重要的？

A：前进/后退 15 秒。

Q：为什么这对你是重要的？

A：因为有时候会听不清，想退回去重新听，或者感觉没意思，想快点听完。

Q：不能快速前进/后退 15 秒时会怎么样？

A：会有点烦躁。

Q：为什么会感到烦躁？

A：感觉错过了重要的内容或者花时间听了无聊的内容。

Q：为什么重要的、有意思的内容对你是重要的？

A：想有所收获呀，花时间去听肯定想收获一些东西。

Q：有所收获对你意味着什么？

A：拓宽知识面，提升自我。

从这些回答中得到的价值阶梯如图 3-1 所示。

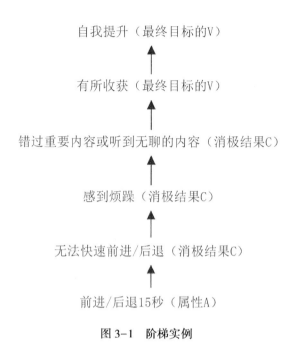

自我提升（最终目标的V）

↑

有所收获（最终目标的V）

↑

错过重要内容或听到无聊的内容（消极结果C）

↑

感到烦躁（消极结果C）

↑

无法快速前进/后退（消极结果C）

↑

前进/后退15秒（属性A）

图 3-1　阶梯实例

　　阶梯访谈法所需时间较长，并且会出现许多看似显而易见的问题，这可能会使受访者感到厌烦，敷衍或终止整个访谈。因此在访谈开始前需告知受访者这些困难，取得他们的谅解和宽容，知情会让受访者感到被尊重从而更好地配合；同时要使受访者确信，相比访谈者，他们才是了解产品的专家，即使访谈者做了大量产品调研，但每个用户的使用行为和习惯都具有独特性，而访谈者对此一无所知；最后要告知受访者，所有问题都没有标准答案，他们使用产品的真实经历和感受是最重要的。

二、模型构建

　　访谈结束后，梳理访谈内容从而为每一位受访者生成一系列阶梯（属性—结果—最终目的），再针对这些阶梯内容进行定量化分析。首先将得出的用户价值阶梯拆分成几部分，即发现不同层次内容的关联关系，然后利用这些关系重新构建一个综合众多顾客阶梯内容的层次图。

第一步，根据访谈内容建立一套编码概要，这些编码必须能够反映访谈中涉及的所有阶梯的内容。先列出一张用户提及的所有属性、结果及最终目的的总清单。不同用户对相同观点会有不同的描述，这张总清单要删去重复内容。编码定义要足够宽泛，可以包括受访者提到的产品的所有特点；同时编码定义又不能太宽泛，否则会漏掉许多细节。

属性层价值元素由用户访谈和产品调研综合得出，共29项；结果层价值元素由访谈结果提炼而出；目标层价值元素是在访谈结果的基础上，根据马斯洛需求层次理论和LOV价值量表进行编码。[①] 有声读物平台功能繁杂，按照用户使用频率和重要程度筛选过后剩余的属性层价值元素依然较多；其他功能如语音直播、配音游戏、用户动态、短视频、个人信息等，访谈样本均未提及或明确表示不需要，甚至带来负面影响，因此未被纳入价值列表。编码方案如表3-1所示，结果层和目标层中冒号以后的部分为受访者原话。

表3-1　我国综合类有声读物平台的内容编码概要

目标层价值
（44）成就感：完成目标、获得认可
（45）社会化：交流碰撞、与人相处融洽、拓展社会关系
（46）自我实现：充实和提升自我
（47）归属感：圈子身份认同、精神寄托
（48）生活中的乐趣和享受：娱乐消遣、娱悦自我、获得陪伴
（49）家庭：责任、和谐
结果层价值
（30）身体健康：保护眼睛、促进睡眠
（31）便利：集中资源、利用碎片化时间获取信息、快速找到想听的内容
（32）减轻负担：不用切换其他平台、解放双手和双眼、省钱、过程流畅

---

① L. R. KAHLE,"Alternative Measurement Approaches to Consumer Values：The List of Values (LOV)and Values and Life Style (VALS)", *Journal of Consumer Research*, 1986, 13(3), pp. 405-409.

（33）信任：帮助识别内容质量，发现高质量、符合兴趣的内容	
（34）获取知识：拓展思路、拓宽知识面、技能提升、帮助筛选	
（35）获得陪伴：富于变化、聊天氛围、有趣、不单调、缓解无聊	
（36）影响情绪：缓解压力、放松心情、安慰、平静、快乐、惊喜	
（37）节省时间	
（38）使用体验：操作简便、过滤冗余信息、界面干净感觉很舒服	
（39）服务水平	
（40）精神激励：参与感、获得共鸣、榜样力量、情景带入、精神自留地	
（41）辅助学习、更好地工作和生活	
（42）社交：浅社交、深度社交	
（43）个人形象：幽默、健谈、情商高	
属性层价值	
（1）随时随地听	
（2）内容资源丰富、独家内容、优势资源	
（3）关键词搜索	
（4）文字介绍：内容标题、内容简介	
（5）试听、播放量	
（6）订阅	
（7）主播/CV：声音好听、节奏好、营造氛围、个人形象	
（8）内容推荐	
（9）分类检索、内容标签	
（10）拖动进度条、前进/倒退功能	
（11）会员服务	
（12）界面设计：视觉、易用性	
（13）广告：数量少、符合需求、设计美观、不突兀	
（14）播放列表	
（15）内容质量高：信息密度、制作精良、完整性	
（16）与其他平台合作：比如 KEEP 健身	

（17）互动功能：弹幕、评论
（18）付费方式：按专辑付费、单集付费、会员专享
（19）衍生社群：听众交流微信群
（20）下载
（21）分享
（22）变速播放
（23）历史痕迹：用户播放历史、收听进度
（24）价格适中
（25）更新推送、通知
（26）内容时长：不同时长适合不同场景
（27）平台运营：线上线下营销推广活动、站外官方媒体、品牌形象
（28）定时功能
（29）社区：氛围、UGC 有声作品

在内容编码的基础上构建一个得分矩阵。得分矩阵可以将访谈中得到的每个阶梯置换为一个编码链，如"内容资源丰富—便利—减轻负担—获取知识—充实和提升自我"可转化为"2-32-33-35-47"。得分矩阵是对所有价值阶梯的简要概括，每一行代表用户提及的一个阶梯（一位用户可能会形成若干个阶梯），该矩阵的纵栏数由最长的阶梯的层数决定。得分矩阵如表 3-2 所示。

所有阶梯都记录在得分矩阵中之后，需对数据进行合并，以建立我国有声读物平台青年用户价值综合关联矩阵。综合关联矩阵是为了掌握得分矩阵中所有的关联关系。在每个价值链中，相邻两级表示直接联系，有中间级的两级表示间接联系。例如在"2-32-33-35-47"这个价值链中，2-32 和 32-33 表示直接联系，2-33 和 33-47 表示间接联系。统计所有直接和间接联系，构建如表 3-3 所示矩阵。在这个矩阵中，横轴和纵轴罗列了所有内容编码（1-n），矩阵中的每一格代表在得分矩阵中一对编码共同出现的次数；小数点左边代表两个编码直接关联的次数，小数点右边代表两个编码间接关联的次数，空白处则表示两个编码没有关联关系。通过该矩阵可辨别出用户在访谈中提及最频繁的关联关系。

表3-2　得分矩阵（部分）

回答序号	编码内容						
1	1	30	31	35	48	0	0
2	2	31	36	41	44	0	0
3	3	6	31	33	34	46	0
4	4	7	33	37	46	0	0
5	15	35	36	48	0	0	0
6	10	34	41	46	0	0	0
7	12	36	38	39	48	0	0
8	14	31	36	37	48	0	0
9	6	31	37	46	0	0	0
10	1	2	31	32	35	36	48
11	9	5	31	36	44	0	0
12	7	36	40	46	0	0	0
13	3	4	31	33	40	46	0
14	2	12	32	37	38	44	0
15	4	5	33	34	46	0	0
16	6	12	31	37	38	48	0
17	1	30	31	44	0	0	0

表3-3　综合关联矩阵

	30	31	32	33	34	35	36	37	38	39	40	41	42	43	44	45	46	47	48	49	
1. 随时随地听	6.00	9.02	2.01		0.04	2.03	5.07	0.02			0.01	0.04			0.11	0.02	0.04	0.01	0.03		1
2. 内容资源丰富		15.00	10.02	0.01	8.01	6.02	6.04	0.04	0.04	0.01	0.04	1.06	0.03	0.01	0.09	0.06	0.06	0.02	0.09	0.02	2
3. 搜索		12.00		0.02	0.03		0.03	1.04			0.04			0.01	0.04	0.01	0.04	0.01	0.03		3
4. 文字介绍		1.0		8.01	0.02	0.02	0.01	0.03			0.02	1			0.03		0.03		0.05		4
5. 试听、播放量		2		9	0.03	0.01	0.03	0.02			0.01	0.01			0.03		0.03		0.04		5
6. 订阅		5		0.01	0.01			0.04	0.01						0.01	0.01	0.02		0.01		6
7. 主播/CV	2	1	1	8.01	0.02	3.01	5	0.01			6.02	0.01	0.01		0.03	0.01	0.05	0.05	0.06		7

续表

项目	30	31	32	33	34	35	36	37	38	39	40	41	42	43	44	45	46	47	48	49	
8. 内容推荐				5	0.01	2.01	2.03			0.01	0.01				0.01		0.01		0.07		8
9. 分类、标签			4				0.02	1.01	0.01						0.02		0.01		0.01		9
10. 前进/倒退				2		1						0.01					0.02				10
11. 会员服务			2	5	0.02		0.02				0.01				0.02		0.02		0.01		11
12. 界面设计		2	2	2			2	2.01	11	0.04					0.01		0.02		0.08		12
13. 广告			2	3			1		5.01	4									0.04		13
14. 播放列表		1	1		0.01	0.01	0.01								0.01				0.01		14
15. 内容质量高		1	2		9	5.01	5.01	0.02			6	1.05	0.01		0.05	0.03	0.03	0.01	0.11	0.01	15
16. 与其他平台合作		1													0.01						16
17. 评论、弹幕				2	5	2					0.03	0.01	1.01		0.03	0.04	0.01				17
18. 付费方式			3			0.02													0.02		18
19. 衍生社群				2									2		0.02						19
20. 下载			1				0.01				0.01				0.01						20
21. 分享									3			0.03			0.01		0.02				21
22. 变速播放							1												0.01		22
23. 历史痕迹			3	1	0.01		0.01	0.02							0.03		0.01				23
24. 价格适中			1																0.01		24
25. 推动、通知			1		0.01										0.01						25
26. 内容时长	1			1											0.01		0.01				26
27. 平台运营			1		1.01						2						0.03	0.01			27
28. 定时功能	2		2												0.02						28
29. 社区				2	2.01	0.01					2.02		0.01		0.01		0.04				29
30. 身体健康		2				0.01	1								6.03						30
31. 便利			3		9.01	5.01	9.03	15.01	2.01		0.06	1.02	2.01	0.01	1.15	0.05	1.12	0.01	0.11	2.01	31
32. 减轻负担				1	1	4	3.01	6	3.02	0.03		1.01			1.04	0.01	0.06	0.01	0.08	2.01	32
33. 信任					9	3	8	5	3	2	4.03	2	0.02		0.07	0.03	0.1	1.04	2.13		33
34. 获取知识											2	8	1		0.03	3.02	18.02	1.04	0.01		34
35. 获得陪伴							4					1			2	2.02	1	0.01	15.02	1	35
36. 影响情绪							1		1	0.01	3	2	1		8.02	2.01	1.01		27.03	1	36
37. 节省时间									3						15.01	1	2		2.02	2	37
38. 使用体验										6					0.01		3		7.04		38
39. 服务水平																1		6			39
40. 精神激励										4					2	0.01	3	9.03	13		40
41. 辅助学习和生活															9	2	7	1			41
42. 社交													1	1	6		5				42
43. 个人形象																	1				43
44. 成就感																					44
45. 社会化																					45
46. 自我实现																					46
47. 归属感																					47
48. 生活中的乐趣和享受																					48
49. 家庭																					49

根据综合关联矩阵可以重新构建用户价值层级结构图。在此之前必须指出编码元素之间可能存在的关系类型，需注意 5 种类型的关系①，如表 3-4 所示。用户价值层级结构模型需将这 5 种关联关系都归纳在其中。抽取价值链之前还需确定元素之间联系次数的临界值（cutoffs），通常为 3—5 次。以综合关联矩阵为基础，临界值应使被考虑的关系数量占所有关系数量的三分之二及以上。因此，本书将临界值定为 4，即两元素之间的关系达到 4 次才会被用作价值链抽取。特殊情况（如用户提及较少但对其使用产生重要影响的成对元素）不受临界值限制。

表 3-4 关联关系说明表②

关联关系	关系解释
A-D	元素相邻（adjacent）且有大量直接（direct）关系
N-D	元素不相邻（nonadjacent）但有大量直接（direct）关系
A-I	元素相邻（adjacent）且有大量间接（indirect）关系，但直接关系很少
N-I	元素不相邻（nonadjacent）且有大量间接（indirect）关系，直接关系很少但非零
N-O	元素不相邻（nonadjacent）且间接关系（indirect）很少（或零）

第一种关系是 A-D 型，这是编码元素之间最常见的关系，也是构建层级结构图的起点。另外，对某些有大量直接联系的成对要素，可通过折叠一致要素来进行简化。例如，有 9 位受访者将"随时随地听"（1）与"便利"（31）直接联系在一起，产生了强烈的关联；同时，"随时随地听"（1）与"影响情绪"（36）有 5 次直接关系和 7 次间接关系，属于 N-D 型关联，即这两个元素虽然有直接关系，但并不相邻。此时可将两对要素合并，表示为 1-31-36。

---

① T. J. Reynolds, J. Gutman, "Laddering Theory, Method, Analysis, and Interpretation", *Journal of Advertising Research*, 1988, (Feb/March), pp. 11-31.

② T. J. Reynolds, J. Gutman, "Laddering Theory, Method, Analysis, and Interpretation", *Journal of Advertising Research*, 1988, (Feb/March), pp. 11-31.

A-I 型：有些元素之间由于直接关系较少，因此被视为不相邻；但它们之间存在大量间接关系，说明二者联系紧密，在它们之间构建价值链是合理且有意义的。例如，"内容推荐"（8）和"影响情绪"（36）只有 2 次直接联系，低于构建层级结构图的临界值；但两元素之间还有 3 次间接联系，即两元素共有 5 次联系，此时忽略介于它们之间的一个或多个元素而将二者直接相连是合理的。当两个元素之间有多条扩散路径且没有任何一个路径占主导时，忽略间接联系、只记录直接联系对构建层级结构图非常有帮助。

N-I 型：在表 3-3 中，"内容资源丰富"（2）和"辅助学习、更好地工作和生活"（41）只有 1 次直接联系，但间接联系达到 6 次，说明通过其他元素，二者建立了强有力的价值连接。因此，这种 N-I 型关联也是影响层级结构图质量的重要因素。

最后一种关系是 N-O 型，两个元素既不相邻、也无（很少）间接联系或直接联系，需要仔细考虑。例如，"搜索"（3）和"归属感"（47）没有直接联系，间接联系也只有 1 次，仍可以构成一条重要的价值链"搜索（3）-便利（31）-社交（42）-归属感（47）"。

根据表 3-3 构建用户价值层级结构图的方法是：从表 3-3 的第 1 行开始，寻找与"随时随地听"（1）直接关联次数最多的项是"便利"（31），说明 1 和 31 之间存在较强的联系；之后移至 31 所在行，发现 31 与"节省时间"（37）的直接联系最频繁，此时价值链表示为 1-31-37。依此类推，链条最终延伸到"成就感"（1-31-37-44）。到达价值链（chain）末端后，再次回到起点查看在同一行中是否存在其他重要联系，例如检查第 1 行最终可获得如图 3-2 所示价值链。

用同样的方式，将抽取的所有用户价值链进行整合便可得到有声读物平台青年用户价值模型，如图 3-3 所示。

该模型概括了所有访谈中受访者提及最频繁的直接关联和间接关联，并以一个综合的层次结构表示各层之间的关系。最底层是有声读物平台的属性层，根据前文数据统计，笔者在考虑属性层价值时删除了无法为用户带来价值的若干元素；中间是结果层，每位用户都会感知到使用产品后的结果在何

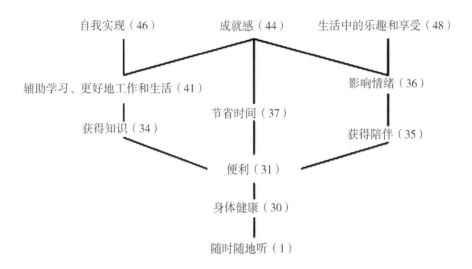

图 3-2　有声读物平台青年用户价值链示意图

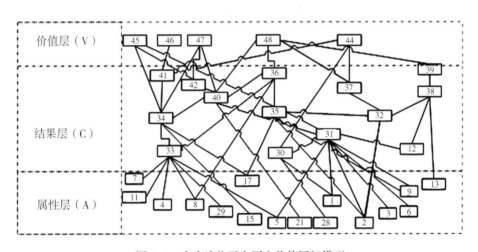

图 3-3　有声读物平台用户价值层级模型

种程度上帮助他们达到所期望的目的，即使用产品希望获得的最终价值。低层次价值是获得高层次价值的手段，层次越高，抽象程度就越高，也越稳定。自上而下理解用户价值层次，可帮助产品经理跳出功能束缚，从较高层次改进产品设计。同时，理解价值层次也可以使有声读物平台企业认识到用户之间的差异性，对产品和服务的改进应基于用户的需求集合。

第三节　我国有声读物平台用户价值分析

根据前文的用户访谈和数据分析，继续梳理我国有声读物平台青年用户价值元素及其层级结构，得到如下结果分析。

一、用户价值核心元素分析

用户价值模型绘制完成之后，需统计其中所有元素的直接联系和间接联系的数量，包括导向这些元素的元素，以及这些元素与更高层级元素之间的联系。元素具有的关联关系数量越多，与模型中其他元素之间的联系更为紧密，则可认为该元素为我国有声读物平台青年用户价值的核心元素。表3-5列出了每个元素的直接联系和间接联系之和，分为"to"和"from"两类进行统计。

表3-5　元素间直接联系和间接联系数量统计表

编码	to	from	编码	to	from
1	24.45		26	2.02	
2	46.67		27	4.05	
3	13.30		28	4.02	
4	10.22		29	6.10	
5	11.21		30	9.05	11.00
6	5.12		31	48.62	58.02
7	26.29		32	22.28	33.03
8	9.16		33	39.42	48.08
9	5.08		34	32.12	45.21
10	3.03		35	26.05	32.15
11	7.10		36	47.08	53.35

续表

编码	to	from	编码	to	from
12	21. 16		37	25. 03	31. 29
13	15. 05		38	16. 05	28. 10
14	2. 05		39	7. 00	12. 10
15	29. 34		40	31. 04	28. 30
16	1. 01		41	19. 00	17. 23
17	10. 13		42	13. 00	12. 14
18	3. 04		43	1. 00	1. 02
19	4. 02		44		45. 89
20	1. 03		45		17. 34
21	3. 06		46		37. 74
22	1. 01		47		17. 37
23	4. 08		48		72. 114
24	1. 01		49		6. 07
25	1. 02				

（一）核心属性价值元素

在属性层价值元素中，"内容资源丰富"（2）与其他价值要素关联次数最多，达到113次，约为第2名的两倍。关联次数在50次以上的有三个要素，分别为"随时随地听"（1）69次、"内容质量高"（15）63次、"主播/CV"（7）55次。这4个元素可看作有声读物平台用户价值的核心要素。关联次数在30—50次之间的要素有4个，分别为"搜索"（3）43次、"界面设计"（12）37次，"内容介绍"（4）32次、"试听及播放量"（5）32次。整体来看，这四个属性功能对用户的重要程度处于中等。"内容推荐"（8）、"评论和弹幕"（17）与其他价值元素的关联次数分别为25次和23次，不占据核心位置，其用户价值来源呈现出两极分化的特点：在以综合型平台为主、垂直型平台为辅的用户中几乎不产生价值，而在以垂直型平台为主、综合型平台为辅的用户中则产生较高价值。值得注意的属性层价值元素还有"社区"(29)，虽然此一元素与其他价值元素之间的联系不足 20 次，但在访谈过程中，绝大多数用户将有声读物平台与其他社区氛围浓厚的内容平台如 B 站作比较，希望有声读物平台能超越工具属性，为其提供更多情感价值。

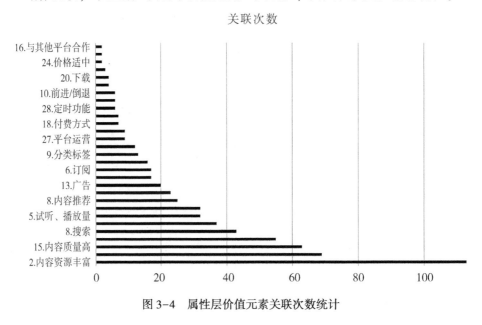

图 3-4　属性层价值元素关联次数统计

　　（1）内容资源丰富：图 3-4 显示，内容资源丰富是属性层中对用户最为重要的元素。访谈过程中用户多以喜马拉雅这一综合性平台为例进行说明。如"我用了好几个平台，后来发现喜马拉雅的资源是最全的""喜马拉雅对播客主比较友好，很多有意思的播客都入驻了这个平台""奇葩说几位辩手的有声课程全部在喜马拉雅上面，所以我下载了这个"。内容资源丰富有如下几层含义：内容品类齐全、垂直内容数量多、正版优质内容数量多以及热门内容丰富。内容资源是用户是否使用某一平台的决定性要素，很多用户都有因为独家内容下载某一平台或由于长久性内容缺失而弃用曾经很喜欢的平台的经历。

　　有声读物产品作为内容平台，内容资源是其占领市场份额、创造更多收益的基础和壁垒，综合平台在这方面比垂直平台更具优势，尤其是以喜马拉雅、蜻蜓 FM 为代表的音频巨头。喜马拉雅的内容品类覆盖全面，几乎覆盖了本书对有声读物内容分类的全部类型，可以满足用户娱乐休闲和学习提升等多个层面的需求，因而一直保持高用户渗透率。此外，多年来积累的正版内容也让喜马拉雅形成较高行业壁垒。喜马拉雅于 2015 年布局其正版内容，先是与阅文集团达成独家合作，其次与中信出版、上海译文、企鹅兰登等国内外优秀出版商达成深度战略合作；易观分析数据显示，2018 年喜马拉雅已拥有市场上 70%畅销书的有声版权、85%网络文学的有声改编权以及 6600＋英文原版畅销有声书。① 内容与用户互为因果、相互推动，丰富的内容吸引更多用户的同时，也吸引了更多内容创作者及版权拥有者，如央视新闻、《第一财经》等，从而不断丰富喜马拉雅的内容生态。

（2）随时随地听。移动、共享、支持利用碎片化时间让有声读物成为新型娱乐休闲方式。受访者普遍表示，能随时随地收听，解放双手和双眼，在不方便看书或进行其他娱乐活动的空闲时间获得一些乐趣或知识是他们使用有声读物平台的主要原因。比如，"在地铁上刷微博或看短视频其实不太方便，因为地铁上信号不好，经常刷不出来，体验很差，不如听一些课程还能学点东西""上班时用眼比较严重，下班路程比较长又很无聊，听一些播客比较有意思，还能让眼睛休息一下""我不喜欢做家务，但是边听小说边做家务，时间好像过得快一些"。

访谈结果显示，用户的收听场景多种多样。主要收听场所为交通工具内（包括私家车、地铁以及公共汽车）、家里和办公室；对应的收听时间则集中在通勤时间、吃饭时间、睡前、运动时间、工作休息期间……一天之内所有不需要严肃专注的时间几乎都会使用有声读物平台，并呈现出多任务处理特点。通过有声读物获取知识更多是指拓展思路，拓宽看待和处理问题的角度，而非系统学习一门严肃学科。很多用户也把有声读物当作学习和工作的背景音，有些许声音的工作环境能让他们更专注、更高效。

---

① 《喜马拉雅的音频生意，成就野心的不只是付费会员》，36 氪官方账号，2019 年 6 月 26 日，见 https://baijiahao. baidu. com/s？ id ＝ 1637378078833785709&wfr ＝ spider&for ＝ pc。

（3）内容质量高。与内容数量相似，内容质量也是用户非常看重的核心属性层价值。内容质量同样有多层含义，且不同用户对"高质量"的诉求不同，这种差异来源于用户最终目标的不同。一些用户认为"信息密度"非常重要，是其选择是否听下去的决定性要素；一些用户则更注重录音质量，"我听播客就是觉得无聊找点事做，主播讲了什么不太在意，主要是听着要舒服，录音质量不好就不会听"；"制作精良"也是此次访谈中用户频繁提及的词，受访者表示更偏向正版付费内容，相比部分免费内容或 UGC 内容，前者在制作水准和完整性方面都更为出色。专业团队制作的有声书、广播剧等，从人物配音、音效、配乐以及节奏方面都能给用户极大的享受，让人"身临其境"。

（4）主播/CV。主播的音色和口音是许多受访者收听有声读物时非常注重的元素，这沿袭了以往有声行业的传统，视听媒体从业者的个人形象对受众影响显著，也是从业者选拔的重要标准。移动互联网时代，有声读物的主播个人形象在此基础上更加多元化，标准、统一的播音腔并非最受欢迎的声音，让用户感到亲切、日常、能够拉近距离的声音是更为出色的声音。此外，主播的"人设"、价值观、性格等也是影响用户价值的重要因素，这一点在播客、广播剧和有声课程等品类上效果显著。在这些内容里，主播相当于意见领袖，会对用户的思维、行动和情感产生潜移默化的影响，TA 会拥有"自己的听众""自己的消费者"，并且由此产生的使用和消费都是长期的、黏性较高的。以猫耳 FM 为例，猫耳 FM 作为二次元有声读物垂直平台，聚集了大量亚文化内容作品及其创作者——声优，即广播剧的角色声音（Character Voice，CV）。受访者表示，"会像追星那样追逐 CV，收听他们所有的作品，并且购买周边"。猫耳 FM 的模式与其他有声读物平台有所差别，关键在于由入驻 CV 建立起来的亚文化圈层，让猫耳脱离纯粹工具属性而拥有社区氛围。

（二）核心结果价值元素

结果层各价值元素与其他元素之间的关联次数分布较为集中，关联次数超过 100 次的有 4 个；50—100 次的有 6 个；其余是关联次数低于 50 次的。

图 3-5 显示，"便利"（31）是结果层价值元素中与其他元素关联最为密切的元素，关联次数高达 170 次，可认为是有声读物平台用户价值在结果层最为核心的元素。关联次数在 100 次以上的还有"影响情绪"（36），143 次；"信任"（33），137 次和"获取知识"（34），110 次。"节省时间"（37）和"减轻负担"（32）的数值分别为 88 和 86，这两个结果可看作"便利"的延伸，有声读物支持多场景使用的易用性提升了用户的时间使用效率。值得注意的是"获得陪伴"（35），这一元素与其他元素的关联次数为 78 次，联系较为紧密。这一点是笔者没有预料到的。多位访谈者均表示，"听歌比较单调，又不想看电子书，听有声小说是比较好的选择""听电台就像有人在跟你聊天一样，挺有意思的""身边没有那么多有趣的人，听一听播客能听到很多有意思的话题"。这一结果层价值诉求与人们的生活状态有关，绝大多数受访者均常住在 1—2 人的家庭中，独自生活时间长、很难找到有趣的玩伴是他们面临的共同问题。互联网阻碍了人们的线下社交，又通过其他形式如有声读物作为补充。以下着重探讨关联次数在 100 次以上的结果层价值元素。

关 联 次 数

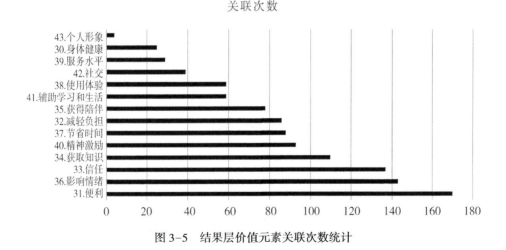

图 3-5 结果层价值元素关联次数统计

（1）便利。随时随地收听、利用碎片化时间是有声读物平台为用户提供的基础价值，前文已提及，这里不再赘述。作为平台，有声读物产品为用户提供的另一层便利在于将丰富的资源集中在手机软件上。有声读物平台出现之前，用户只能在浩如烟海的互联网搜索、辨别、艰难地下载到随身听等硬件播放器上去收听，或携带笨重的收音机；这类平台出现之后，用户寻找和收听有声内容"方便太多了"，"只用一个平台就可以，不用下载其他平台"。内容资源丰富带来的便利也让用户产生了较高的黏性，受访者均表示，一旦熟悉某个平台且基本能满足内容需求，就很难更换常用平台。此外，互联网平台的易用性也为用户的使用带来了诸多便利，如"内容标签很棒，选定几个标签后出现的结果基本就是我想要的内容""这次听完之后，下次再听会自动跳转到上次结束的地方，还挺智能的"。

（2）影响情绪。缓解压力、放松心情是许多用户使用有声读物平台的主要原因之一。与"获得陪伴"类似，"影响情绪"这一结果层价值也来源于用户忙碌、无聊的生活和工作状态。"工作很烦躁的时候听一听相声，哈哈大笑一下会暂时忘记烦恼""有的主播特别会安慰人，会看大家的留言，也会回答大家的提问，像朋友一样""平常工作、在家，不是和同事在一起，就是和家人在一起，很难有自己的时间，上下班路上听播客算是独属于自己的时刻吧，这种时候都会感到很平静"。

（3）信任。信任的含义是帮助识别和发现高质量、感兴趣的内容。快节奏的工作和生活让人们注意力和耐心同时下降，希望能用最少的时间获取最有用的内容。用户会通过很多属性辨别内容质量：播放量、熟悉的主播、标签、内容简介，甚至是付费情况。一些用户认为，付费内容质量更高，"踩雷的概率小很多"，这也可看作人们内容付费意愿提升的一个原因，用金钱买时间、买精神享受。内容推荐也是产生信任价值的关键元素，在大数据推荐、兴趣推荐大行其道的今天，一部分用户讨厌内容推荐，但也有一部分用户寄希望于平台的内容推荐，认为这可以帮助自己拓展内容边界，"只局限在自己的兴趣里不是什么好事"。

（4）获取知识。本次访谈的 17 位有效用户均表示，有声读物不是严肃学习的载体，系统学习还是需要回归传统书本、课堂的形式。获取知识在这里有三层含义：①是拓展思路，拓宽知识面，这类价值多出现在播客中，两到三位主播就某一话题进行讨论，给用户带来很多不一样的思考维度，以及日常生活接触不到的话题。②是提升技能，如沟通技能、理财技能等。③是帮助筛选学习材料。受访者认为，"有声书或有声课程虽然不适合深度学习，但通过短短二三十分钟（有声课程是几个小时）让你了解一本书的大致内容，可以帮忙筛选是否购买这本书或继续某个领域的学习"。

（三）核心目标价值元素

如图3-6所示，有声读物平台目标层价值中，与其他元素联系最为密切的是"生活中的乐趣和享受"（48），关联次数高达186次。"成就感"（134）和"自我实现"（108）紧随其后，与其他元素的关联次数均在100次以上。"归属感"（54）和"社会化"（51）的数值则急剧下降，只有50多次，可以认为有声读物平台在满足用户的归属感和社会化需求方面存在不足。如前所述，目前绝大多数有声读物平台只是内容提供平台，工具属性显著，社区属性不足。各平台虽然都在努力布局"社交板块"，但忽略了社交与社区的差异。本次访谈的受访者几乎不使用平台提供的"发现"功能，甚至认为此功能区制造了信息垃圾，"能砍掉是最好的"。"家庭"（49）价值与其他元素的关联次数仅有13次，并不代表家庭价值不重要，而是由访谈样本的局限性决定的。本次访谈涉及的17位用户中，只有两位用户成立了家庭，其使用有声读物平台节省时间、放松心情、获得安慰，与其他用户使用此类平台获得的结果十分相似，只是由于生活状态的不同而导向不同目标。由于样本局限，家庭价值的关联值过低，因此本书在绘制用户价值层级模型时忽略了此价值。

（1）生活中的乐趣和享受。如前所述，"生活中的乐趣和享受"（48）是最核心的目标层价值。娱乐消遣是其显而易见的内涵之一，此外还有娱悦自我及获得陪伴两层含义。有声读物产业已经过了新兴产业的保鲜期，内容质量是其获得持续发展的关键要素，也是用户不断追求的价值。"听觉盛宴"是本次访谈中受访者描述有声读物时最常使用的词之一。可以预见，有声读

关联次数

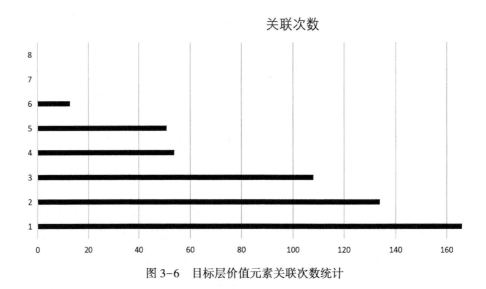

图 3-6　目标层价值元素关联次数统计

物平台发展的未来是用优质内容、与文本截然不同的能带来精神享受的内容去吸引用户专门收听有声读物，而不是只在碎片化时间使用。

（2）成就感。成就感即完成既定目标后个体产生的兴奋感，以及因此在群体内获得认可时引起的舒适。例如："沟通类课程会讲一些人际交往的小技巧，如果我今天在路上听到一些技巧，明天或后天能实际运用一下，我会特别有成就感""听完广播剧以后我会特别高兴、特别放松，这样再去学习或工作的时候状态会好很多，干得好我的收入也会好一些呀"。

（3）自我实现。自我实现即充实和提升自我。全民学习时代，"知识焦虑"蔓延到每一个人心中，尤其对于高学历群体而言，不断提升自我既是内部驱使也是外部逼迫。出于对用户知识焦虑心态的洞察，产业及从业者纷纷抛出"知识付费"概念，并通过各类活动营销鼓励用户利用碎片化时间"积少成多"，最终获取金钱等实际效益。而从访谈结果来看，只有少数用户收听有声课程是为了更好地工作、获取实际效益，绝大多数用户更希望获取另一种思考问题的方式，或变得幽默、有趣等个人性格方面的提升，其最终指向是自我愉悦而非获取实际利益。

二、用户价值产生路径分析

综合关联矩阵及用户价值层级结构图均表明，我国有声读物平台青年用户价值涉及元素众多，且关系错综复杂。同一属性层价值可能会导向截然不同的结果和目标，不同属性也会殊途同归，导向同一目标层价值。

（一）各元素之间关系复杂

首先，属性层与结果层之间关系复杂。从表3-6的属性层与结果层关联次数统计结果可以看出，与属性层联系最为密切的结果层价值是"便利"（31），其次是"影响情绪"（36）。说明有声读物平台提供的产品和服务所实现的结果更多集中在这两个元素上，也验证了这两个元素的核心地位。根据表3-3的综合关联矩阵，与"便利"（31）这一结果有直接联系的属性层元素有1/2/3/4/5/6/7/9/12/14/15/16/23/25/27等15个，与"影响情绪"（36）这一结果有直接联系的属性层元素有1/2/7/8/10/12/13/15/26等9个。

表3-6　属性层与结果层关联次数统计

结果层价值元素	直接联系	间接联系	合　　计
30. 身体健康	11	0	11
31. 便利	59	2	61
32. 减轻负担	28	3	31
33. 信任	47	8	55
34. 获取知识	26	20	46
35. 获得陪伴	17	13	30
36. 影响情绪	28	31	59
37. 节省时间	5	8	33
38. 使用体验	16	7	23
39. 服务水平	4	6	10
40. 精神激励	19	21	40
41. 辅助学习和生活	3	20	23
42. 社交	3	11	14
43. 个人形象	0	1	1

属性层与结果层之间的联系属于多对多，属性层价值元素到达结果层价值元素有多种路径。如"内容资源丰富"（2）这一属性与结果层中的"便利"（31）和"影响情绪"（36）都产生直接关联。其次，结果层内部元素之间的关系也较为复杂。如"便利"（31）本身作为结果层价值，还与"节省时间"（37）、"影响情绪"（36）等结果层价值产生强烈的直接联系。由此导致的结果是，属性层价值元素到达目标层价值元素的路径多种多样。

（二）用户差异影响价值产生

用户具有异质性、情境性、可塑性、自利性和有限理性这五个属性。异质性是指用户的偏好、认知和所拥有的资源各不相同；情境性即伍德拉夫用户价值层次理论所显示的，用户在不同情境下会有不同的需求和行为；可塑性是指用户会随着认知和生活环境的变化而变化。[①] 前三个属性决定了用户需求及用户价值产生路径的千差万别。比如大学生和上班族通过使用有声读物平台达成的结果不同，娱乐休闲之外，大学生更多是为了某个特定的学习目标——考研或考语言证书；上班族则主要为了辅助工作和社交；但继续上升到最终目标层，两个群体的价值诉求则呈现趋同，都是为了提升自我、获得成就感。此外，不同收入水平的用户其价值及其价值产生路径也有所不同，会员服务对收入水平较高的用户具有更高的用户价值。

三、用户价值缺失原因分析

构建用户价值模型的过程和结果可以显示，某些属性层元素无法最终形成用户价值，或在满足用户某些价值诉求方面存在严重不足。比如未被作者列入内容编码的属性：语音直播、配音游戏、用户动态、短视频、个人信息等；以及在构建用户价值模型过程中被搁置的属性：播放列表、衍生社群、变速播放、与其他平台的合作（如 KEEP）、下载等。导致我国有声读物平台属性层功能用户价值缺失的原因可以分为以下几类。

---

① 俞军等：《俞军产品方法论》，中信出版社 2020 年版，第 20—49 页。

（一）功能设计无法创造预期价值

作为互联网产品，有声读物平台力求在功能设计上取得完善，因此，绝大多数内容平台拥有的功能在有声读物平台上都能看到。如下载、变速、扫一扫、听单等功能。下载功能支持用户本地保存想听的内容，可以去广告以及在无法连接网络时离线收听；但受制于手机内存，以及如今无处不在的移动互联网，用户基本不会使用下载功能。变速在长视频平台使用率非常高，长视频一般时长为45分钟及以上，为了在短时间内观看更多内容，用户通常选择倍速播放；但对于有声读物来说，其产生于方便用户利用碎片化时间这一使用场景，因此内容时长多为10—30分钟，更长的内容如60分钟以上，也较为符合用户通勤习惯；数据显示，2021年中国主要城市通勤时长均在45分钟，超过1400万人单程通勤时长超过60分钟。① 此外，用户使用有声读物平台主要是为了娱乐消遣，因而绝大多数用户都不会使用倍速播放这一功能。听单来源于歌单，作为平台内的内容分发渠道之一，兼具为用户提供便利的功能；但平台忽略了"歌曲"和"有声读物"这两种内容的差异性，盲目模仿歌单，无法对用户产生价值。本次访谈中的所有受访者均未使用过歌单功能，同时明确表示完全不需要。

（二）平台策略与用户需求不一致

这里是指平台开发的社交功能与用户需要的社区功能差异较大。作为互联网产品，有声读物平台不可避免地布局社交，以"发现板块"为载体，向用户提供发布动态、直播互动、趣味娱乐等服务。如喜马拉雅提供的趣配音，与综艺节目《声临其境》联动，允许用户挑战明星配过的影视片段，希望能产生内容传播和用户互动。然而本次访谈中受访者均未使用过此一功能，即使是看过《声临其境》的用户也并未参与。与此相反，用户希望在内容平台收听有价值内容的同时，能够与其他用户就内容进行交流和讨论，从而互相激发，获得乐趣或产生新知，形成内容和用户以及用户之间的良性互动。

---

① 《2022年度中国主要城市通勤监测报告》，百度地图慧眼，2022年7月30日，见 https://huiyan.baidu.com/cms/report/2022tongqin/2022年度中国主要城市通勤监测报告.pdf。

　　梳理访谈所得的用户价值层次可以发现，能让用户产生互动的功能是"评论和弹幕"。用户在评论中可以看到其他用户对内容的评价、思考，进而拓展自己的思路；用户也会在评论中互相推荐质量较高的内容，同一内容的受众在生活状态、兴趣偏好等方面可能十分相似，因此此类用户推荐都较为准确。弹幕是从 B 站等二次元内容平台兴起的互动形式，即显示在内容播放界面的动态评论。弹幕可同时产生陪伴、互动交流和圈层归属等多层次价值。但当前情况下，喜马拉雅等综合平台并没有足够重视评论和弹幕功能，评论区和弹幕区也没有产出有价值的交流内容，因此用户很少使用；而垂直平台如猫耳 FM 和小宇宙播客的用户会频繁使用这两个功能。

　　（三）推广不利造成价值无法实现

　　产品功能所具有的价值无法传递给用户，也会造成用户价值缺失。[①] 比如 S8 用户表示非常喜欢 UGC 内容，认为用户自己录制、上传、分享录音作品到平台极大丰富了有声读物平台的内容生态，为平台带去"野蛮生长的活力"。但该用户并不知道平台支持普通用户在手机端录制、上传自己的录音作品；此外，其也并未注意到喜马拉雅的弹幕、前进/后退等功能。这些功能和服务通常隐藏在二级甚至三级菜单之下，用户注意不到，即使有需求也无法使用。经访谈了解到这些功能之后，用户表示对这些功能很有兴趣，"弹幕应该挺有意思的，可以看到大家的吐槽"，认为也许可以为自己提供价值。因此，定期接触用户、深入了解用户，从而优化界面设计和功能设计，对能产生关键价值的属性功能加以推广和使用培训，也是创造并提升用户价值的有效途径之一。

四、研究结论

　　本章利用基于"手段—目的链"方法的阶梯理论对我国有声读物平台的青年用户价值进行研究，构建其用户价值层级模型，并对各层级核心价值元素及

---

① 王慧、徐丽芳：《中文学术期刊全文数据库用户价值研究》，《图书情报知识》2017 年第 6 期。

其关联关系进行了梳理和区分，结果显示我国有声读物平台具有如下特性。

（一）有声读物平台用户价值的层次性

用户访谈及数据分析显示，用户通过有声读物平台获得了29项属性价值和14项结果价值，最终导向6项目标价值。在29项属性层价值中，"内容资源丰富"（2）是用户最看重的价值，内容资源的种类和数量决定了用户是否能实现娱乐休闲、自我提升等多种价值诉求，甚至会影响用户对平台的选择和留存。紧随其后的重要属性是"随时随地听"（1）、"内容质量高"（15）以及"主播/CV"（7）。14项结果层价值中，最为重要的价值是"便利"（31），包括集中资源、利用碎片化时间和快速找到想听的内容三种含义。第二重要的结果是"影响情绪"（36），用户收听有声读物大多为了放松心情、缓解压力，以便储蓄精力更好地完成其他事情。6项目标层价值按重要性排序分别为"生活中的乐趣和享受"（48）、"成就感"（44）、"自我实现"（46）、"归属感"（47）、"社会化"（47）以及"家庭"（13）。可以看出，最为重要的目标价值是生活中的乐趣和享受；紧随其后的是成就感和自我实现，这3个目标层价值也符合目前市场对有声读物平台的定位：休闲娱乐和浅阅读平台。

（二）有声读物平台用户价值的关联性

有声读物平台用户价值的每一层都与其他两层元素有直接或间接关联。关联次数不均衡代表用户价值形成过程中存在某些关键价值链。梳理用户价值层次模型会发现，有些属性层元素非常重要，导向很多结果及目标层价值，如内容资源丰富是所有目标层价值的基础；而同一目标层价值也经常由不同的属性和结果达成，比如搜索功能和内容资源丰富都与用户的成就感有关系。这显示出有声读物平台用户价值产生路径的复杂性。显而易见，这种复杂性源于用户个体差异，不同年龄、教育背景、生活环境，都会导致用户思维方式和选择行为有所不同，直接导致用户对同一价值的感知有所差别。

（三）娱乐休闲、成就感与自我实现为主导价值

从访谈过程可发现，娱乐休闲、成就感与自我实现3个价值对用户更为

重要，主要源于社会环境以及人们的工作和生活状态。本次研究的 17 位访谈用户，大多来自北京、上海、武汉等一、二线城市。无论上学还是上班，用户普遍生活压力较大，或是学业繁重，或是工作棘手，因而它们非常需要有声读物这种轻松的内容消费方式来放松心情、释放压力。同时，全民学习、知识焦虑、怕被淘汰等社会心态也是促使用户在碎片化时间使用有声读物平台的原因。也有部分用户纯粹是为了寻找乐趣、获得听觉享受以及拓宽思路而使用有声读物平台。用户普遍表示，从阅读和学习的角度来看，有声读物应归类为浅阅读和辅助学习的工具，严肃系统的学习还是应采取传统诉诸图书与课堂的学习方式。

（四）用户期待社交价值与归属感

有声读物平台的社交布局与用户社交价值期待之间的矛盾是本次研究中十分有意思的现象。理论上，作为内容平台，国内有声读物平台应呈现出较为浓厚的社区属性；加之国内平台均十分重视 UGC 生态建设，与国外同类平台形成鲜明对比，更能产生社区互动效应。但结果并不理想。从平台经济角度来看，社区互动对平台发展有较大促进作用：能通过优质内容吸引更多内容消费者，从而吸引更多内容生产者，双边用户以内容为基础进行交流、互动，能产生巨大的经济和社会价值。因此，国内有声读物平台应慎重考虑，如何建设互联网社区以向用户交付这类价值。

第四章 我国有声读物平台服务质量评估

随着我国有声读物市场高速发展，平台间竞争加剧，各平台迫切需要提高自身竞争优势和服务质量。同时，我国有声读物平台存在的一些问题如资源质量、定价机制等逐渐显现，影响着用户消费体验和感受。显然，从用户视角出发，构建我国有声读物平台服务质量评价模型，找出我国有声读物平台服务存在的问题及原因，并提出相应的改善建议，有助于提升有声读物平台的服务质量，满足用户需求，更好地为用户提供高效高质量的服务。

第一节 服务质量评价基础

一、服务质量评价原则

服务质量评价依赖于一定的指标，每个评价指标都应当可以从不同的侧面反映测评的服务质量的某种特征。指标选择的好坏影响到整个评价工作的质量，为了确保评价结果的科学性、准确性、实用性，在建立评价指标体系时，应当遵循以下基本原则。

独立性原则。每个指标要既能全面地反映系统的总体特征，又要避免指标之间的重叠。指标体系要层次分明，简明扼要，指标在同一层次上应该相互独立、有较高的区分度，没有过多的信息包容、涵盖而使指标内涵重叠。评价指标体系构成必须紧紧围绕评价目的层层展开，组成一个层次分明的整体，使评价结论的确反映评价意图。

全面性原则。评价指标体系在总体上应能反映相关服务提供者的方方面面，根据评价指标设计的调查表尽可能全面地反映用户对服务的需求。同时，指标的选取又应当有所侧重，根据不同的行业、不同的服务及不同的环境等实际情况和特点进行变化。

目标导向原则。评价不是单纯评出名次及优劣的程度，而是引导和鼓励被评价对象向正确的方向和目标发展，不断提高服务的水平和质量。因此指标体系要针对评估任务的需要，与服务质量测评目的保持一致，可以支撑更高层次的评估标准，对服务质量提供商的服务改进起到引导作用。

重要性原则。指标是一种随时间变动的参数，不同的服务质量测评应该采取不同的指标体系，同类属性的指标体系应该在一定的时期内保持稳定性，便于对相关服务质量进行测评。设计评价指标体系时，要对各指标因素分清主次，在每次的调查中应确定各指标因素的权重，以便在下一次调查中，对上次调查发现的顾客重点关注的问题进一步深入调查，分析改进措施产生的效果。

实用性和可操作性原则。首先指标要简化，方法要简便。评价指标体系要繁简适中，计算评价方法简便易行，即评价指标体系在能基本保证评价结果的客观性、全面性的条件下，尽可能简化，减少或去掉一些对评价结果影响甚微的指标。此外，指标体系要以定量评价指标为主，必要时可以采取一些主观的评价指标。而且在评估过程和评估结果的使用中，考虑到涉及人员众多，应尽量易于理解，以保证评估判断及其结果交流的准确性和高效性。同时，评价指标所需数据来源渠道必须可靠且易获得，以减少评价工作的难度和成本。最后，要严格控制数据的准确性，规范评价过程，各项评价指标及其相应的计算方法、各项数据都要标准化、规范化。

二、评价指标体系构建

评价指标体系的建立是进行服务质量评价的基础，直接影响到服务质量评价的真实性、全面性和准确程度。通用性指标主要有三个信息来源：国内外文献、专家访谈和问卷调查。通用性服务质量评价指标体系的构建依据如下。

由于服务质量模型中顾客感知质量部分的理论依据为服务质量六个特性和 PZB 模型的评价指标，因此这部分的评价指标基本沿用 PZB 模型中的评价指标，并添加一些与评价对象特性相关的指标。最终确定的服务质量评价指标体系见表 4-1 所示。

表 4-1　服务质量评价通用指标体系

一级指标	二级指标	三级指标
1 顾客感知质量	1.1 功能性	1.1.1 服务满足顾客基本需求的程度
		1.1.2 服务满足顾客个别需求的程度
		1.1.3 服务组织提供服务的多样性
		1.1.4 服务组织提供服务的规范性
		1.1.5 服务组织对顾客抱怨的响应及差错补救
	1.2 经济性	1.2.1 服务收费的合理程度
		1.2.2 服务收费的透明程度
		1.2.3 服务增值程度
	1.3 安全性	1.3.1 顾客认识财产的安全性
		1.3.2 顾客信息的安全性
		1.3.3 顾客心理的安全感
		1.3.4 服务设施的安全与可靠性
	1.4 时间性	1.4.1 服务组织提供各项服务的及时程度
		1.4.2 服务组织提供各项服务的准时程度
		1.4.3 服务组织提供各项服务的快捷程度
	1.5 舒适性	1.5.1 服务设施的完备与适用程度
		1.5.2 服务设施的舒适与方便程度
		1.5.3 服务环境的整洁与美观程度
		1.5.4 服务场所的内外部秩序
	1.6 文明性	1.6.1 服务人员的文明礼貌程度
		1.6.2 服务人员服装和外表的整洁程度
		1.6.3 服务场所的友好氛围
		1.6.4 人际关系的和谐程度

一级指标	二级指标	三级指标
2 组织支撑质量	2.1 人员	2.1.1 员工能力状况
		2.1.2 员工服务意识
		2.1.3 员工的培训效果
		2.1.4 员工获得组织的支持程度
		2.1.5 员工对组织的忠诚度
	2.2 设施设备	2.2.1 服务设施设备的完备程度
		2.2.2 服务设施设备的可靠程度
		2.2.3 服务设施设备的维修保养状况
	2.3 材料	2.3.1 供方评价状况
		2.3.2 材料共计的及时性
		2.3.3 材料进货检验的情况
	2.4 方法	2.4.1 服务流程涉及的合理性
		2.4.2 服务规范的完备程度
		2.4.3 服务规范的执行程度
	2.5 环境	2.5.1 服务硬件环境的适宜性
		2.5.2 工作氛围（人际关系）的和谐度
		2.5.3 组织内部的公平度

表 4-1 给出了服务质量评价的完整指标体系，但当对特定服务的服务质量进行评价时，可在该评价指标体系基础上，结合服务的具体特点确定相应的评价指标体系，具体方法如下。

（1）根据实际需求，确定一级指标；

（2）直接将上述评价指标体系中三级指标作为具体的评价指标；

（3）在上述评价指标体系三级指标的基础上进行细化，设立其下级指标，即设立四级指标；

（4）在上述评价指标体系二级指标的范畴内增加特定服务所特有的评价指标；

（5）在上述评价指标体系二级指标的范畴内删减若干不适用于服务的评价指标；

（6）在上述评价指标体系二级指标的范畴内修改某些指标的表述方式以适用于该服务。

三、指标赋值规范

根据实际需要确定可操作性评价指标体系之后，需要对各指标进行测量，即指标的赋值规范。之后才能继续服务质量评价工作。对于顾客感知质量，需要设计问题、组织调查问卷对用户进行问卷调查并分析，然后对各指标进行赋值。通常，各评价指标的赋值可采用成熟的李克特量表来完成。

李克特量表是由美国社会心理学家李克特在原有总加量表基础上改进而成的。由一组陈述组成，每一陈述有"非常同意""同意""不一定""不同意""非常不同意"五种回答，分别记为5、4、3、2和1。每个被调查者的态度总分就是对各道题的回答所得分数的加总，结果说明其态度强弱或对这一量表的不同状态。为此，测量者首先需要收集大量与测量的概念相关的陈述语句，并根据测量的概念将每个测量的项目划分为"有利"或"不利"两类，还需保证测量项目中有利或不利都应有一定的数量。之后，选择部分受测者对全部项目进行预先测试，要求受测者指出每个项目是有利的或不利的，并在强度描述语中进行选择。如"五点"量表：a-非常同意；b-同意；c-无所谓或不确定；d-不同意；e-非常不同意。测量结束后，对每个回答给一个分数，如上述例子中从非常同意到非常不同意的有利项目分数分别为5、4、3、2和1，对不利项目的分数就变为1、2、3、4和5。在此基础上，根据受测者的各个项目的分数计算代数和，得到个人态度总得分，并依据总分多少将受测者划分为高分组和低分组。最后选出若干条在高分组和低分组之间有较大区分能力的项目，构成一个李克特量表。当然，如果可以计算每个项目在高分组和低分组中的平均得分，则选择那些在高分组平均得分较高并且在低分组平均得分较低的项目。

李克特量表的优点是容易设计。使用范围比其他量表要广，可以用来测量其他一些量表所不能测量的某些多维度的复杂概念或态度。通常情况下，李克特量表比同样长度的量表具有更高的信度。此外，李克特量表的五种答案形式使回答者能够很方便地标出自己的位置。

当然，李克特量表的缺点也比较明显，即相同的态度得分具有十分不同的态度形态。李克特量表是一个项目总加的分代表一个人的赞成程度，它可大致上区分个体间谁的态度高，谁的态度低，但无法进一步描述他们的态度结构差异。

四、评价指标筛选

一般来说，初选的评价指标以构造服务质量可操作性评价指标时，可尽可能地全面。而在指标体系优化时则需综合考虑指标体系的全面性、科学性、层次性、可操作性、目的性等方面。尤其当指标过多时，会出现重复指标，或者不同指标相互干扰，需要进一步筛选。显然，不同行业，不同应用，其评价指标体系不尽相同，指标筛选也需针对具体需求展开的。对于顾客感知质量，考虑到有问卷调查和数据，可采用相关分析、马田系统、因子分析等方法来进行指标筛选。

相关分析是研究评价指标之间密切程度的一种常用的统计方法。测评的质量指标之间通常存在着较大程度的相关关系，使得观测数据所反映的信息有所重叠。相关分析法可以通过分析来减少指标体系中的指标个数，从而消除高度相关指标对评价的影响。常用的相关系数的计算方法有 Pearson 矩阵相关和 Spearman 相关，前者是根据实际值进行计算，而后者是根据实际数据的秩进行计算。

马田系统是20世纪90年代日本的田口玄一在质量工程学基础上发展起来的模式识别技术，用正交表进行方案的选择，并计算各个方案的信噪比，通过信噪比的排序和比较来剔除对结果影响较小的指标，完成对初始测评指标的测评和筛选，达到优化评价指标体系的目的。它整合了马氏距离、信噪比及正交表等工具，无须对数据作任何的假定，即可以对具有多特征的样品进行分类，达到诊断、评价和预测的目的。马田系统包括构建基准空间和优化基准空间。前者用统计相关变量的正常数据定义一个基准空间，后者则对基准空间进行优化，包括构建含有马氏空间的测量表；验证测量表的有效性；优化测量表，确定有效变量；用优化后的测量表进行诊断/预测等步骤。马田系统能够对现有的评价指标体系进行系统降维，使优化后的指标体系更加具有科学性与简洁性，还能进行服务质量的合格评定和星级级评定。但它对基本空间的确定存在很大的主观性，依靠于专业人士的经验，没有合理客观的评判和设立标准。

因子分析是一种降维、简化数据的技术，是主成分分析的推广。它通过研究众多变量之间的内部依赖关系，探求观测数据中的基本结构，并用少数几个"抽象"的因子来表示其基本信息的数据结构。因子能反映原来众多变量的主要信息，不会产生重要信息丢失现象，并且由于它比原始指标变量的数量大为减少，所以含义也更为明确，更能反映事物的本质。因子分析一般分为因子载荷的求解、因子旋转和因子得分这三部分。因子载荷系数的求解一般有主成分法、最小二乘法等。用主成分法确定因子载荷是在进行因子分析之前，先对因子进行一次主成分分析，然后把前面几个主成分作为未旋转的公共因子。因子载荷系数求解后，要进行因子旋转，以得到更为明确、实际意义更明显的公共因子。最后是进行因子的得分计算。显然，因子分析法能较好验证变量的因子结构模式是否与原来定义的属性相吻合，删除那些载荷不明显的评价指标，并重新定义指标的结构属性。

最后一种常见方法是德尔斐法。德尔斐法主要是通过组织有相当人数的专家，以问卷的形式对备选的评价指标进行打分并作出概率估计，然后将概率估算的结果反馈给专家，以方便专家调整打分，直至最后获得协调一致的结果。显然，该方法通过综合多数专家的经验和大量客观非技术性指标间存在的逻辑关系，获得的指标体系能较完整地反映评价对象的全貌。此外，该方法的结果是建立在统计分析基础上的，具有一定的稳定性。

第二节　有声读物平台服务质量评价模型构建

鉴于 PZB 差距理论和 SERVQUAL 模型在服务质量评价中的广泛使用，本节基于上节介绍的服务质量评价基础，将 PZB 差距理论应用 SERVQUAL 模型，根据有声读物平台的特征和服务情况，共同构建有声读物平台服务质量评价指标体系。

一、有声读物平台服务分析

一般来说，内容提供商或平台生产有声读物产品并上传到平台资源库，平台将依照一定规则将资源库的有声读物资源呈现出来。用户通过有声读物使用界面获取和消费内容，并向平台反馈。显然，与其他商业服务相似，有声读物平台服务具有无形性、即时性、异质性等特点。无形性是指有声读物平台的服务是不能够触摸到的，在短时间内不容易感受到服务带来的实际效果。即时性则指有声读物平台提供服务的过程与用户消费内容的过程是同时进行的，且服务的过程用户参与其中，服务提供方和服务接收方存在互动联系。此外，受用户使用时间、地点和环境等影响，有声读物平台提供服务的质量是波动的，从而给用户带来感受存在差异，及服务的异质性。

可以看出，与其他内容服务系统一样，有声读物平台服务系统包括后台管理系统和前端服务系统。后台管理系统提供基础保障，保证平台能稳定地提供服务，对平台的内容和活动进行组织整理和管理，是平台工作人员和系统管理员负责信息内容的管理工作，包括有声读物内容的审核、组织、发布上线、删改以及在线服务问题解答等工作，以及平台的安全维护和数据信息管理等。前端服务系统则直接面向用户，为用户提供信息搜索、内容浏览、消费以及反馈等功能，是平台与用户间的通道。显然，后台管理系统是平台服务的基石，保障平台运转流畅和向用户提供高效的有声读物服务。要完成上述任务，需要有安全可靠的平台环境和硬软件设施，还能准时有效地向用户提供服务、保障用户个人信息的安全、工作人员有效地帮助用户使用平台，不忽略用户。与后台管理系统相比，前端服务系统旨在向用户展现出平台资源和信息以供用户消费，包括用户使用界面，如有声读物的分类和内容以及其他能够使用到的功能等。显然，前端提供服务时的现代化设施对应界面设计和主题分类、服务设施的吸引力对应界面设计的美观性和主题分类的合理科学性，以及界面上可以浏览阅读的有声读物内容，均是可以被用户所感知的。

事实上，有声读物平台服务过程是指用户在使用有声读物平台过程中能享受到的服务，如浏览阅读有声内容、参与平台在线活动等，包括用户首次使用平台时得到的操作指引和教学、用户在听书时可以使用的功能、平台能提供给用户个性化推荐内容的服务、用户在交易时受到的合理待遇、用户能从平台获得的情绪价值等。显然，这些因素可以对应 SERVQUAL 模型保证性和移情性两个维度中的一些指标，如平台会给用户关心、平台能有适当的支持以提供更高水平的服务、平台会针对用户提供个性化服务、平台会考虑用户的利益、平台会了解用户的需求并做出改进等等。

　　显然，有声读物平台服务与其他信息平台服务相似，其质量评估可以参考 SERVQUAL 模型。因此，本书再构建有声读物平台服务质量评价模型时将 SERVQUAL 模型中的感知性、响应性、保证性、可靠性以及移情性等五个基本维度应用下来。此外，考虑到有声读物内容消费依靠声音进行消费，这与传统内容消费存在较大差异。显然，有声读物产品声音质量的好坏，如声音的规范性、和谐性以及感染力等，直接影响到用户内容消费的感受，进而有声读物平台服务质量的评价，是有声读物平台服务质量评估的核心要素。因此，本书在已有五个维度基础上，加入声音质量维度，形成包含六个维度，21 项二级评价指标的有声读物平台服务质量评价指标体系，如图 4-1 所示。

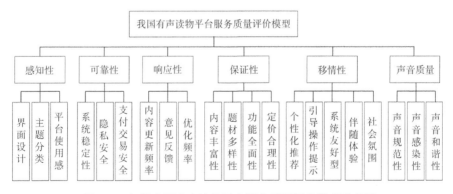

图 4-1　初始我国有声读物平台服务质量评价模型示意图

　　感知性原指服务过程中可见的形式等。在有声读物平台服务中，这种有形性体现在系统设计上，即用户打开平台后展现的可直接感受到的信息，如界面整体设计美感，主界面上显示内容主题分类的清晰合理性，用户使用时主题导航的无异义性，以及平台各功能的有效性和可操作性等。

与传统服务评价的可靠性相似，有声读物平台的服务可靠性是指系统的稳定性和安全性。用户在使用平台的时候，系统硬软件能够让用户稳定有序地访问，不会发生访问或链接错误，使用过程中个人信息不会在未经用户许可情况下被收集、泄露、不当利用，以及消费内容时支付环境是否安全可信。

在有声读物平台服务中，响应性指的是平台对用户内容消费意见或反馈的反应速度，此速度对于服务体验感的影响非常显著。内容是阅读消费中最重要的组成部分，体现在内容更新速度，客服对用户的意见和问题能否及时给予回应，平台功能能否根据市场发展和用户需求持续升级更新以保证其服务质量。

保证性原指能确保预期服务效果的实现，完成对顾客的承诺。在有声读物平台服务中，保证性则指用户是否在有声读物消费过程中获得预期需求，如平台内容资源丰富包括网络小说、相声评书、教育培训等多元题材，能满足用户获取所需内容，拥有完备的内容消费功能；听书的题材多样，是否都能接触到；在享受服务的过程中，是否能提供全面完备的功能如倍速播放、拖动进度条、定时开关等，方便用户以多种形式消费有声读物。此外，定价是否合理，也直接影响到用户能否获得预期需求。

与其他服务评价类似，有声读物平台评价中的移情性指服务提供方为用户提供态度真诚的人性化服务，态度友好。为用户提供优质服务是有声读物平台的基本要素，让用户感受到人文关怀是衡量其服务质量的重要因素。如平台利用个性化技术根据用户特征和历史记录推荐用户感兴趣的内容，用户在内容消费的同时可获得文字介绍；营造社区氛围，提高用户互动能力和互动手段，加强兴趣点、探讨共同话题；平台的操作简单易上手，有助于快速有效获取服务，提供必要使用指南和服务导航，引导用户使用平台。

如前文所述，声音质量是有声读物平台服务质量评价特有指标维度。作为信息的一种有声形态，声音是有声读物最重要的传播符号。人耳对听到的声音非常敏锐，声音流露出的情感和思想是非常丰富有内涵的。声音感知是人耳和大脑神经对听到的声音的感知，声音的优劣能影响人们的愉悦和舒适感，影响着有声读物的服务体验。对于有声读物，声音的规范性、正确性、清晰性是最基本的要素。此外，声音与内容情景互相匹配，生动表达，容易对用户产生感染力。而语言、音乐、音效等各类声音叠加起来的整体效果和谐，能让用户在消费内容时产生舒适感。

综上所述，有声读物平台服务质量评价的感知性、响应性、保证性、可靠性、移情性和声音质量等六个维度21项评价指标分别为感知性的界面设计、主题分类、平台使用感，可靠性的系统稳定性、隐私安全、支付交易安全，响应性的内容更新频率、意见反馈、优化频率，保证性的内容丰富性、题材多样性、功能全面性、定价合理性，移情性的个性化推荐、引导操作提示、伴随体验、系统友好性、社区氛围和声音质量的声音规范性、声音情境化、声音和谐性。

二、评价指标赋值与修正

本节在前文构建的有声读物评价指标体系基础上，利用文献分析和问卷调查的方式，对各评价指标进行赋值并根据赋值结果对评价指标体系加以修正。为此，本节先将各个指标进行赋值规范，即将21个指标设计成可以评判用户感知与期望如何的问卷答题项，其维度、所含指标、指标释义以及该指标文献来源如表4-2所示。

表4-2 质量评价模型维度、指标和问卷项

维度	编号	指标	释义	来源
感知性	A1	界面设计	平台页面设计美观，有吸引力	Heo J.[1] Ahmad[2]
	A2	主题分类	主题分类清晰、合理	
	A3	平台使用感	每个界面和模块都能正常使用和访问操作	

[1] J. Heo, D. H. Ham, S. Park, et al. , "A Framework for Evaluating the Usability of Mobile Phones Based on Multi-level, Hierarchical Model of Usability Factors", *Interacting with Computers*, 2009, 21(4), pp. 263-275.

[2] M. Ahmad, J. H. Abawajy, "Digital Library Service Quality Assessment Model", *Procedia - Social and Behavioral Sciences*, 2014, 129(1), pp. 571-580.

续表

维度	编号	指标	释义	来源
可靠性	B1	系统稳定性	平台系统稳定、无访问或链接错误	Einasto[1] Parasuraman[2]
	B2	隐私安全	使用时，不担心个人信息的安全问题	
	B3	支付交易安全	在购买内容时，用户可以信赖安全支付	
响应性	C1	内容更新频率	平台更新发布内容及时	Wolfinbarger[3]
	C2	意见反馈	平台有在线客服板块，对用户的问题能及时给予回应，帮助用户解决问题	
	C3	优化频率	平台功能和模块根据市场发展和用户需求不断更新完善	
保证性	D1	内容丰富性	内容全面丰富，用户可以在平台上获取或搜索到自己想要的内容	Yang[4] 姚媛[5]
	D2	题材多样性	题材多元，如网络小说、相声评书、教育培训等题材丰富	
	D3	功能全面性	平台提供听音频的功能全面，如倍速播放、拖动进度条、定时功能等	
	D4	定价合理性	付费内容的定价是合理的	

---

[1] Einasto Olga, "E-service Quality Criteria in University Library: A Focus Group Study", *Procedia Social & Behavioral Sciences*, 2014, 147, pp. 561-566.

[2] X. Papadomichelaki, G. A. Mentzas, "Multiple - Item Scale for Assessing E - Government Service Quality", *Springer Berlin Heidelberg*, 2009.

[3] M. Wolfinbarger, Gilly M C., "eTailQ: Dimensionalizing, Measuring and Predicting Etail Quality", *Journal of Retailing*, 2003, 79(3), pp. 183-198.

[4] Zhilin Yang, Shaohan Cai, Zheng Zhou, Nan Zhou, "Development and Validation of an Instrument to Measure User Perceived Service Quality of Information Presenting Web Portals", *Information & Management*, 2004, 42(4), pp. 575-589.

[5] 姚媛、许天才：《移动图书馆用户体验评价结构模型研究》，《国家图书馆学刊》2018年第5期。

续表

维度	编号	指标	释义	来源
移情性	E1	个性化推荐	平台能个性化推荐用户感兴趣的内容	Davis① 鲁良兵② 高志辉③ 李武④
	E2	引导操作提示	平台系统上有使用指南、服务导航或必要的引导	
	E3	系统友好性	用户能够在平台上快速、有效地获取所需内容和服务，容易操作	
	E4	伴随体验	听音频的同时可以看文字介绍等	
	E5	社区氛围	用户可以在平台上与其他用户讨论互动、发弹幕等	
声音质量	F1	声音规范性	音频声音清晰、正确规范	童云、周荣庭⑤
	F2	声音感染力	播读声音与其内容情境相匹配，有感染力	
	F3	声音和谐性	语言、音乐、音效等声音叠加起来的整体效果和谐	

　　为对表4-2所述的有声读物平台服务质量评价指标体系进行检验和修正，本节通过问卷调查的方式来探究所建立的六个维度和各个维度下二级指标的合理性，并根据问卷数据的分析结果来修正评价指标体系。问卷包括用户基本背景信息、对有声读物平台服务实际使用感知的评价量表和平台服务期望的评价量表三部分。第一部分为选择题，旨在了解用户个人基本信息（性别、年龄、受教育程度等）和用户使用有声读物平台概况如使用经验和时间等。问卷的第二部分与第三部分使用了李克特五级量表（Likert scale），为单项

① F. D. Davis, "Perceived Usefulness, Perceived Ease of Use, and User Acceptance of Information Technology", *Mis Quarterly*, 1989, 13(3), pp. 319-340.
② 鲁良兵：《手机软件用户体验的评估及其对使用意愿的预测作用》，浙江大学2010年硕士学位论文。
③ 高志辉：《付费有声书知识服务满意度研究——以"樊登读书"为例》，《情报科学》2020年第5期。
④ 李武、赵星：《大学生社会化阅读App持续使用意愿及发生机理研究》，《中国图书馆学报》2016年第1期。
⑤ 童云、周荣庭：《有声读物声音质量评价维度》，《中国广播》2020年第1期。

选择题,用户根据自己的实际感受与理想期望值选择最接近自己想法的选项。

表 4-3　用户基本情况分析

类别	选项	人数	百分比（%）
性别	男	116	41.13
	女	166	58.87
年龄	18 岁以下	4	1.42
	18—25 岁	228	80.85
	26—30 岁	28	9.93
	31—40 岁	16	5.67
	40 岁以上	6	2.13
受教育程度	高中及以下	6	2.13
	大学本科	154	54.61
	硕士研究生	118	41.84
	博士及以上	4	1.42
职业	学生	206	73.05
	公务员/事业单位职员	16	5.67
	企业职员	40	14.18
	自由职业者	6	2.13
	其他	14	4.96

　　表 4-3 显示受调查用户基本背景信息,包括性别、年龄、受教育程度、职业等方面。可以看出,被调查的用户男女比例约为 4∶6,18 岁到 25 岁年龄段占受调查对象的 80.85%,与艾媒咨询报告对于有声读物使用者的统计相吻合,说明本次调查问卷获得的数据与现实情况相符合。此外,表 4-3 还显示有声读物用户的学历较高,超过 95% 的受访者为学士及以上学历,而且多为学生,高达受访者总数的 73%。可能的原因是学生需要学习知识或者说是在学习之后需要一定的娱乐和放松时间,导致他们使用有声读物平台还是较多的。以上受调查人员的基本背景信息数据的统计可以表明,样本人群的年龄、职业等群体画像信息属于有声读物平台使用群体,符合对有声读物平台服务进行质量评价研究的要求。

　　表 4-4 显示受访者有声读物平台的使用情况。可以看出,多数受访者使

用有声读物时长并不长，两年以内超过73.05%。此外，表4-4显示大部分用户使用时间低于1小时，占比约63%，有接近25%的用户每天使用有声读物平台1到2小时，基本上没有人每天使用有声读物平台超过三个小时。这主要由于大部分用户都是在短时间段内听书，大部分的听书是花费碎片时间来完成的娱乐和休闲，样本用户的使用时间情况基本满足本研究的要求。

表4-4　有声读物平台使用情况分析

类别	选项	人数	百分比（%）
使用经验	1年以下	102	36.17
	1—2年	104	36.88
	2—3年	50	17.73
	3年以上	26	9.22
每日使用时间	1小时以下	178	63.12
	1—2小时	70	24.82
	2—3小时	34	12.06
	3小时以上	0	0

为确保分析结果的真实性，本书首次使用信度系数对问卷结果进行信度分析，即通过Cronbach系数（克隆巴赫系数）来判断问卷数据的信度，如表4-5所示。

表4-5　克隆巴赫系数值

维度	项目个数	感受指标克隆巴赫系数值	期望指标克隆巴赫系数值
感知性	3	0.673	0.756
可靠性	3	0.717	0.860
响应性	3	0.693	0.769
保证性	4	0.694	0.798
移情性	5	0.765	0.808
声音质量	3	0.799	0.815

表4-5显示，六个维度感受指标克隆巴赫系数值和期望指标克隆巴赫系数值均大于0.6，说明本问卷的数据具有较好的信度，情况较为理想。

随后,本书对已构建的21个二级指标进行总体相关性统计分析,如表4-6所示。表4-6采用CIIT值来代表各二级指标间的相关性。一般来说,某个指标的CITC值大于0.4就能够说明该指标与其他的指标之间有较高的相关性,且CIIT值越大,指标间的相关性就越大,问卷数据的信度就越大。

表4-6　总体相关性统计量

指标	校正的项总计相关性 (CITC)	项已删除的系数
界面设计	0.554	0.924
主题分类	0.597	0.923
平台使用感	0.605	0.923
系统稳定性	0.610	0.923
隐私安全	0.650	0.922
支付交易安全	0.692	0.921
内容更新频率	0.612	0.923
意见反馈	0.687	0.922
优化频率	0.614	0.923
内容丰富性	0.604	0.923
题材多样性	0.647	0.922
功能全面性	0.658	0.922
定价合理性	0.691	0.921
个性化推荐	0.530	0.925
引导操作提示	0.525	0.925
系统友好性	0.601	0.923
伴随体验	0.521	0.925
社区氛围	0.358	0.930
声音规范性	0.564	0.924
声音感染力	0.647	0.922
声音和谐性	0.583	0.923

表4-6显示,"社区氛围"的CITC值小于0.4,不符合指标相关性要求,需要删除。删除"社区氛围"指标后,重新分析计算得到"移情性"的感受指标克隆巴赫系数值和期望指标克隆巴赫系数值分别为0.731、0.804,信度系数较高。其他各项二级指标的CITC值都是大于0.5的,表明由这些指标建构的服务质量评价模型符合要求,说明问卷信度较高。

为判断问卷设计的合理性，即是否有效且准确地表达出了对应二级指标的含义，本书通过因子分析中的 KMO 检验和 Bartlett 检验来进行效度分析，结果如表4-7 所示。

表4-7　KMO 与 Bartlett 检验

KMO 测量取样适当性	0.874	
Bartlett 的球形检验	大约卡方	3523.660
	df	190
	显著性	0.000

可以看出 KMO 值为 0.874，说明本次问卷效度较高，符合要求。因此，信度和效度的分析结果证明信效度都在有效范围内。也就是说，本书设计的有声读物平台服务的质量评价指标体系中一级维度和二级指标达到了可分析和可研究的水平。而 Bartlett 球形检验中显著性小于 0.01 表明各个变量间不是独立的，需要继续进行因子分析。为提取出代表性因子，本书利用主成分分析法，并根据指标体系的六个维度将因子抽取设定为 6。之后，利用最大方差法将因子与指标项的对应关系进行空间旋转处理，以便更好地对应因子与指标的关系，得到如表4-8 所示因子提取结果。

表4-8　解释的总方差

成分	初始特征值			提取载荷平方和			旋转载荷平方和		
	总计	方差解释率（%）	累积（%）	总计	方差解释率（%）	累积（%）	总计	方差解释率（%）	累积（%）
1	8.743	43.714	43.714	8.743	43.714	43.714	3.418	17.089	17.089
2	2.377	11.884	55.597	2.377	11.884	55.597	3.099	15.493	32.582
3	1.141	5.705	61.302	1.141	5.705	61.302	2.723	13.615	46.197
4	0.895	4.473	65.775	0.895	4.473	65.775	2.256	11.282	57.480
5	0.877	4.385	70.160	0.877	4.385	70.160	2.045	10.224	67.704
6	0.764	3.820	73.981	0.764	3.820	73.981	1.255	6.277	73.981
7	0.685	3.425	77.405						
8	0.635	3.174	80.580						
9	0.538	2.692	83.272						
10	0.506	2.532	85.804						

续表

成分	初始特征值			提取载荷平方和			旋转载荷平方和		
	总计	方差解释率（%）	累积（%）	总计	方差解释率（%）	累积（%）	总计	方差解释率（%）	累积（%）
11	0.453	2.266	88.070						
12	0.402	2.011	90.082						
13	0.370	1.852	91.934						
14	0.325	1.625	93.559						
15	0.310	1.552	95.111						
16	0.281	1.406	96.517						
17	0.243	1.215	97.732						
18	0.191	0.953	98.686						
19	0.149	0.744	99.430						
20	0.114	0.570	100.000						

表 4-8 显示 20 个二级指标提取时初始特征值的累计总方差为 100%，即原有变量可全部被解释。从 20 项指标固定抽取 6 个公因子，总共累积方差解释率为 73.981%，即 6 个因子可以解释整个问卷所有题 73.981% 的信息量，有少量信息丢失。因此，提取 6 个公因子的方式是可以实行的。

进一步处理，得到旋转成分矩阵，其因子载荷系数如表 4-9 所示。在表 4-9 中，因子载荷系数是指二级指标与公共因子之间的关系，其取值范围为 -1 到 1。但因子载荷系数的绝对值与因子间的关系是呈正相关的，故多关注该系数的绝对值。如果因子载荷系数大于 0.4，说明该二级指标与公共因子之间的关系越相近，因此我们更关注最大因子载荷系数值。

表 4-9 旋转成分矩阵

题编号	成分					
	1	2	3	4	5	6
A1	0.110	0.392	0.228	0.079	0.189	0.726
A2	0.174	0.541	-0.033	-0.058	0.272	0.599
A3	0.446	0.401	-0.060	0.185	0.277	0.465
B1	0.603	0.360	-0.042	0.062	0.390	0.252

题编号	成分					
	1	2	3	4	5	6
B2	0.799	0.168	0.162	0.169	0.170	0.082
B3	0.826	0.332	0.218	0.067	0.135	−0.004
C1	0.159	0.144	0.648	0.139	0.436	0.119
C2	0.404	0.052	0.589	0.252	0.308	0.105
C3	0.169	0.382	0.751	0.099	0.132	−0.089
D1	0.346	0.098	0.137	0.127	0.786	0.189
D2	0.239	0.251	0.309	0.455	0.514	−0.213
D3	0.142	0.457	0.194	0.268	0.531	0.135
D4	0.154	0.276	0.402	0.259	0.538	−0.011
E1	−0.027	0.056	0.250	0.798	0.144	0.229
E2	0.131	−0.105	0.586	0.595	0.067	0.098
E3	0.410	0.000	0.308	0.593	−0.059	0.421
E4	0.027	0.190	0.177	0.831	0.155	0.009
F1	0.383	0.624	−0.006	0.042	0.268	0.146
F2	0.219	0.764	0.157	0.199	0.145	0.163
F3	0.248	0.820	0.214	0.103	−0.066	0.089

显然，A1、A2、A3所有数据里最大的值都在第六列，表明A1、A2、A3与第六个公因子的关系最为紧密，这三个二级指标的内容为感知性。同理可以得到B1、B2、B3所有数据里最大的值都在第一列，C1、C2、C3所有数据里最大的值都在第三列，D1、D2、D3、D4所有数据里最大的值都在第五列，E1、E2、E3、E4所有数据里最大的值都在第四列，F1、F2、F3所有数据里最大的值都在第二列。

由此类推并整理可得，第一列公因子对应着B1、B2、B3即可靠性，第二列公因子对应着F1、F2、F3即声音质量，第三列公因子对应着C1、C2、C3即响应性，第四列公因子对应着E1、E2、E3、E4即移情性，第五列公因子对应着D1、D2、D3、D4即保证性，第六列公因子对应着A1、A2、A3即感知性。

综上可以看出，因子分析得到的总体的结果符合有声读物平台服务质量评价维度的设计，说明问卷数据的有效，对模型不需进行修改。

因此，最初设计的 6 个一级指标 21 个二级指标中，删除与其他指标的相关性较低二级指标"社区氛围"之后，剩下 20 个二级指标符合有声读物平台服务质量评价的设计。故此，我国有声读物平台服务质量评价指标体系由 6 个一级维度和 20 个二级指标构成，如图 4-2 所示。

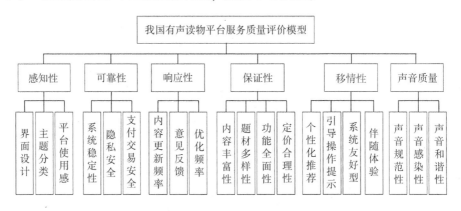

图 4-2　我国有声读物平台服务质量评价指标体系

第三节　有声读物平台服务质量分析

本节在上节获得的我国有声读物平台服务质量评价指标体系基础上，利用调查数据，通过主成分分析法对该指标体系中各项指标赋以权重，构建完整的有声读物平台服务质量评价模型。

一、感知与期望的差值分析

考虑本书综合利用 SERVQUAL 和 PZB 理论进行服务质量评价，即服务质量为服务过程实际感受与期望值的差值：服务质量=感受值-期望值，如表 4-10 所示。其中，差值为 0 时说明用户实际感受的服务质量达到了其期望值，即用户满意平台服务质量。差值小于 0 时，用户实际感受的服务质量少于期望值，即服务质量低。差值大于 0 时，用户实际感受的服务质量大于期望值，即服务质量高。

表 4-10　服务质量差值计算表

维度	指标	评价指标问卷项	感受指标均值	期望指标均值	差值
感知性	界面设计	平台页面设计美观，有吸引力	3.49	3.98	-0.49
	主题分类	主题分类清晰、合理	3.65	4.26	-0.61
	平台使用感	每个界面和模块都能正常使用和访问操作	3.74	4.36	-0.62
可靠性	系统稳定性	平台系统稳定、无访问或链接错误	3.62	4.35	-0.73
	隐私安全	使用时，不担心个人信息的安全问题	3.26	4.45	-1.19
	支付交易安全	在购买内容时，用户可以信赖安全支付	3.66	4.50	-0.84
响应性	内容更新频率	平台更新发布内容及时	3.62	4.14	-0.52
	意见反馈	平台有在线客服板块，对用户的问题能及时给予回应，帮助用户解决问题	3.37	4.14	-0.77
	优化频率	平台功能和模块根据市场发展和用户需求不断更新完善	3.50	4.00	-0.50
保证性	内容丰富性	资源丰富，用户可以在平台上看到自己需要的内容	3.67	4.40	-0.73
	题材多样性	题材多元，如网络小说、相声评书、教育培训等题材丰富	3.76	4.27	-0.51
	功能全面性	平台提供全面的音频收听功能，如倍速播放、拖动进度条、定时功能等	3.93	4.20	-0.27
	定价合理性	付费内容的定价是合理的	3.25	4.33	-1.08
移情性	个性化推荐	平台能个性化推荐用户感兴趣的内容	3.65	3.84	-0.19
	引导操作提示	平台系统上有使用指南、服务导航或必要的引导	3.70	3.82	-0.12
	系统友好性	用户能够在平台上快速、有效地获取所需内容和服务，容易操作	3.82	4.06	-0.24
	伴随体验	听音频的同时可以看文字介绍等	3.76	4.02	-0.26
声音质量	声音规范性	音频声音清晰、正确规范	3.81	4.25	-0.44
	声音感染力	播读声音与其内容情境相匹配，有感染力	3.68	4.23	-0.55
	声音和谐性	语言、音乐、音效等声音叠加起来的整体效果和谐	3.67	4.23	-0.56

可以看出，所有二级指标的感受均值都小于期望均值，即服务质量在各个维度均为达标。差距值绝对值最大的项为"使用时，不担心个人信息的安全问题"和"付费内容的定价是合理的"，分别是-1.19和-1.08。也就是说，用户对这两项指标最不满意，表明我国有声读物平台在隐私安全和合理定价两方面远没有达到用户期望。差距值绝对值最小的项为"平台系统上有使用指南、服务导航或必要的引导"和"平台能个性化推荐用户感兴趣的内容"，分别为-0.12和-0.19，表明我国有声读物平台中系统友好性和个性化推荐两方面提供的服务与用户期望较为符合。同时，其他二级指标的差距数值都是比较接近的，这说明用户对这些二级指标的服务质量评价是相似的。

二、维度与二级指标的权重获取

本小节选用因子分析法，根据方差贡献率来计算各个维度的权重值。为此，本节首先将所有6个主成分因子的方差贡献率与维度一一对应，然后将所有方差贡献率的整体算作1，并以每一个方差贡献率除以整体方差贡献率的总和来计算每一个对应因子占整体的比例，即各个维度所占的比例权重，如表4-11。

表4-11　维度权重系数表

主成分	对应维度	方差贡献率	权重
因子1	可靠性	17.089	0.22
因子2	声音质量	15.493	0.21
因子3	响应性	13.615	0.18
因子4	移情性	11.282	0.15
因子5	保证性	10.224	0.14
因子6	感知性	6.277	0.10

在表4-11中，"感知性"所占的权重最小为0.10，"保证性"所占的权重为0.14，"移情性"所占的权重为0.15，"响应性"所占的权重为0.18，"声音质量"所占的权重为0.21，"可靠性"所占的权重最大为0.22。显然，

对于用户而言，可靠安全性是有声读物平台服务质量评价维度中最为看重的，且各个维度服务质量在调查者心中的地位从高到低的排序结果为"可靠性""声音质量""响应性""移情性""保证性""感知性"。

在维度权重获取的基础上，本小节利用层次分析法中的乘积标度法来计算并对二级指标进行复权。为此，先计算每一个二级指标的期望服务质量的平均值，在维度内按指标权重大小依次排序；然后将各维度内的二级指标两两比较，得出各个指标的乘积标度大小，具体计算公式如下所示：

$$e_{min} = 1;$$

$$e_2 = 1 \times 1.354;$$

$$e_3 = 1 \times 1.345 \times 1.345;$$

$$e_4 = 1 \times 1.345 \times 1.345 \times 1.345;$$

……依此类推

$$k_n = \frac{e_n}{e_{min} + e_2 + ... + e_{max}}$$

其中，服务质量值最低的指标权重为 e_{max}，依次计算，服务质量值最高的指标权重为 e_{min}，到为所有赋权值。代表第 n 个指标的权重。

在此基础上，通过每个维度内指标乘积标度大小占据的比例得出各个二级指标在相应维度内的权重，并通过每个指标的维度内权重和各个维度的权重，求出所有指标的权重数值，如表4-12所示。其中，总体权重=维度内权重×各个维度的权重。

表4-12　二级指标权重表

维度	编号	指标	期望均值	乘积标度大小	维度内权重	总体权重
感知性 0.10	A1	界面设计	3.98	1	0.239	0.0239
	A2	主题分类	4.26	1×1.354	0.323	0.0323
	A3	平台使用感	4.36	1×1.354×1.354	0.438	0.0438
可靠性 0.22	B1	系统稳定性	4.35	1	0.239	0.0526
	B2	隐私安全	4.45	1×1.354	0.323	0.0711
	B3	支付交易安全	4.50	1×1.354×1.354	0.438	0.0963

维度	编号	指标	期望均值	乘积标度大小	维度内权重	总体权重
响应性 0.18	C1	内容更新频率	4.14	1×1.354	0.365	0.0657
	C2	意见反馈	4.14	1×1.354	0.365	0.0657
	C3	优化频率	4.00	1	0.270	0.0486
保证性 0.14	D1	内容丰富性	4.40	1×1.354×1.354×1.354	0.372	0.0521
	D2	题材多样性	4.27	1×1.354	0.203	0.0284
	D3	功能全面性	4.20	1	0.150	0.0210
	D4	定价合理性	4.33	1×1.354×1.354	0.275	0.0385
移情性 0.15	E1	个性化推荐	3.84	1×1.354	0.203	0.0305
	E2	引导操作提示	3.82	1	0.150	0.0225
	E3	系统友好性	4.06	1×1.354×1.354×1.354	0.372	0.0558
	E4	伴随体验	4.02	1×1.354×1.354	0.275	0.0412
声音质量 0.21	F1	声音规范性	4.25	1×1.354	0.404	0.0848
	F2	声音感染力	4.23	1	0.298	0.0626
	F3	声音和谐性	4.23	1	0.298	0.0626

表4-12得到我国有声读物平台服务质量评价体系中所有维度及二级指标的权重，即重要程度。可以看出，占比排名前五名的二级指标有："支付交易安全""声音规范性""隐私安全""内容更新频率""意见反馈"。根据各维度和二级指标权重，可得到完整的有声读物平台服务质量评价模型，如图4-3所示。图中维度和指标后的数字表示其所占的权重，如"感知性"维度占的权重为0.10，其"界面设计"权重为0.0239，"主题分类"权重为0.0323，"平台使用感"权重为0.0438。

第四节　有声读物平台服务质量评价模型实证研究

本节将构建的质量评价模型应用到国内有声读物平台，对其服务质量进行评估，分析原因并提出相应建议。为此，本节选择喜马拉雅App、蜻蜓FM以及荔枝FM这三家目前国内典型的有声读物平台。其中，喜马拉雅App于2013年上线，是国民度很高的一个有声读物平台。在接受问卷调查的用户人

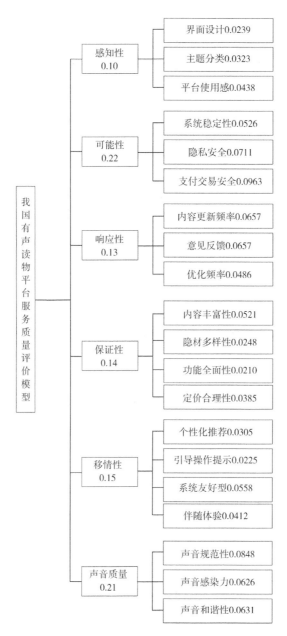

图 4-3　我国有声读物平台服务质量评价模型

群中，大部分人对有声读物平台的第一反应都是喜马拉雅。该平台的优势在于其丰富的版权资源，产品类型覆盖范围广，包括相声、评书、少儿故事、广播、健康养生、畅销小说等题材。此外，喜马拉雅与图书出版公司、在线内容服务平台如腾讯阅文集团展开了长期的合作，拥有丰富的内容资源版权，目前占据了市场大部分畅销书内容版权，能满足大部分受众的听书需求。蜻蜓FM于2011年上线，是国内第一家在线音频平台。与喜马拉雅不同，蜻蜓FM以打造有生态链的优质音频IP为主要目的，包括上千家广播电台，数十万名认证主播和完善的主播培养机制。该平台采用PUGC的运营模式，吸引了众多名人和细分行业的意见领袖，吸引更多的用户，并陪伴氛围和打赏机制形成商业化生态。相较而言，荔枝FM创办于2013年，是三个平台中创办最晚的平台。该平台以"人人都是主播"为口号，用户只要注册账号即可通过手机录制并且上传音频节目。2020年成功上市后，荔枝FM开始专注于声音技术，逐渐转向"声音社交"。与前面两种平台不同，荔枝FM采用用户生产内容的UGC音频社区模式，便于用户记录和分享生活，参与内容生产，有助于提高用户参与积极性，形成相应的内容链。同时，这种方式也为平台积累了海量内容和用户以及大量主播，进而形成了该平台的核心竞争力。

本节通过向使用过喜马拉雅、蜻蜓FM、荔枝FM三个平台的用户发放针对前文20各二级指标使用感受的文件方式收集数据，然后通过分析问卷数据来归纳出用户对我国有声读物平台服务质量的评估。为此，我们先将各平台用户感受评分取均值，以此得出每个二级指标的得分。在此基础上，利用用户感受分与期望均值得出每个二级指标的服务质量值，然后以服务质量值与各自所占权重的乘积之和计算出各个平台的服务质量，归纳整理后得表4-13。

可以看出，样本平台总体服务质量分别为-0.6503、-0.5877、-0.7224，即蜻蜓FM服务质量略高，喜马拉雅次之，荔枝FM最次，但三者差距并不明显。此外，三者的总体评分和各二级指标评分均为负数，说明这些平台服务质量还达不到用户的期待，尚有优化改进的余地。

表4-13显示，服务质量差距值小于-0.9的有"隐私安全"、"支付交易

安全"、"定价合理性"和"意见反馈"4个二级指标。差距值最大的是荔枝平台中"隐私安全",其值为-1.54,表明这些方面服务较差,都有待提升。其次是系统稳定、服务响应、内容管理与个性化推荐等方面,意味着平台在上述方面需要进一步改进服务质量。与之相比,"引导操作提示""伴随体验""个性化推荐"这3个二级指标的差距很小,服务质量差距值最小的是"个性化推荐",说明用户认为"引导操作提示""伴随体验""友好性提示"这三个指标评价较高,意味着有声读物平台关注用户使用引导和氛围烘托,取得较好的服务质量。

表 4-13 服务质量评分表

服务内容	喜马拉雅		蜻蜓 FM		荔枝 FM	
	用户感受评分	服务质量值	用户感受评分	服务质量值	用户感受评分	服务质量值
界面设计	3.51	-0.47	3.47	-0.51	3.33	-0.65
主题分类	3.67	-0.59	3.61	-0.65	3.67	-0.59
平台使用感	3.80	-0.56	3.82	-0.54	3.52	-0.84
系统稳定性	3.53	-0.82	3.87	-0.48	3.67	-0.68
隐私安全	3.18	-1.27	3.78	-0.67	2.91	-1.54
支付交易安全	3.53	-0.97	3.88	-0.62	3.62	-0.88
内容更新频率	3.47	-0.67	3.93	-0.21	3.33	-0.81
意见反馈	3.35	-0.79	3.26	-0.88	3.10	-1.04
优化频率	3.49	-0.51	3.39	-0.61	3.48	-0.52
内容丰富性	3.55	-0.85	3.77	-0.63	3.71	-0.69
题材多样性	3.73	-0.54	3.73	-0.54	3.76	-0.51
功能全面性	3.80	-0.4	4.06	-0.14	4.04	-0.16
定价合理性	3.18	-1.15	3.19	-1.14	3.19	-1.14
个性化推荐	3.65	-0.43	3.60	-0.50	3.52	-0.56
引导操作提示	3.73	-0.09	3.67	-0.15	3.52	-0.30
系统友好性	3.78	-0.28	3.60	-0.46	3.81	-0.25
伴随体验	3.71	-0.31	3.73	-0.29	3.76	-0.26
声音规范性	3.86	-0.39	3.53	-0.72	3.57	-0.68
声音感染力	3.67	-0.56	3.65	-0.58	3.38	-0.85
声音和谐性	3.73	-0.50	3.33	-0.90	3.52	-0.71
总体服务质量	-0.6503		-0.5877		-0.7424	
得分排名	2		1		3	

通过实证分析，从服务质量评价的调查结果来看，目前我国有声读物平台的服务质量主要存在以下几个问题。

（1）定价不合理

表4-13显示，三个平台中"定价合理性"值分别是-1.15、-1.14、-1.14，说明三个平台的价格都存在问题，远低于用户预期。虽然很多人习惯了互联网的免费模式，但近年来知识付费浪潮带动了付费有声读物的发展，付费阅读已经能够被大部分人接受。也就是说，用户有意愿为喜欢的内容付费，但目前各大平台的定价机制并不合理，超过用户预期，导致内容价值与价格不符。

（2）隐私安全问题

三个平台的"隐私安全"项分值分别是-1.27、-0.67、-1.54，且喜马拉雅和荔枝FM两个平台该指标项的分值最低，反映出用户个人信息的安全问题极不符合用户预期，值得关注。近年来，我国公司通过各种渠道收集用户私人信息较为普遍，其App要求用户同意开放某些权限才能继续正常使用，从而读取、使用用户的个人信息。这种情况在多数有声读物平台中也同样不断发生，已成为一个社会问题。

（3）内容管理问题

表4-13显示，指标"内容丰富性"的值分别是-0.85、-0.63、-0.69。其中，喜马拉雅的评分是最低的，但是喜马拉雅在这三者之中是最具综合性的有声读物平台，几乎占据了市场上70%畅销书有声版权，似乎与调查问卷的结果相违背。造成上述问题的一个重要原因在于缺少内容呈现方式即内容推荐机制，导致其即使有大量内容资源，也无法有效地推荐给用户。事实上，内容更新频率和个性化推荐得分均不算太高，也从侧面说明利用个性化推荐技术为用户提高适合其需求的内容资源，有助于提高用户服务质量。

（4）平台服务问题

有声读物平台在接受用户内容消费请求后，会利用一定策略，服务用户。但这一过程是后台完成的，用户无法直接感受到，仅能通过系统稳定性、平台使用感、声音维度等项间接加以体现。事实上，上述项的得分均不算高，均超过-0.5以上，说明这些项的用户使用体验与预期有较大差异，需要优化。如蜻蜓FM平台和荔枝FM平台的"声音和谐性"指标得分分别为-0.9和-0.85，三个平台的平台使用感以及系统稳定性得分最高依然在-0.48，最低则为-0.84，意味着三个平台的系统稳定性和使用感觉交叉，有必要优化。

（5）在线客服反馈问题

这三个平台中关于指标"意见反馈"的服务质量值分别是-0.79、-0.88、-1.04，荔枝FM平台的评分最低，说明在线客服的反应效率较低，用户无法得到及时有效的反馈。造成这个问题的原因在于客服反馈的效率和效度，一方面可能是人工智能客服的智能化水平不能达到用户群体的期望，另一方面可能是人工在线客服的反应速度较为迟钝，有时候无法针对用户的特定问题或意见进行有效的沟通，无法及时帮助用户解决问题。

第五章 基于定位技术的
用户发现及分配

作为数字阅读的延伸，有声读物依靠声音获取阅读内容，解放了读者眼睛，给读者提供极大便利。尤其在虚实交融的现代社会，智能设备普及意味着用户可以随时随地地阅读。但不同位置带来不同消费环境，使得用户心情、信息需求各不相同，意味着需要消费相应的内容。显然，准确确定用户位置是提高有声读物平台服务质量的前提。鉴于此，本章在简要介绍基于位置的应用服务基础上，系统介绍常见室内室外定位技术，然后利用上述技术发现用户定位，通过定位信息为用户选择出合适的服务节点，以便为用户提供较为合适的服务能力。

第一节 基于定位技术的应用服务

基于定位的服务是随着手机和移动互联网的发展而出现的。手机和移动互联网改变了人们生活方式，使得随时随地通过网络来获得音乐会、集会、电影等事件信息以及一些基于位置的信息如城市地图、餐馆、博物馆以及医院等等，推动基于位置的信息服务的产生。

一般来说，基于位置的信息服务是指移动设备利用其位置感知能力通过移动网络访问的信息服务。显然，基于位置的信息服务是互联网、移动设备以及空间数据库等三类技术融合而成。从历史的角度来看，基于位置信息服务并不是一个随着手机出现而出现的新事物。事实上，最初位置类信息由人与人之间通过便笺或涂鸦传递消息，或者由本地为用户提供内容消费或者车辆导航的信息，如城市音乐会的海报或者交通广播等升级而来的。通常，这些信息传播是以单向的方式，而基于位置的信息服务则提供了双向交流和交互的可能。例如，用户告诉服务提供商他需要的信息、偏好和位置，便于提供商为其定制并提供其所需服务。

基于位置的信息服务和地理信息系统一样，处理的数据包含位置偏好和空间分析功能。但二者在起源和用户范围均有较大区别，地理信息系统是经过几十年发展基于专业地理数据的应用，而基于位置的信息服务则是近年来随着移动服务兴起而出现的。在使用人群方面，地理信息系统可被看作是传统的专业应用，需要大量的计算资源，用户具有一定专业经验，而基于位置的信息服务则被开发成针对广大非专业人士使用。因此，这类应用通常使用起来相对较简单，运行在移动计算环境，受低计算能力、小显示和移动设备运行时间等限制。

一般来说，为给用户提供满意的应用服务，基于位置的应用服务应包含移动终端、通信网络、定位组件、应用服务提供商和数据内容提供商等。其中，移动终端是用户获取信息的工具，如 PDA 掌上电脑、手机、笔记本电脑甚至汽车、卡车等。通常，用户通过移动设备输入其所需信息，并通过语音、音视频、图文等形式在移动终端上显示。通信网络将来自移动终端的用户数据和服务需求传输到服务提供商并将所需信息传回到终端用户。定位组件旨在提供用户定位服务，以方便应用服务的开展，包括直接利用移动通信网络的全球定位系统、WLAN 的基站、无线电信标等多种定位信息获取方式。服务和应用提供商根据用户的服务请求，向用户提供相应的应用服务，如位置计算、路径规划、根据用户兴趣点和搜索信息检索出的搜索页面。显然，由于应用服务的多样性以及海量用户，加之用户的移动性以及对应用服务接入的随机性，服务和应用提供商均不可能管理和维护所有用户所需的信息。因此，本书将地理信息数据、位置信息以及应用服务信息等数据由相应的数据和应用服务提供商来存储和维护。

移动终端、通信网络、定位组件、应用服务提供商和数据内容提供商等元素共同组成完成基于位置的各类应用服务。事实上，基于定位的服务广泛应用在人们的社会生活的各个方面如导航、定位、信息获取（如住宿、饮食甚至于广告）、城市管理和应急救援等等。基于位置的应用服务最显著应用就是紧急救援服务，它能获得哪些受伤、被困而无法识别或者分清其自身位置人的准确位置。比如自驾者往往在车辆出事时不能准确判断出其自身位置，造成救援困难。利用基于定位的服务，其位置信息能被快速传输到救援部门，有利于救援部门提供高效快捷的救援服务，提高救援的成功率。

第二节　室内室外定位技术

上节表明基于定位的服务包括移动终端、通信网络、定位组件、应用服务提供商和数据内容提供商等基本组成要素，用以接收用户信息需求并提供相应的信息服务。本节将在系统介绍基于定位的应用服务请求处理过程上，简要介绍常见的室内室外定位技术。

一、基于位置的应用服务请求处理

前文介绍基于定位的服务技术包括移动终端、通信网络、定位技术以及各种类型的服务和数据。假设用户想要进餐，通过移动终端搜寻就餐服务，则基于定位的服务请求处理过程可如图 5-1 所示。

在图 5-1 中，用户首先通过移动终端输入其需求，如在移动终端上选择合适的应用，开启定位功能，搜索就餐类型如餐馆。

如果应用服务被激活，定位服务将根据实际情况利用相应的技术如终端自带的全球定位系统或者其他网络定位技术来获取到移动终端的准确位置。然后，移动终端通过通信网络的网关向应用服务上发送信息请求，包括其所期待获取的信息以及其定位信息。

网关获得移动终端发送的信息服务请求，根据应用服务提供商的互联网地址，将该地址作为目的地址连同信息服务请求打包发送到互联网上。当然，网关也将移动终端的相关信息存储在本地。

应用服务的服务器接收到服务请求后，解包，读取服务请求，然后激活

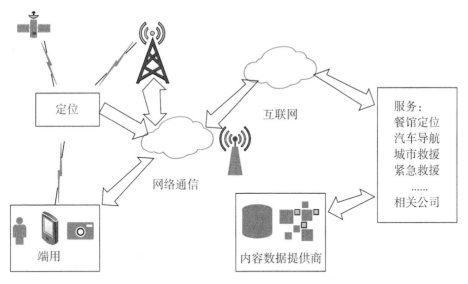

图 5-1　基于位置的应用服务请求处理过程框图

相关服务，如空间搜索功能。

　　根据服务请求信息，确定除用户定位和标准搜索所需信息之外的哪些信息可以用于响应用户需求，如需要特定区域的餐馆的地理位置信息及菜系、特色菜，价位及评价等相关信息。

　　随后，服务检查相关餐馆与用户的可达性信息，如道路连同情况。有时候直线聚类很近但不见得可达性很好，如没有桥的河对岸的餐馆，可达性就很差。

　　一旦获得服务所需的所有信息，服务将利用相关技术进行空间和路径查询，并以此为标准获得推荐餐馆。随后，服务计算用户到餐馆的距离，并将计算结果通过互联网、网关以及移动设备返回给用户，供用户消费。

　　最后，这些餐馆的信息将根据应用的需求，以文本形式或者在地图上显示给用户。如果用户需要询问关于餐馆更多信息如价格、菜品等，相关服务将被启用，并通过上述过程相应用户请求，最后获得结果用用户选择其所需的餐馆。

二、无线移动网络

上节基于定位的服务请求处理过程显示，无线通信网络将通过移动终端输入的用户数据和服务请求信息传输到服务提供商，并将服务信息返回到用户。此外，无线移动网络还在部分场景下可以利用网络获得用户定位。一般来说，无线网络包含其范围和拓扑两层含义。网络范围表明了该网络的类型、目的和无线电波长的物理限制，如本地区域、个人区域以及广域等。拓扑则表明该网络的物理架构，如星型、总线型等等。接下来本书将以范围为标准对无线网络进行分类，并将其划分为无线广域网（Wireless Wide Area Networks，简称 WWAN），如全球移动通信系统（Global System for Mobile Communications，简称 GSM）和通用移动通信系统（Universal Mobile Telecommunications System，简称 UMTS），无线局域网（Wireless Local Area Networks，简称 WLAN），如 IEEE802.11 和无线个人网络（Wireless Personal Area Networks，简称 WPAN），如基于蓝牙构建的网络。

通常，无线广域网和无线局域网都由移动终端和传输接收器（基站）组成。以无线广域网为例，基站构建无线广域网的骨干网络，移动终端连接到该骨干网上，如图 5-2 所示。由于骨干网上每个基站都有其覆盖范围，称之为 cell。通常无线广域网 cell 的覆盖范围从 100 米到 35 公里不等，且存在部分重合。此外，不同类型无线广域网基站使用的频带互不相同且不重叠，通信服务提供商还需购买这些频带的使用许可，即一个通信提供商获得该频宽的使用许可，其他通信提供商就不能使用该频宽。当然，随着技术发展，无线广域网络核心功能和信息传输效率包括定位能力也随之变化。第一代无线广域网络为模拟网络，旨在完成话音通信，其数据传输速率仅为 4.8kbps。第二代无线广域网络 GSM 和 GPRS 旨在传输数字话音，以稍高数据率传输信息（GSM 为 9.6—14kbps，GPRS 为 20—115kbps）。2G 网络虽然能够满足话音通信，但无法满足多媒体应用。为此，3G 无线广域网随之产生。3G 无线广域网采用宽带传输信息，其数据传输率达到 2Mbps，大大提高了信息传输效率。随后，4G、5G 无线广域网络进一步提升了无线广域网络的信息传输能力，不仅提高了移动终端的信息传输能力，还扩展了无线广域网的应用范围，提高了无线广域网对终端设备的定位能力。

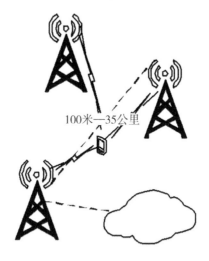

100米—35公里

图 5-2　无线广域网结构

　　与无线广域网络相比，无线局域网覆盖范围要小很多，从 10 米到 150 米，在室外最远可达 300 米，如图 5-3 所示。此外，无线局域网不需要购买带宽使用许可，其数据传输速率高达 100Mbps。作为计算机局域网的延伸，无线局域网从设计之初便用于数据传输。无线局域网利用具有简单架构的接入点（AP）来取代无线广域网的基站。当然，还可以将移动基站彼此间直接通过 ad hoc 模式进行互联，构成无线局域网。

　　在三种无线网络中，无线个人网络覆盖范围最小，目前仅提供不超过 10 米无线设备连接，如数码相机或者无线耳机等。与无线局域网相似，无线个人网络也不需购买通信频带的使用许可，其数据传输速率大约在 0.5 米左右。无线个人网络的设备之间利用蓝牙标准进行的连接，因此可以根据使用需求，随时加入和退出。而且，与无线局域网相比，无线个人网络的安全性相对较高，且支持话音控制，进一步提高了无线个人网络使用的便捷性。

　　对比上述三种无线网络，可以发现无线局域网和无线个人网络更适合高

图 5-3　无线局域网结构图

品质室内信息服务，如商场无人导购或者博物馆的自主导游服务。与之相反，无线广域网适应于一些大范围的定位服务，如车队管理、安全和远程信息处理等。

三、常见室内室外定位技术

在用户定位过程中，由于现实环境的多样性，加之需求各异，导致可采用的定位技术也不尽相同。总体来说，定位可以按照使用场景的不同划分为室内定位和室外定位两大类。目前应用于室外定位的主流技术主要有卫星定位和基站定位两种。卫星定位即是通过接收卫星提供的经纬度坐标信号来进行定位，包括美国全球定位系统（Global Positioning System，简称 GPS）、俄罗斯格洛纳斯（GLOBAL NAVIGATION SATELLITE SYSTEM，简称 GLONAS）、欧洲伽利略系统（Galileo satellite navigation system，简称 GALILE-O）、中国北斗卫星导航系统（BeiDou Navigation Satellite System，简称 BDS）。其中，美国全球定位系统是现阶段应用最为广泛、技术最为成熟的卫星定位技术。美国全球定位系统由空间部分、地面控制部分、用户设备部分三部分组成。空间部分是由 24 颗均匀分布在 6 个轨道面上的工作卫星组成（每个轨道面 4 颗）。这种分布使得在全球任何地方、任何时间都可观测到 4 颗以上的卫星，以保持良好定位解算精度的几何图像。控制部分则主要由监测站、主控站、备用主控站、信息注入站构成，主要负责全球定位系卫星阵的管理控制。用户设备部分主要指接收机，用来接收 GPS 卫星发射的信号，获得定位信息和观测量，实现定位。

GPS 定位系统利用四颗已知位置的卫星和卫星到 GPS 接收器的通信距离确定接收器的位置。其中，卫星的位置可利用星载时钟所记录的时间，然后通过查找卫星星历获得。接收器到卫星的距离则通过记录卫星信号传播到接收器所经历的时间乘以光速得到。当 GPS 卫星正常工作时，会不断地发射导航电文。导航电文包括卫星星历、工作状况、时钟改正、电离层时延修正、大气折射修正等信息。然而，用户接收机使用的时钟与卫星星载时钟难以随时同步，从而引起时钟误差，为此，系统除了用户三维坐标 x、y、z 外，还引入卫星与接收机之间的时间差变量 t，并用图 5-4 的 4 个方程求解上述四个变量，实现用户定位。显然，全球卫星定位精度高、覆盖广，但其成本也昂贵，功耗大使得其并不适合所有用户，限制了其进一步推广。

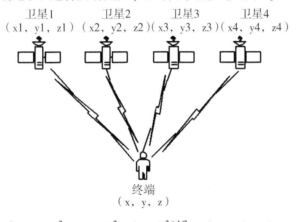

$$[(x1-x)^2+(y1-y)^2+(z1-z)^2]^{1/2}+c(v_{t1}-v_{ta})=d_1$$

$$[(x2-x)^2+(y2-y)^2+(z2-z)^2]^{1/2}+c(v_{t2}-v_{ta})=d_2$$

$$[(x3-x)^2+(y3-y)^2+(z3-z)^2]^{1/2}+c(v_{t3}-v_{ta})=d_3$$

$$[(x4-x)^2+(y4-y)^2+(z4-z)^2]^{1/2}+c(v_{t4}-v_{ta})=d_4$$

图 5-4　GPS 卫星定位原理

　　与卫星定位不同，基站定位一般应用于手机用户，通过电信移动运营商的网络（如 GSM 网）获取移动终端用户的位置信息。通常，手机等移动设备会主动搜索周围的基站信息以便与基站建立联系，而且能够连接上的基站不止一个，只是距离不同而已。此时，移动设备通信时会选取距离最近、信号最强的基站作为其通信基站。但终端的运动性意味着随着终端位置的变化，其与不同基站连接的信号强弱也会发生变化。为确保移动过程中通信的稳定性，终端通常会与多个基站同时维持联系以协调其通信基站的选择。基站这种基于信号强弱反映其与终端距离远近的特点很自地可以用来对终端进行定位。由于移动基站位置固定且预先知道，当终端同时搜索到至少三个基站的信号时，根据三点定位原理，以基站为圆心，终端与该基站距离为半径画圆，三个圆的交点即为终端位置，如图 5-5 所示。

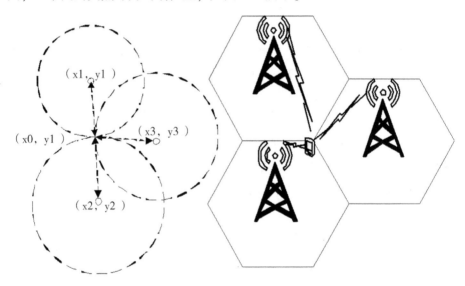

图 5-5　基站"三点定位"原理

　　显然，与卫星定位相比，基站定位简单方便且成本低。但这种定位容易受信号干扰的影响，导致其准确性差，难以应用于高精度定位服务。此外，基站定位的条件是至少三个能够连接上的基站，导致其难以应用在基站覆盖不完整的偏远地区。

卫星定位和基站定位技术基本满足了用户在室外场景中对位置服务的需求。但受到建筑物的遮挡，定位信号快速衰减，甚至完全拒止，无法提供室内场景定位需求。但随着信息技术发展，越来越多应用服务需要对用户进行定位，如大型商场中的商户能够通过室内定位技术获知哪些地方人流量最大，客人们通常会选择哪些行动路线等，从而更科学地布置柜台或者选择举办促销活动的地点。客人也可以利用室内定位技术更方便地找到所需购买物品的摆放区域，并获得前往该处的最佳路线。此外，为了防止孩子走失，需要定位技术实时确定其位置。又如，通过部署室内定位技术，电信运营商能够更好地找到室内覆盖的"盲点"和"热点"区域，优化其室内用户通信服务。

与室外定位相比，室内环境复杂、动态性、多样性强，环境更精细，不同应用所需精度各不相同，给室内定位带来众多独特的挑战。例如在超市或仓库找一个特定的商品可能需要1米甚至更低的精度，但在购物中心寻找一个特定的品牌或餐馆，5—10米的精度就能满足要求。又如商场的设置和隔断会经常发生变化，导致其环境发生变化，而且有些商场会架设自己的Wi-Fi热点，这些设施会经常变化位置，甚至时开时关，导致定位技术和定位度发生变化。因此，室内定位一般需要综合考虑其精度、可靠性、覆盖范围、成本和复杂度、功耗、可扩展性和响应时间等因素，结合实际应用需要来选响应技术。

目前室内定位常用的定位方法，从原理上主要分为七种：邻近探测法、质心定位法、多边定位法、三角定位法、极点法、指纹定位法和航位推算法。

临近探测法通过一些有范围限制的物理信号的接收，从而判断移动设备是否出现在某一个发射点附近。该方法布设成本低、易于搭建，能提供大概的定位信息，适合于一些对定位精度要求不高的应用，如公司员工签到。质心定位法根据移动设备可接收信号范围内所有已知的信标（beacon）位置，计算其质心坐标并将该坐标作为移动设备的坐标。该方法易于理解，计算量小，定位精度取决于信标的布设密度。多边定位法通过测量待测目标到已知参考点之间的距离，从而确定待测目标的位置，定位法精度高、应用广。三角定位法是利用三角形的稳定性来定位的，即在获取待测目标相对 2 个已知参考点的角度后结合两参考点间的距离信息，通过三固定点确定唯一三角形的方式来确定待测目标的位置，具有精度高、应用广的特点。极点法通过测量相对某一已知参考点的距离和角度从而确定待测点的位置。该方法仅需已知一个参考点的位置坐标，因此使用非常方便，已经在大地测量中得到广泛应用。指纹定位法在定位空间中建立指纹数据库，通过将实际信息与数据库中的参数进行对比来实现定位。该方法几乎不需要参考测量点且定位精度相对较高，但是前期建立指纹库的工作量巨大，同时很难以适用于环境变化较大的场景。航位推算法是在已知上一位置的基础上，通过计算或已知的运动速度和时间计算得到当前的位置，具有数据稳定、无依赖的特点。但该方法存在累积误差，定位精度随着时间增加而恶化。

上述定位方法显示，与室外定位相似，首先需要通过给定方式获得定位目标的观测量，然后利用相应的观测量提取算法所需的信息，最终获得目标位置信息。目前的观测量有时间和角度两类，形成基于时间的定位和基于幅度的定位两类定位技术。

基于到达时间的定位（Time of Arrival，简称 TOA）主要测量信号在基站和移动台之间的单程传播时间或来回传播时间。由于电磁信号以光速传输，传输速度固定，当知道其发送信号和接收信号的时间差，传输距离即可计算出。但光速太快，约 30 万公里/秒，意味着要求基站与移动台间的时钟同步。在此基础上，形成了基于到达差分时间的定位（Time Difference of Arrival，简称 TDOA）和基于增强观测时差定位（Enhanced Observed Time Difference，简称（E-OTD）两种更为常用的定位技术。与 TOA 定位相似，这两种定位技术依然测量到达时间，但根据双曲线交点可确定位置，利用到达时间差进行定位计算，避免对基站和移动台的精确同步。TDOA 至少需要三个已知坐标位置的基站，通过获取不同基站之间的信号传送时间差来定位。

AOA 测量技术则是指接收机通过天线阵列测出电磁波的入射角度，包括测量基站信号到终端的角度或者终端信号到达基站的角度，以产生从基站到终端的方向线。2 个基站可以得到 2 条方向线，其交点即为终端位置。因此，

AOA 方法只需要 2 个基站即可确定终端位置。

根据前文介绍的定位原理和观测量，衍生出了多种室内定位技术，下面将对主流的室内定位技术进行简要介绍，如图 5-6 所示。

（1）Wi-Fi 定位技术。目前 Wi-Fi 是相对成熟且应用较多的技术，广泛应用于不同场景的室内定位。Wi-Fi 定位一般采用"近邻法"判断，即最靠近哪个热点或基站，即认为处在什么位置，如附近有多个信源，则可以通过交叉定位（三角定位），提高定位精度。由于 Wi-Fi 已普及，因此不需要再铺设专门的设备用于定位。用户在使用智能手机时开启过 Wi-Fi、移动蜂窝网络，就可能成为数据源。此外，该技术具有便于扩展、可自动更新数据、成本低的优势。但 Wi-Fi 热点受到周围环境的影响会比较大，精度较低。目前，Wi-Fi 定位可实现复杂的大范围定位，但无法做到精准定位，适用于对人或者车的定位导航，可用于医疗机构、主题公园、工厂、商场等各种需要定位导航的场合。

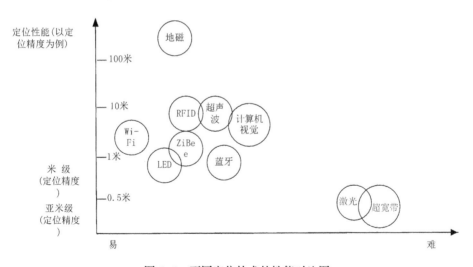

图 5-6 不同定位技术的性能对比图

（2）RFID 定位。RFID 定位是通过一组固定的阅读器读取目标 RFID 标签的特征信息（如身份 ID、接收信号强度等），同样可以采用近邻法、多边定位法、接收信号强度等方法确定标签所在位置。这种技术可以在几毫秒内得到厘米级定位精度的信息，且传输范围很大，成本较低，同时还有非接触和非视距等优点，但其作用距离短，一般最长为几十米。目前，射频识别研究的热点和难点在于理论传播模型的建立、用户的安全隐私和国际标准化等问题，主要体现在其作用距离近，不具有通信能力，而且不便于整合到其他系统之中，布设读卡器和天线需要有大量的工程实践经验。

（3）红外技术。红外线是一种波长在无线电波和可见光波之间的电磁波。红外定位主要有两种具体实现方法：一种是在终端附上一个发射红外线的电子标签，然后通过多个红外传感器测量信号源的距离或角度，计算出其所在位置。这种方法在空旷的室内容易实现较高精度，但红外容易被障碍物遮挡，传输距离短，需要密集部署大量传感器，造成高硬件和施工成本。该技术目前主要用于军事上对飞行器、坦克、导弹等红外辐射源的被动定位，也用于室内移动目标的定位。另一种红外定位的方法是红外织网，即利用多对发射器和接收器织成红外线网，直接对运动目标进行定位。这种方式的优势在于不需要定位对象携带任何终端或标签，隐蔽性强，但要实现高精度定位需要部署大量红外接收器和发射器，成本非常高。

（4）超声波技术。超声波定位多采用反射式测距法。系统由一个主测距器和若干个电子标签组成，主测距器可放置于移动机器人上，各个电子标签放置于室内空间的固定位置。定位时，先由上位机发送同频率的信号给各个电子标签，电子标签接收到后又反射传输给主测距器，然后计算各个电子标签到主测距器间的距离，并得到定位坐标。目前，比较流行的基于超声波室内定位的技术有将超声波与射频技术结合进行定位和多超声波定位两种。前者由于射频信号传输速率接近光速，可以利用射频信号先激活电子标签而后使其接收超声波信号，并利用时间差的方法测距。后者是全局定位，在4个朝向安装4个超声波传感器，然后将待定位空间分区，由超声波传感器测距形成坐标。总的来说，超声波定位精度可达厘米级，精度比较高。缺陷是超声波在传输过程中衰减明显从而影响其定位有效范围。

（5）蓝牙技术。蓝牙定位基于信号场强指示（Received Signal Strength

Indication，简称 RSSI）定位原理。根据定位端的不同，蓝牙定位方式分为网络侧定位和终端侧定位。网络侧定位主要用于人员跟踪定位，资产定位及客流分析等情境，由终端、蓝牙信标（beacon）节点、蓝牙网关、无线局域网及后端数据服务器构成。定位时，首先在区域内铺设信标和蓝牙网关。当终端进入信标信号覆盖范围，获得信标的广播信号，并测算出在某信标下的信号场强指示值，再通过蓝牙网关传送到后端数据服务器，通过服务器内置的定位算法测算出终端的具体位置。终端侧定位用于室内定位导航，精准位置营销等用户终端，由终端设备和信标组成。定位时，蓝牙信标不断地向周围广播信号和数据包，当终端设备进入信标信号覆盖的范围，测出其在不同基站下的信号场强指示值，然后再通过手机内置的定位算法测算出具体位置。蓝牙定位的优势在于实现简单，定位精度和蓝牙信标的铺设密度及发射功率有密切关系。并且非常省电，可通过深度睡眠、免连接、协议简单等方式达到省电目的。

（6）惯性导航技术。惯性导航技术主要利用终端惯性传感器采集的运动数据，如加速度传感器、陀螺仪等测量物体的速度、方向、加速度等信息，基于航位推测法，经过各种运算得到物体的位置信息。它是一种纯客户端的技术，随着行走时间增加，惯性导航定位的误差也在不断累积，需要外界更高精度的数据源对其进行校准。目前惯性导航一般和 Wi-Fi 指纹结合在一起，周期性通过 Wi-Fi 请求室内位置，以此对产生的误差进行修正，是一种较为成熟的商用定位技术。

（7）超宽带（UWB）定位技术。超宽带技术不需要使用传统通信体制中的载波，而是通过发送和接收具有纳秒或微秒级以下的极窄脉冲来传输数据，具有传输速率高，发射功率较低，穿透能力较强并且是基于极窄脉冲的无线技术，无载波等优点，在无线室内定位领域具有良好的前景。超宽带定位技术利用事先布置好的已知位置的锚节点和桥节点，与新加入的盲节点进行通信，并利用三角定位或者指纹定位方式来确定位置。超宽带可用于室内精确定位，例如战场士兵的位置发现、机器人运动跟踪等。超宽带系统与传统的窄带系统相比，具有穿透力强、功耗低、抗干扰效果好、安全性高、系统复杂度低、能提供精确定位精度等优点。因此，超宽带技术可以应用于室内静止或者移动物体以及人的定位跟踪与导航，且能提供十分精确的定位精度，可达到 0.1—0.5 米。

（8）可见光技术。可见光定位通过对每个 LED 灯进行编码，将 ID 调制在灯光上，灯会不断发射自己的 ID。定位时，利用所获取的识别信息在地图数据库中确定对应的位置信息，完成定位。这种定位技术不需要额外部署基础设施，可获得高精度定位，是一种极具前景的新型定位方式。目前，可见光技术在北美有很多商场已经在部署。用户下载应用后，到达商场里的某一个货架，通过检测货架周围的灯光即可知晓具体位置，商家在通过这样的方法向消费者推动商品的折扣等信息。

此外，还有地磁定位技术和视觉定位等技术。前者是利用非均匀的磁场环境会因其路径不同产生不同的磁场观测结果进行的定位导航。后者包括通过移动的传感器（如摄像头）采集图像确定该传感器的位置和固定位置的传感器确定图像中待测目标的位置两种方式。

第三节　基于定位技术的用户发现

本节在基于前节介绍的各类定位类型和定位技术，针对当前不同定位类型存在的挑战，分别介绍一种基于扩展卡尔曼滤波的 GPS 复杂环境定位和基于改进卡尔曼—粒子滤波的室内用户定位技术。

一、基于扩展卡尔曼滤波的 GPS 复杂环境定位

目前的室外定位技术已经很成熟，主要有卫星定位和基站定位两类。基站定位是通过通信网络的基站获取移动终端用户的位置信息。用户开启定位服务后，将会搜索附近的基站。当收到的基站大于等于 3 个，利用三点定位即可获得终端位置。这种定位虽然简单方便、能耗小，定位精度不高，且受基站覆盖的影响，难以完成基站无法覆盖到或者地形复杂的地方的定位。卫星定位通过三颗卫星的数据进行定位，并利用第四颗卫星数据进行矫正，以

获得高定位精度。虽然卫星定位成本较高，但其覆盖范围广，适应性好和定位准确，广泛应用各种复杂环境下的定位应用。鉴于此，本节采用卫星定位技术，以目前应用最为普遍的 GPS 为例，介绍一种基于扩展卡尔曼滤波的 GPS 复杂环境定位。

（一）扩展卡尔曼滤波器

复杂的环境意味着测量醒好受众多因素干扰，导致其定位变得更为复杂。直观想法是将复杂的原始问题映射到合适的空间，从而将复杂问题简单化。扩展卡尔曼滤波器采用这一方法来实现复杂环境的定位，可以应用在非线性环境下。设想一个由非线性状态核线性测量组成的非线性平面：

$$s(n) = a(n-1)s(n-1)+p(n-1) \tag{5-1}$$

$$m(n) = B(n)s(n)+q(n) \tag{5-2}$$

其中，$s(n)$ 为 i 维状态矢量，$m(n)$ 为在 n 时刻的 j 维测量矢量，α 为非线性系统函数，B 为观测矩阵，$p(n-1)$ 为过程噪声，$q(n)$ 为测量噪声，并且满足如下条件：

$$E[p(n-1)]p^T(n-1) = p(n-1)E[q(n)]q^T(n)] = Q(n) \tag{5-3}$$

对于状态测量方程（1），其均值和协方差可表示如下：

$$\hat{s}(n|n-1) = \alpha(n-1)\hat{s}(n-1|n-1) \tag{5-4}$$

$$C(n|n-1) = A(n-1)C(m-1|n-1)A^T(n-1)+p(n-1) \tag{5-5}$$

其中，A 为 α 的 Jacobian 矩阵，可描述为：$A(n-1) = \dfrac{\partial\alpha(n-1),\ \hat{s}(n-1|n-1)}{\partial s}\hat{s}\overline{(n-1|n-1)}$

此时，扩展卡尔曼滤波的增益可描述为：

$$N(n) = C(n|n-1)B^T(n)(B(n)C(m|n-1)B^T(n)+Q(n))^{-1} \tag{5-6}$$

新状态期望状态与扩展卡尔曼滤波的增益乘积，即：

$$\hat{s}(n|n) = \hat{s}(n|n-1)+N(n)(m(n)-B(n)\hat{s}(n|n-1)) \tag{5-7}$$

此外，协方差可以用下式进行更新：

$$C(b|n) = (1=N(n))B(n)C(n|n-1)(1-N(n)B(n)+N(n)Q(n)N^T(n))^T \tag{5-8}$$

$$(x_0, y_0)$$

（二）联合熵卡尔曼滤波器

扩展卡尔曼虽然适用于高斯白噪声环境，但输出出现脉冲干扰时，其输出往往不是高斯白噪声。此外，扩展卡尔曼滤波利用最小均方误差来衡量其定位精度，难以取得较好性能。鉴于此，本节应用联合概率作为标准来改善扩展卡尔曼滤波定位，以便在非高斯噪声环境下获得更好的定位性能。为此，考虑任意两个随机变量 S 和 M，二者有联合熵函数 A_{SM}，则二者的分布函数可以描述为：

$$U(S,M) = E[n(S,M)] = \int n(s,m)\, dA_{SM}(s,m) \tag{5-9}$$

其中，E 为期望算子，$n(,)$ 为任意连续变量的核函数。在本节中，可以用高斯核来替代，则式（5-9）变为：

$$n(s,m) = J_\sigma(e) = exp\left(-\frac{e^2}{2\sigma^2}\right) \tag{5-10}$$

其中，误差为 $s-m$，σ 为核的规模。利用简单均值估计，则有

$$\hat{U}(S,M) = \frac{1}{K}\sum_{i=1}^{\infty} J_\sigma(e(i)) \tag{5-11}$$

其中，$e(i) = s(i) - m(i)$，$\{s(i), m(i)\}_{i=1}^{K}$，K 为取样样本。此时，高斯核泰勒级数可被扩展为：

$$U(S,M) = \sum_{k=0}^{\infty} \frac{(-1)^k}{2^k \sigma^{2k} k!} E[(S-M)^2] \tag{5-12}$$

此时，扩展卡尔曼滤波的线性模型可表示为：

$$\begin{bmatrix} \hat{s}(n|n-1) \\ m(n) \end{bmatrix} = \begin{bmatrix} I \\ B(n) \end{bmatrix} s(n) + u(n) \tag{5-13}$$

其中，I 为恒等矩阵，$u(n) = \begin{bmatrix} -s(n)-\hat{s}(n|n-1) \\ q(n) \end{bmatrix}$，且 $E(u(n)u^T(n)) =$

$$\begin{bmatrix} C(n|n-1) & 0 \\ 0 & Q(n) \end{bmatrix} = \begin{bmatrix} D_c(n|n-1)D_c^T(n|n-1) & 0 \\ 0 & D_q(n)D_q^T(n) \end{bmatrix} = D(n)D^T(n)$$

$$\tag{5-14}$$

$D(n)$ 为 $E(u(n)u^T(n))$ 的 cholesky 分解的矩阵形式。将 $D^{-1}(n)$ 作为乘子应用到(5-13)的两边,可得 $F(n)=V(n)s(n)+e(n)$ (5-15)

在这里,当 $e(n)$ 为白残差时,有 $E(e(n)e^T(n))=I$。故有 $F(n)=D^{-1}(n)$ $\begin{bmatrix} \hat{s}(n|n-1) \\ m(n) \end{bmatrix}$, $V(n)=D^{-1}(n)\begin{bmatrix} I \\ B(n) \end{bmatrix}$, $e(n)=D^{-1}(n)u(n)$。

此时,联合熵代价函数可描述为: $Z_L(s(n))=\dfrac{1}{L}\sum_{i=1}^{L}J_\sigma(f_i(n)-v_i(n)s(n))$

(5-16)

其中,$f_i(n)$ 为 $F(n)$ 的第 i 个元素,$v_i(n)$ 为 $V(n)$ 的第 i 列,$L=a+b$ 是 $F(n)$ 的维度。

显然,$s(n)$ 的最优估计可以用联合熵标准来确定,表述如下:

$$\hat{s}(n)=argmax_{s(n)}Z_L(s(n))=argmax_{s(n)}\sum_{i=1}^{L}J_\sigma(e_i(n)) \quad (5-17)$$

其中,$e_i(n)$ 为 $e(n)$ 的元素且 $e_i(n)=f_i(n)=v_i(n)s(n)$ (5-18)

由此,对 $Z_L(s(n))$ 求 $s(n)$ 的偏导,并令其为 0,有

$$\frac{\partial Z_L(s(n))}{\partial s(n)}=\sum_{i=1}^{L}(J_\sigma(e_i(n)v_i^T(n)(f_i(n)-v_i(n)s(n)))=0 \quad (5-19)$$

求解(5-19),有

$$s(n)=(\sum_{i=1}^{L}J_\sigma(e_i(n)v_i^T(n)v_i(n)))^{-1}\times(\sum_{i=1}^{L}J_\sigma(e_i(n)v_i^T(n)f_i(n))) \quad (5-20)$$

由于 $e_i(n)=f_i(n)-v_i(n)s(n)$,式(5-20)可重新描述为 $s(n)=g(s(n))$,且

$g(s(n))=(\sum_{i=1}^{L}J_\sigma(f_i(n)-v_i(n)s(n)v_i^T(n)v_i(n)))^{-1}\times(\sum_{i=1}^{L}J_\sigma(f_i(n)-v_i(n)s$ $(n)v_i^T(n)f_i(n))$

可得 $\hat{s}(n)_{t+1}=g(\hat{s}(n)_t)$ (5-21)

(5-21)式表明 t+1 时刻的定位是由的定位值来获取的。因此,式(5-20)可进一步描述为:

$$S(n)=(V^T(n)H(n)V(n))^{-1}V^T(n)H(n)F(n) \quad (5-22)$$

其中,$H(n)=\begin{bmatrix} H_x(n) & 0 \\ 0 & H_y(n) \end{bmatrix}$,且 $H_x(n)=diag(J_\sigma(e_1(n)),\cdots\cdots,J_\sigma(e_a$ $(n))$,$H_y(n)=diag(J_\sigma(e_{a+1}(n)),\cdots\cdots,J_\sigma(e_{a+b}(n))$

显然,式(5-22)又可以描述为 $s(n)=\hat{s}(n|n-1)+N(n)(m(n)=(n)\hat{s}(n|n-1)$

$$-1)\tag{5-23}$$

$$\left.\begin{aligned}\overline{N}(n)&=\overline{C}](n|n-1)B^{T}(n)\left(B(n)\overline{C}(n|n-1)B^{T}(n)+\overline{Q}(n)\right)^{-1}]\\\overline{C}(n|n-1)&=D_{c}(n|n-1)H_{x}^{-1}(n)D_{c}^{T}(n|n-1)\\\overline{Q}(n)&=D_{q}(n)H_{y}^{-1}(n)D_{q}^{T}(n)\end{aligned}\right\}\tag{5-24}$$

事实上, $\overline{N}(n)$ 受 $\overline{C}(n|n-1)$ 和 $\overline{Q}(n)$ 的影响,而这二者与 $H_{x}(n)$ 和 $H_{y}(n)$ 和 $s(n)$ 相关。式(5-23)依赖于 $\hat{s}(n|n-1)$,而 $\hat{s}(n|n-1)$ 可以由式(5-4)更新估计值得到。由此,可得到基于联合熵的卡尔曼滤波算法,如算法 5-1 所示。

算法 5-1 基于联合熵的扩展卡尔曼滤波

步骤 1:初始化 σ,ε ;设置初始估计与初始协方差矩阵为 $\hat{s}(n|n-1),C(n|n-1)$;假设 $n=1$;

步骤 2:预测和 $\hat{s}(n|n-1),C(n|n-1)$ 和 $D_{c}(n|n-1)$;

步骤 3:选取 $t=1$,有 $\hat{s}(n|n)_{t}=\hat{s}(n|n-1)$;

步骤 4:计算 $\hat{s}(n|n)_{t}$;

步骤 5:如果 $\dfrac{||\hat{s}(n|n)_{t}-\hat{s}(n|n)_{t-1}||}{||\hat{s}(n|n)_{t-1}||}\leq\varepsilon$,则顺序执行;否则进入步骤4;

步骤 6:将 $\hat{s}(n|n)_{t}$ 赋值为 $\hat{s}(n|n)$;

步骤 7:更新先前的协方差矩阵, $C(n|n)$;将 $n+1$ 赋值给 n ,转到步骤 2;遍历所有样本后,结束。

(三) 定位效果分析

为了验证本算法的有效性,本节将基于联合熵的卡尔曼滤波器与扩展卡尔曼滤波进行对比,并用了 1 天 2640 个样本的 GPS 数据集进行效果测试。为清楚显示不同算法的准确度,实验从所有样本中随机选择 10 个样本,记录其与真实位置的定位误差,如表 5-1 所示。

表 5-1　不同定位技术误差（米）

GPS 测量时间	东向		北向		高度	
	EKF	CCKF	EKF	CCKF	EKF	CCKF
13.5297	25.75	19.11	25.09	6.7	19.26	3.87
13.5381	26.39	19.66	25.10	7.38	18.59	3.11
13.5464	25.39	19.27	25.11	6.38	19.58	3.88
13.5547	26.28	19.39	24.60	5.38	20.58	4.80
13.5631	25.28	19.61	24.78	4.38	21.58	3.63
13.5714	26.20	18.76	25.42	8.93	17.19	4.09
13.5797	25.20	18.76	25.42	7.93	18.19	4.09
13.5881	26.74	18.76	25.42	6.93	19.19	4.09
13.5964	25.74	20.71	23.82	5.93	20.19	4.80
13.6047	26.32	20.00	23.97	7.71	18.40	4.20

表 5-1 显示，与扩展卡尔曼滤波相比，本节采用的算法定位精度在三个维度上均有提升，最高提升出现在高度上，达 17.59 米，最小的提升出现在东向上，也有 5.03 米。表 5-1 利用 10 个样本点直观显示了不同滤波算法的准确度，为了全面完整地证实本节算法的有效性，实验对所有样本进行处理，并统计了 EKF 和 CCKF 二者在三个方向的统计误差测度，如表 5-2 所示。

表 5-2　不同定位技术的测量误差概率值（米）

误差统计	东向偏离		北向偏离		高度偏离	
	EKF	CCKF	EKF	CCKF	EKF	CCKF
均值	23.88	24.1	19.8	15.33	17.78	4.28
标准偏离	8.28	6.54	7.19	8.17	6.85	2.93
方差	68.55	42.79	51.74	66.72	46.92	8.59
最大误差	41.49	54.64	44.06	38.51	75	18.71
最小误差	0.24	8.19	0.03	0.34	0.00	0.00

表 5-2 显示，本节的 CCKF 在准确度和定位精度两方面，均优于扩展卡尔曼滤波器的定位精度和准确度。如表 5-2 所示，CCFK 在定位偏差的均值上相较 EKF 而言，在东向、北向以及上方的提升分别为 0.22 米、4.65 米和 3.54 米，而在定位偏差的均方而言，在东向、北向以及上方的提升分别为

25.76米、14.98米和38.33米。

除了统计误差测度来衡量测量误差之外，本节还利用统计准确性测度来衡量定位的准确性，即通过计算 2-D 和 3-D 测量的准确度来进行衡量，如表5-3 所示。

表5-3　统计准确性度量

统计准确性度量		EKF（米）	CCKF（米）
2-D	DRMS（65%）	10.97	10.46
	2DRMS（95%）	21.93	20.93
	CEP（50%）	9.09	8.73
3-D	SEP（50%）	11.38	9.00
	MRSE（61%）	12.93	10.87
	SAS（99%）	25.04	19.79

从表5-3可以看出，50%的 EKF 水平方向定位误差在9.09米以内，50% 3-D 定位误差在11.38米以内。而 CCKF 的这些值分别为8.73米和9.00米。表5-3还显示，CCKF 在 CEP 和 SEP 两个参数方面相对 EKF 的改进在1米到2米的范围，有所改进，但效果不算明显。

二、基于改进卡尔曼—粒子滤波的室内用户定位

前面介绍了一种基于联合熵卡尔曼滤波的室外复杂环境定位方法，本小节将关注室内定位，提出一种基于改进型卡尔曼—粒子滤波算法，以优化室内超宽带定位的精度。

（一）粒子滤波算法

粒子滤波算法是基于蒙特卡洛思想和递推贝叶斯估计的统计滤波方法，它将系统随机变量的概率密度函数用一组离散的随机采样点近似，以样本均值代替积分运算，来获得状态的最小方差估计。在粒子滤波中，后验分布的样本叫作粒子，表述为 $X_t = x_{t-1}^{(1)}, x_{t-1}^{(2)}, \cdots x_{t-1}^{(N)}$。由于粒子滤波使用粒子集 X_t 来近似其置信度 $bel(x_t)$，因此不受线性、高斯的影响。理想情况下，状态

假设含在粒子集中的可能性与其贝叶斯滤波的后验 $bel\ (x_t)$ 成比例，即

$x_i^{(N)} \sim p\ (x_t \mid z_{1:t},\ u_{2:t})$。

通常，粒子滤波用粒子的均值来代替积分运算，从而获得最小的方差估计。此时，从提议分布 $q\ (x)$ 中抽取其样本$\{X_t^{(i)}\}_{i=1}^{N}$，即 $x^{(i)} \sim q\ (x)$，粒子均值可描述为：$E\ [f\ (x)\ ] = \smallint f\ (x)\ p\ (x)\ dx = \smallint f\ (x)\ \dfrac{p\ (x)}{q\ (x)} q\ (x)\ dx \approx$

$$\frac{1}{N} \sum_{i=1}^{N} f\ (x^{(i)})\ \frac{px^{(i)}}{qx^{(i)}} = \sum_{i=1}^{N} f\ (x^{(i)})^{W^{(i)}} \tag{5-26}$$

其中，$W^{(i)}$ 是指权重。由贝叶斯公式可得 $bel\ (x_t) = p\ (x_t \mid z_{1:t})$。此时，$W^{(i)} = \dfrac{p\ (x_t^{(i)} \mid z_{1:t})}{q\ (x_t^{(i)} \mid z_{1:t})}$ 显然，$W^{(i)}$ 不是递归形式，进一步化为递归形式，即为：

$$W_t^{(i)} \propto \frac{p\ (z_t \mid x_t)\ p\ (x_t \mid x\ t-1)}{q\ (x_t \mid x_{t-1},\ z_{1:t})} W_{t-1}^{(i)} \tag{5-27}$$

一般来说，提议分布 $q\ (x)$ 选择 $q\ (x) = p\ (x_t^{(i)} \mid x_{t-1}^{(i)})$，即选择 x_t 的状态转移概率。因此，$x_t^{(i)} \sim q\ (x)\ \sim p\ (x_t^{(i)} \mid x_{t-1}^{(i)}$。此时，式（5-27）中权重变为 $W_t^{(i)} \propto p\ (z_t \mid x_t^{(i)})\ W_{t-1}^{(i)}$。

将权值进行归一化之后，状态输出为：

$$x_t = \sum_{i=1}^{N} W_t^{(i)} x_t^{(i)} \tag{5-28}$$

（二）天牛须算法

天牛须算法是一种模仿天牛通过触角来觅食方式来解决优化和最佳搜索问题的智能优化算法，具有搜索效率高且环境适应性好的特点。其生物原理为当天牛觅食时，不需要准确知道食物在哪里，只需通过两边的触角来侦测食物气味的强弱。如果左边触角收到的气味强度比右边大，那下一步天牛就往左飞，否则就往右飞。天牛通过这种方式持续向食物靠近，直至找到食物。为此，假设是指第个粒子在时刻质心的位置，在处对应的适应度函数设为，其最大值对应着气味源的位置。根据天牛的觅食行为，天牛须算法首先需要建立天牛须朝向的随机向量，来描述天牛到下一位置时，自身触角的朝向。

$$\vec{b} = \frac{rnd\ (k,\ 1)}{|\ |\ rnd\ (k,\ 1)\ |\ |} \tag{5-29}$$

式（5-29）中，rnd（·）表示一个随机函数，k 表示空间维度。此时，天牛左、右须的坐标分别为：

$$x_r^{(i)} = x_t^{(i)} - d_0 \vec{b}/2$$

$$x_l^{(i)} = x_t^{(i)} + d_0 \vec{b}/2,\ t = 0,\ 1,\ 2,\ 3 \cdots\cdots n \tag{5-30}$$

式（5-30）$x_r^{(i)}$ 中表示天牛右须的坐标，$x_l^{(i)}$ 表示天牛左须的坐标，d_0 表示左、右须之间的距离。

随后，算法开始搜索目标位置。仿照天牛觅食时是逐步靠近食物的现象，搜索行为利用迭代模型加以描述：

$$x_t^{(i)} = x_{t-1}^{(i)} + \delta^t \vec{b} sign\ [f\ (x_r^{(i)} - x_l^{(i)})] \tag{5-31}$$

式（5-31）中 δ^t 表示步长因子，其初始值应该和搜索区域相同，$sign$（·）表示阶跃函数。

重复上述两步，即可逐渐逼近目标并最终找到目标。

（三）融合天牛须算法和粒子滤波

传统的粒子滤波算法的重采样过程通过不断复制大权重的粒子，删除小权值的粒子，这样会导致粒子匮乏现象。本书将天牛须算法融入到粒子滤波算法中，来改善采样过程。为此，本书在计算天牛的适应度值时利用了最新的观测值。本节，适应度函数可定义为：

$$f\ (x_t^{(i)})\ = exp\left[-\frac{(z_t - x_t^{pred})^2}{2R}\right] \tag{5-32}$$

式（5-32）中，R 为测量噪声方差，z_t 为最新观测值，x_t^{pred} 为粒子预测值。

在标准的粒子滤波过程中，根据每个粒子的位置及设定的适应度函数 $f\ (x_t^{(i)})$ 计算出 N 个粒子的适应度值，然后采用天牛须算法对粒子分布进行优化，粒子不断向适应度高的地方集合，使得粒子能够分布在真实状态附近。当粒子群的最优值达到了设定的阈值时，停止优化。通过上述优化，可以使粒子群集中在高似然区域，从而解决粒子贫乏问题。但由于粒子可能会随机分布在最优值附近，无法保证粒子的多样性，因此，本书设定变异概率 P，并对变异粒子增加了柯西扰动，以增强粒子多样性。本节的柯西扰动描述如下。

$$x_i = x_{best}(1+0.02tan(0.5rand(1,1)-0.25)\pi) \qquad (5-33)$$

式（5-33）中 x_{best} 是指需要进行变异的粒子位置，x_i 是指柯西变异之后的粒子位置。进行变异操作之后一定程度上减少了粒子陷入局部最优的情况，增加了粒子的多样性。综合上述改进并将天牛须算法融入到粒子滤波中，得到基于改进型天牛须-粒子滤波算法，如算法 5-2 所示。

算法 5-2　基于改进型的天牛须-粒子滤波算法

输入：上一时刻算法输出的状态值 x_t，上一时刻的观测值 z_t

输出：当前时刻预测的状态值 x_{t+1}^{pred}，作为下一时刻的输入

1. for i=1 in 粒子数目

2. 对 $x_t^{(i)}$ 的状态值进行预测，获得 $x_t^{(i)pred}$

3. 初始化天牛须算法的源点，利用适应度函数公式 $f(x_t^{(i)})$ 计算出左右须的适应度，比较选取较高的方向，并向其移动步长为 $sstep$

4. 如果当前天牛的位置与最高适应度位置的差达到了设定阈值，停止寻优，否则达到迭代次数停止寻优

5. 对在变异概率 P 的粒子，进行柯西变异扰动操作，更新他们的位置

6. end for

7. 归一化权值，并进行重采样后输出当前时刻状态

（四）定位效果分析

本节利用仿真实验，通过对比本书提出的滤波算法（PF-BAS 定位）、粒子滤波算法（PF 定位）以及传统卡尔曼滤波算法（Kalman 定位）对应的定位性能，以验证本书提出的算法的效果。在实验中，过程模型为 $x_k = x_{k-1}+d$ $\begin{bmatrix} sin(\frac{\theta_t}{180}\pi) \\ cos(\frac{\theta_t}{180}\pi) \end{bmatrix}$。其中，$x_k = \begin{bmatrix} s_x(k) \\ s_y(k) \end{bmatrix}$，第 i 个观测站 (x_i, y_i) 与目标间的距

离为 $d(k) = \sqrt{(s_x(k) - x_i) + (s_y(k) - y_i)^2} + \mu(k)$。因此，观测方程可描述为：$z(k) = h(x(k)) + \mu(k)$，$h$ 函数满足 $h(X(k)) = \sqrt{(s_x(k) - x_i)^2 + (s_y(k) - y_i)^2}$，$\mu(k)$ 为零均值的高斯观测噪声，方差为 $R = 0.01\text{m/s}^2$。同时，假定观测点分别位于方形区域的四个顶点上，即 (50m，50m)，(50m，-50m)，(-50m，-50m) 和 (-50m，50m)，采样的测距时间间隔 $T_0 = 1$s，总采样时间为 180s，步长为 0.7m，步长方差为 0.07m，行走的方向角为 45°，方向角方差为 0.7°。天牛须算法的迭代次数设置为 50 次，取初始迭代步长 step 为 0.007m，阈值 ε 为 0.01m，变异概率为 0.1。在仿真中采用的普通粒子滤波和基于天牛须算法改进的粒子滤波的粒子点数分别为 pf_N = 50 和 pfbas_N = 20。同时，取均方根误差作为算法估计精度的判定值，定位误差为 $RMSE = \left[\frac{1}{T}\sum_{t=1}^{T}(x_k - x_{real})^2\right]^{1/2}$。其中，$x_k$ 表示当前时刻算法估计位置，x_{real} 表示当前时刻的真实位置。

为验证算法在不同环境下的效果，本实验分别模拟了线性环境、非线性环境以及线性非线性环境共存三组实验。其中线性非线性共存实验中在 T = 50s—100s 之间为非线性情况，其余时间为线性环境。

图 5-7、图 5-8、图 5-9 是仅模拟了线性情况下的实验仿真图。其中图 5-7 是仅模拟了线性情况下仅截取了 x = 0—5m 时的定位轨迹，图 5-8 是线性环境实验截取了 T = 40—140s 时的定位误差图。可以看出在线性情况下，三种滤波算法都能起到较好的跟踪效果。图 5-9 给出了算法的执行时间图，可以看出由于改善了重采样过程，PFBAS 算法的算法复杂度更低，运行速度比 PF 算法更快，但由于卡尔曼滤波不需要对大量粒子进行计算，卡尔曼滤波的运行速度是最快的。表 5-4 给出了算法运行的误差和时间比较。

表 5-4　线性环境下不同算法总体性能对照表

滤波算法	Measure	Kalman Filter	Particle Filter	PFBAS
线性环境中算法的 RMSE（m）	0.0943	0.0625	0.0790	0.0754
线性环境中算法的运行时间（s）	—	0.0079	5.5015	3.3923

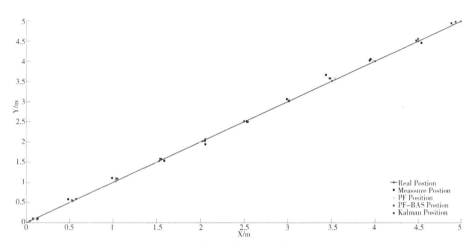

图 5-7　线性环境下的定位轨迹图

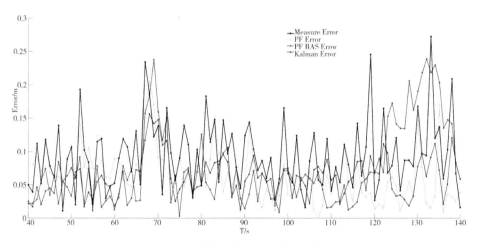

图 5-8　线性环境下的定位误差图

相似的，图 5-10、图 5-11 和图 5-12 模拟了非线性环境下不同算法的定位效果。在非线环境下，假定观测噪声的方差为线性情况下的 100 倍。图 5-10 仅模拟了非线性环境下 x＝0—10m 的定位轨迹，图 5-11 模拟了线性环境下不同算法的定位误差图。可以看出在非线环境下，卡尔曼滤波的跟踪效果最差，PFBAS 对定位结果的优化比较稳定，并且远好于 PF。图 5-12 给出了

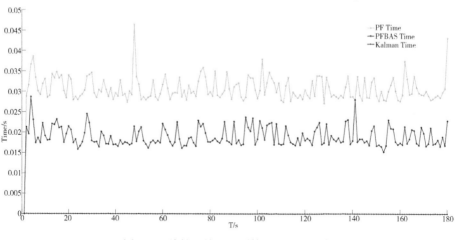

图 5-9　线性环境下不同算法的运行效率

不同算法的运行时间波动情况，可以看出 PFBAS 定位运行效果优于传统粒子滤波。同时，表 5-5 也给出了各个算法的误差和运行时间比较。

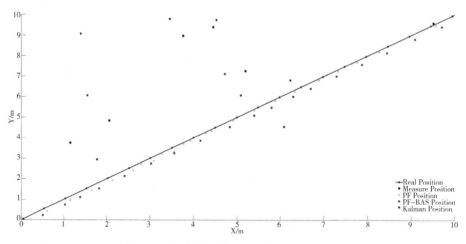

图 5-10　非线性环境下不同算法定位轨迹图

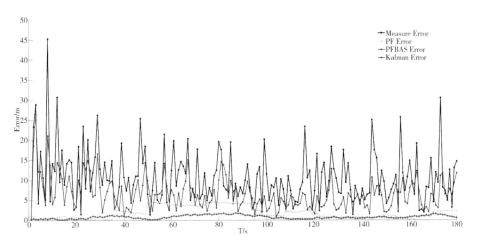

图 5-11　非线性环境下的不同算法定位误差图

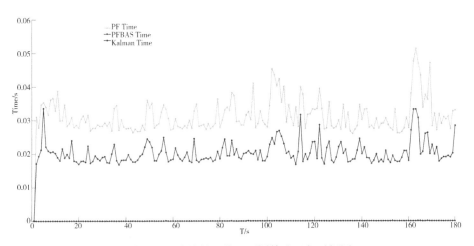

图 5-12　非线性环境下不同算法运行时间图

表 5-5　非线性环境下不同算法总体性能对照表

滤波算法	Measure	Kalman Filter	Particle Filter	PFBAS
非线性环境中算法的 RMSE（m）	10.5719	6.6401	1.8551	0.7742
非线性环境中算法的运行时间（s）	—	0.0081	5.6111	3.6373

图 5-13—图 5-17 是在 T＝50—100s 内模拟了非线性环境，其余时间模拟线性环境的实验仿真图。其中图 5-13 是截取了 T＝70—90s 时，x＝-10—0m，非线性环境下的定位轨迹图，图 5-14 是截取了 T＝150—160s 时，x＝30—35m 线性环境下的定位轨迹图，图 5-15 给出了 T＝45—105s 时的定位误差图，图 5-16 给出了 T＝105—180s 时的定位误差图。可以清楚地看出，在非线性环境下，PFBAS 定位误差远小于普通 PF 算法和卡尔曼滤波。PFBAS 算法在非线性环境下也能够对测量结果进行很好的纠正，保持良好的滤波特性，达到很好的定位跟踪效果。图 5-17 给出了算法的执行时间图，表 5-6 给出了不同算法运行的误差和时间比较。

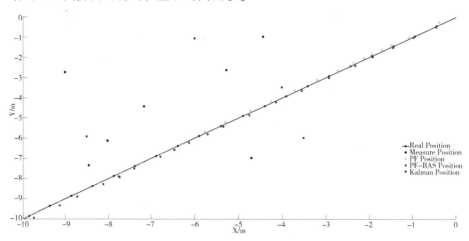

图 5-13　线性和非线性环境下的定位轨迹图（非线性环境）

表 5-6　线性和非线性环境下不同算法效果对照表

滤波算法	Measure	Kalman Filter	Particle Filter	PFBAS
50—100s 模拟非线性环境中算法的 RMSE（m）	7.8513	5.4189	0.9379	0.2136
其余时间模拟线性环境中算法的 RMSE（m）	0.1069	0.1280	0.0657	0.0687
算法的运行时间（s）	—	0.0083	5.6852	3.6340

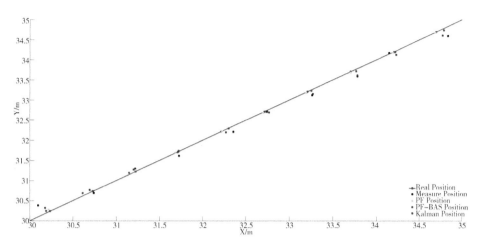

图 5-14 线性和非线性环境下的定位轨迹图（线性环境）

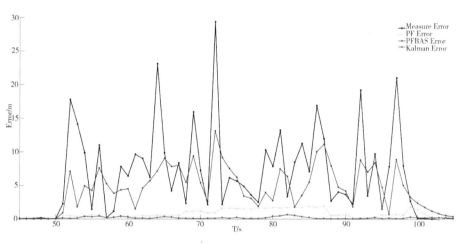

图 5-15 线性和非线性环境下的误差图（非线性环境）

综上所述，可以看出基于改进型的天牛须 - 粒子滤波算法不仅能在线性环境下取得较好的定位效果，还能在非线性环境下取得足够好的定位效果，具有较好的环境适应性，可以广泛应用于室内环境下的终端定位。

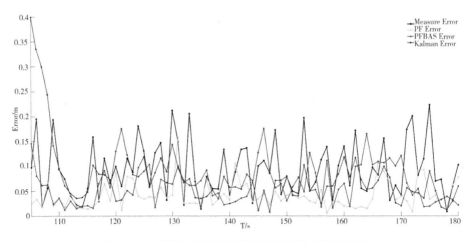

图 5-16　线性和非线性环境下的误差图（线性环境）

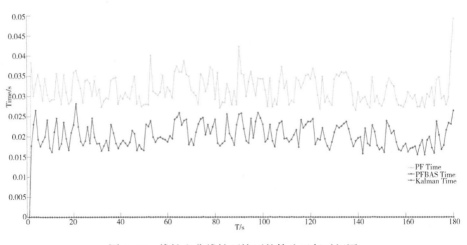

图 5-17　线性和非线性环境下的算法运行时间图

第四节　基于用户位置的服务节点选择

有声读物平台在接收用户内容消费请求后，需要将用户引导到合适的服务节点，然后利用该服务节点来服务用户内容消费，以提高服务质量。因此，服务过程中服务节点选择的好坏将直接影响到平台的服务质量和用户的内容消费体验，具有重要意义。但由于网络环境的变化，移动终端的增多，移动类型的增加，网络异构性增加，导致传统基于固定网络的服务节点选择机制存在缺陷，不能满足当前有声读物服务的需要。鉴于此，本节提出了一套移动感知流媒体系统（Mobility-Aware Streaming System，MASS）及面向服务质量的服务节点选择机制，提供 QoS 感知以及动态服务节点选择功能，在应用层支持用户的移动性，并且最大化用户感知的服务质量。

一、移动感知数字出版系统

在移动互联网中，移动终端需要在纷繁多变的环境中访问有声读物平台以获得内容消费：移动终端位置的改变、网络条件的变化以及服务器负载的变化都会影响到移动用户的服务体验。为了提高用户体验，本节提出移动感知服务节点选择系统（Mobility-Aware Service Node System，MASNS），以保证对移动用户的服务体验，如图 5-18 所示，包含 MASS 边缘服务器模块、MASNS 移动客户端模块和 MASNS 映射服务器模块等三个模块。MASNS 边缘服务器模块运行于有声读物平台边缘服务器，由状态监控器、资源分配器和客户端适配器三个子模块组成。状态监控器负责监控边缘服务器的 CPU、内存、网络带宽的利用率，并将这些信息汇报给 MASNS 映射服务器模块。资源分配器负责接受移动用户有声读物消费请求，为其分配相应资源，并产生原始数据流。客户端适配器负责搜集终端设备相关信息（例如最大支持码率、屏幕大小等），并为终端适配合适的有声读物内容数据。

MASNS 移动客户端模块运行于移动终端设备之上，由四个子模块组成。其中，网络 QoS 监控器负责接受边缘服务器发送的有声读物内容数据，并且监测网络连接 QoS 相关的参数；同时，它还负责测量无线信道的可用带宽。应用 QoE 监控器直接与有声读物内容应用程序进行通信，并负责评估应用的体验。边缘服务器选择决策器负责搜集由 Network QoS Monitor 与 Application QoE Monitor 获取的 QoS 以及 QoE 信息，进行有声读物内容应用 CQG 评级，

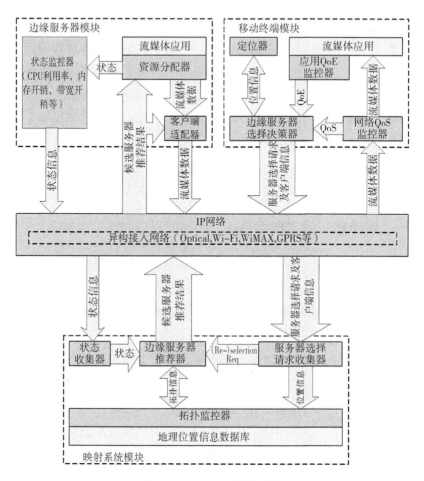

图 5-18　MASNS 系统架构

判断是否需要进行服务器选择，并对服务器选择结果作出最终决策。定位器则负责为边缘服务器选择决策器直接或间接提供移动终端设备当前的地理位置信息。

　　MASNS 映射服务器模块运行于映射服务器之上，由四个子模块组成。状态收集器负责周期性地搜集边缘服务器状态信息；服务器选择请求收集器负责汇聚移动客户端发送的服务器选择请求；拓扑监控器负责维护地理位置信息数据库以及边缘服务器拓扑结构的变化。边缘服务器推荐器则综合考虑网络拓扑结构、用户地理位置信息、边缘服务器状态等信息为移动终端设备推荐若干候选边缘服务器。

综合服务质量等级（CQG）在 MASNS 中起到了重要的作用。一方面，移动终端需要周期性地探测当前服务的边缘服务器的 CQG 值，并以此来确定是否需要进行服务器重选。另一方面，移动用户需要为每一个映射服务器所推荐的候选边缘服务器测量其 CQG 值来决定选择哪一个为其服务。CQG 由两部分因素决定，即客观上与网络相关的 QoS 以及主观上用户感知的 QoE，其计算公式如式（5-34）所示：

$$CQG_{i,a,t} = W_1 \times QoS_{i,a,t}^g + W_2 \times QoE_{i,a,t}^g \tag{5-34}$$

其中 $CQG_{i,a,t}$，$QoS_{i,a,t}^g$ 和 $QoE_{i,a,t}^g$ 分别表示边缘服务器在探测周期 t 内所服务的有声读物应用 a 的 CQG 值，QoS 等级以及 QoE 等级。为了提高计算公式的灵活性与有效性，$QoS_{i,a,t}^g$ 和 $QoE_{i,a,t}^g$ 被赋予了相应的权值，MASNS 可以方便地通过调整这些权值来适应不同有声读物应用的需求。为了简化计算，本节假定 $CQG_{i,a,t}$，$QoS_{i,a,t}^g$ 和 $QoE_{i,a,t}^g$ 三者的最大值均为 Full Grade（例如 100），并且利用公式（5-34）来保证不同权重因子归一化。

$$W_1 + W_2 = 1 \tag{5-35}$$

应用服务质量等级主要从网络的角度出发，客观上描述移动有声读物服务品质。它由网络延迟、抖动率、丢包率三个性能指标所决定，式（5-36）所示。

$$QoS_{i,a,t}^g = W_1 \times Delay_{i,a,t}^g + W_2 \times Jittle_{i,a,t}^g + W_3 \times Loss_{i,a,t}^g \tag{5-36}$$

其中 $Delay_{i,a,t}^g$，$Jittle_{i,a,t}^g$ 和 $Loss_{i,a,t}^g$ 分别表示边缘服务器在探测周期内所服务的有声读物应用的延迟等级、抖动等级以及丢包率等级。同式（5-34）一样，式（5-35）中每一部分的最大值均为 Full Grade，且被赋予了相应的权值，以保证计算结果能适用于不同的有声读物应用。式（5-37）保证了权值的归一化。

$$W_1 + W_2 + W_3 = 1 \tag{5-37}$$

网络延迟等级、抖动率等级和丢包率等级的计算方法分别由式（5-38）、式（5-39）、式（5-40）加以定义。其中，$Delay_{i,a,t}$，$Jittle_{i,a,t}$ 和 $Loss_{i,a,t}$ 分别表示边缘服务器在探测周期内所服务的有声读物应用的平均网络延迟、抖动率以及丢包率；$MaxDelay_a$，$MaxJittle_a$ 和 $MaxLoss_a$ 分别表示在保证最低有声读物应用 a 质量的前提下所能容忍的最大网络延迟、抖动率以及丢包率；F_a^d，F_a^j 和 F_a^l 分别对应网络延迟敏感因子、抖动率敏感因子以及丢包率敏感因子，分别表示对媒体应用 a 对网络延迟、抖动率以及丢包率的敏感程度。三个敏感因子的取值范围均为 $[0+\infty]$。特别地，当某一个敏感因子被设为 0 的时候，相应指标的等级恒为 Full Grade；这表示该内容应用对这项性能指标不敏感。此外，Max 函数保证该项指标的等级值被限制在 0 和 Full Grade 之间。

$$Delay_{i,a,t}^g = fullGrade \times \left(max \left(1 - \frac{Deay_{i,a,t}}{MaxDealy_a}, \ 0 \right) \right)^{F_a^d} \qquad (5-38)$$

$$Jitter_{i,a,t}^g = fullGrade \times \left(max \left(1 - \frac{Jitter_{i,a,t}}{MaxJitter_a}, \ 0 \right) \right)^{F_a^j} \qquad (5-39)$$

$$Loss_{i,a,t}^g = fullGrade \times \left(max \left(1 - \frac{Loss_{i,a,t}}{MaxLoss_a}, \ 0 \right) \right)^{F_a^l} \qquad (5-40)$$

用户感知质量等级代表移动用户对有声读物业务性能的主观感受，它可以通过接近量化的方法来表示移动用户对应用的体验和感受，并反映当前应用质量与用户期望间的差距。Mean Opinion Score（MOS）是一种常用的描述用户感知质量的工具，本章利用 MOS 来定义用户感知质量等级的计算方法，如式（5-41）所示：

$$QoE_{i,a,t}^g = fullGrade \times \frac{Mos_{i,a,t}}{MaxMos_a} \qquad (5-41)$$

其中 $Mos_{i,a,t}$ 表示在测量周期内用户感知所测量边缘服务器提供有声读物应用 a 的平均质量 MOS 值，$MAXMos_a$ 表示用户感知有声读物应用 a 的最高质量定量 MOS 值。MOS 值无法通过测量直接得到，但可以首先计算 Peak Signal-to-NoiseRatio（PSNR）值，然后利用 PSNR 值来映射得到 MOS 值。表5-7 描述了 MOS 与 PSNR 的对应关系。

表 5-7 MOS 与 PSNR 对应关系

PSNR	MOS
>37	5（很好）
31—37	4（好）
25—31	3（一般）
20—25	2（差）
<20	1（很差）

二、客户端驱动面向服务质量的服务器选择机制

MASS 通过允许移动终端在移动过程中重新选择边缘服务器来改善用户的服务质量体验。变化的网络状况，不同的 QoS 需求以及不同的终端移动模式都将影响用户感知的 QoE。为了保护并且最大化用户感知 QoE，MASS 采用了新颖的 CQS3 动态服务器选择策略。CQS3 由移动用户所感知的服务质量所驱动，尽可能持续地将用户请求定向到最佳边缘服务器以最大化其体验质量。在该机制中，移动终端主动地测量有声读物服务的质量，并且智能选择最佳边缘服务器。整个选择过程可以被分为三个阶段：

在第一个阶段中，移动终端需要根据自身周期测量到的 CQG 值来决定是否需要进行服务器重选。在实际情况中，CQG 值的下降并不一定意味着当前边缘服务器服务质量的恶化。在某些情况中，由于多径衰落和障碍物阻挡所导致的暂时性无线链路质量下降会造成 CQG 值的下降，在此情况下，无线信号的强度可能在短时间内恢复。在另一些情况中，CQG 值的下降可能仅仅是由于测量误差所导致的。因此不合时宜的服务器重选不仅不能明显提高用户感知的服务质量，还会带来额外的服务开销。为了应对上述情况，本章考虑使用瞬时可用带宽来消除无线信道的时变性所带来的抖动，并且考虑引入一个取值在 0 到 1 之间的偏差因子 F_a^{devi} 来消除测量误差带来的影响，如算法 5-3 所示。

算法 5-3　服务器重选触发算法

输入：应用 a 的当前 CQG 阈值 CQG_a^{thr}，在探测周期 t 内探测边缘服务器上应用 a 得到的
　　　CQG 值 $CQG_{i,a,t}$，探测周期 t 内的可用带宽 ABW_t，探测周期 $t-1$ 内的可用带宽
　　　ABW_{t-1} 以及应用 a 的偏差因子 F_a^{devi}

输出：服务器重选触发决策 TD（当 $TD=1$ 时进行触发，当 $TD=0$ 时则不触发）

1：$D=0$

2：if $CQG_{i,a,t} < CQG_a^{thr} \times (1-F_a^{devi})$ then

3：if $\dfrac{CQG_{i,a,t}}{ABW_t} < \dfrac{CQG_a^{thr} \times (1-F_a^{devi})}{ABW_{t-1}}$ then

4：$TD=0$

5：end if

6：end if

7：return TD

　　其中，CQG_a^{thr} 是取值范围为 0 到 $FullGrade$ 的 CQG 阈值，它只与特定的有声读物应用 a 相关。如果 $CQG_{i,at}$ 的值比 $CQG_a^{thr} \times (1-F_a^{devi})$ 要大，则可以认为当前边缘服务器的服务质量足够好，不需要进行服务器重选。

　　当移动终端发现确实需要进行服务器重选的时候，则会进入第二阶段。在这个阶段中，映射系统将为移动终端推荐若干个候选边缘服务器。推荐过程需要重点考虑两个因素。第一个因素是移动终端的位置。直观上看，移动终端离边缘服务器越近，服务延迟越小，服务质量越高。然而，如前所述，移动终端的 IP 地址并不包含足够可信的位置信息，因此本章考虑利用 GPS 信息或者基站的 Cell ID 信息来定位移动终端。第二个因素是边缘服务器的负载。过载边缘服务器的服务质量将大幅下降，即使它距离移动终端很近，也不能提供令用户满意的服务效果，如算法 5-4 所示。

算法 5-4 边缘服务器推荐算法

输入：边缘服务器集合 ES，边缘服务器负载阈值 L^{thr}，预设参数 N_1 和 N_2（$N_1 > N_2$）以及特定移动终端的边缘服务器选择请求

输出：推荐边缘服务器集合 RES

1：解析边缘服务器选择请求，提取移动终端位置信息

2：查询地理位置信息数据库，得到离移动终端最近的 N_1 个边缘服务器集合 ES'

3：探测 ES' 中边缘服务器的负载，排除负载高于 L^{thr} 的边缘服务器，得到剩余边缘服务器的集合 ES''

4：将 ES'' 中的边缘服务器按照负载由低到高的顺序排序

5：if ES'' 中边缘服务器的数量大于 N_2 then

6：设置 RES 为 ES'' 中的前 N_2 个边缘服务器

7：else

8：设置 RES 为 ES''

9：end if

10：return TD

在最后一个阶段中，移动终端需要自己做出服务器重选的最终选择。在第二阶段之后，映射服务器将用户请求同时定向到推荐的边缘服务器上，这些边缘服务器向移动终端发送一小段时间（如 3 秒钟）的样本有声读物内容数据。此后，动终端自身测量出相应的性能指标，并做出最终决定，如算法 5-5 所示。

算法 5-5 边缘服务器选择算法

输入：推荐边缘服务器集合 RES，在探测周期 t 内探测当前边缘服务器 i 上应用 a 得到的 CQG 值 $CQG_{i,a,t}$ 以及应用 a 的偏差因子 F_a^{devi}

输出：选择边缘服务器 r

1：初始化边缘服务器 r 的 $CQG_{r,a,t}$ 值为 0

2：for each 边缘服务器 s $\in$ RES

3：探测边缘服务器 s 提供的取样流，获取延时、抖动率、丢包率以及峰值信噪比等信息

4：利用公式（5-34）-（5-41）计算边缘服务器 S 的 CQG 值 $CQG_{s,a,t}$

5：if $CQG_{s,a,t}>CQG_{r,a,t}$ then

6：将 r 设置为 s

7：end if

8：end for

9：if $CQG_{r,at}<\dfrac{CQG_{r,a,t}}{F_a^{devi}}$ then

10：将 r 设置为当前边缘服务器 i

11：end if

12：return r

在上述算法中，当 $CQG_{r,a,t}$ 小于 $\dfrac{CQG_{r,a,t}}{1-F_a^{devi}}$ 的时候，移动终端并没有选择新的边缘服务器。这主要是由于在这种情况下，即使重新选择了边缘服务器，也不能明显提高用户感知服务质量，相反还会带来不必要的服务器切换开销。此外，变差因子 F_a^{devi} 的使用能够在一定程度上消除由于测量误差所造成的在某些边缘服务器之间频繁切换的现象。

为了进一步提高带宽的利用率，映射服务器在与推荐边缘服务器之间进行通信时可以在信令中加入额外的参数，以此保证样本有声读物数据是移动用户正在请求的数据，并且不同候选边缘服务器发送的样本有声读物内容数据不重复。

三、分布式映射系统实现

目前，移动用户数量已经数以亿计，即使在某段时间内只有很小一部分需要服务器重选，传统的集中式的映射系统仍然会面临单点故障、集中式攻击等威胁。除此之外，集中式的方案还会为映射系统带来巨大的管理控制开销，增加服务延迟，使得整个系统不能够很好地应对用户请求速率的突发式改变（即蜂拥现象）。

分布式部署映射系统是一种消除上述威胁的有效方案。众所周知，分布式系统具有很多的优势，比如较高的系统可用性、可扩展性以及可靠性等。

分布式的映射系统能够保证总的服务器选择开销能够被分散到多个不同的映射节点上，大大降低服务停运的可能性。

图 5-19 描绘了分布式映射系统的结构，它包含多个映射节点。那么对于某一个特定的用户请求而言，如何确定为其服务的映射节点？直观上，应该选择与移动终端最接近的映射节点。然而，由于移动网络中的 IP 地址并不包含足够可靠的位置信息，因此很难保证移动用户的请求每次都恰好是由最近的映射节点来服务。因此，本章提出了一种启发式的映射节点选择算法，如算法 5-6 所示。

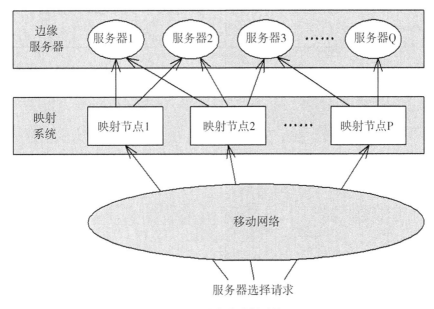

图 5-19　分布式映射系统

通过充分利用映射节点的内存资源，能够进一步降低其带宽和计算开销。具体来说，映射节点可以周期性地探测各边缘服务器的状态信息，并将信息缓存到自身的内存中，当它收到用户请求时，只需要从内存中查询该信息，因此减小了带宽和 CPU 资源消耗。

算法 5-6　映射节点选择算法

输入：特定移动终端探测周期 t，映射节点集合 MN 以及该移动终端的候选映射节点 cmn

输出：选择映射节点 mn

1：if t==1 then

2：设置 mn 为 MN 中的随机节点

3：else

4：设置 mn 为 cmn

5：end if

6：mn 查询地理位置信息数据库，并设置 cmn 为离该移动终端最近的映射节点

7：return mn

第六章　基于用户偏好的内容推荐

有声读物和移动智能设备使得随时随地为用户提供内容消费成为可能，但不同消费环境意味着用户心情、信息需求各不相同。因此，了解用户需求，为其提供个性化内容服务，有利于提高用户内容消费体验，促进其内容消费欲望，增强平台黏性。鉴于此，本章首先简要介绍个性化服务与用户偏好的关系，在此基础上系统介绍基于用户偏好的内容推荐，以便为用户提供个性化的内容服务。

第一节　个性化服务与用户偏好

一、个性化服务

个性化服务是一种以用户为中心，根据用户的设定来实现的服务模式。它依据各种渠道对资源进行收集、整理和分类，向用户提供和推荐其所需服务，以满足用户的需求。显然，个性化服务打破了传统的以用户被动服务的方式，能够充分利用各种资源优势，优化产业链，主动开展以满足用户个性化需求为目的的全方位服务，是技术进步导致企业竞争的必然产物。

一般来说，企业之间的竞争大致经历了产品竞争、价格竞争和服务竞争三个阶段。最初，少数企业能够掌握一些先进技术，并利用掌握的先进技术生产出高质量的产品去赢得市场，形成早期的产品竞争。随着科技的飞速发展，新技术的普遍采用和越来越频繁的人才流动，企业间产品的含金量已相差无几。此时，产品品质已经不再是买点和竞争的手段，于是企业引入价格竞争，试图利用低价策略打败对手，占领市场并保证自己在市场中的竞争优势。价格竞争虽然能让部分企业获得市场，但这种优势是建立在减少产品利润的前提下，事实上并未扩大市场，也未为企业带来更多收益。价格竞争的这种劣势驱动着企业竞争进入了第三阶段，即服务竞争。顾名思义，服务竞争就是服务的竞争，依靠优质的售前、售中和售后服务吸引和保持住客户，最终取得优势。这与现代市场"以顾客为中心"的理念以及信息个性化服务趋势相一致，也是现代市场竞争趋势的体现。在虚实交融的现代社会，科技的飞速发展和新技术的普遍采用，产品越来越丰富，市场产品供大于求，用户可在众多的同类产品中随意挑选，客观上要求企业变更其服务方式。生存和发展，企业需要考虑产品的销售，即需要考虑用户的服务需求。"顾客至上"和个性化服务希望与每一位顾客建立良好关系，开展个性化服务维持和增加用户服务黏性，从而保持自身在市场中的优势地位。

显然，个性化服务体现了企业以用户为中心的经营理念，是现代企业提高核心竞争力的重要途径，具有众多优势。

首先，个性化服务，企业根据顾客的实际订单来进行生产，做到了以需定产，几乎没有库存积压，加快了企业资金的周转速度，减少了资金的占用。此外，个性化服务意味着产品生产之前就成为已销售出去的产品，不会造成产品积压，缩短了再生产周期。

其次，个性化服务减少了各中间环节及其支持费用，缩短了供求双方之间的距离，强化了企业与顾客之间的沟通。

最后，在个性化服务中，产品是在了解顾客实际需要的基础上设计和生产出来的，只要质量可靠、定价合理，能顺利地销售出去，有助于减少广告、促销等销售成本。切实了解顾客实际需求意味着会与顾客产生互动，即在互动过程中能够获得顾客对产品的个性化要求，进而对预期利益的进行满足，或不合理的预期利益得到了纠正，降低了购买风险，提高了顾客价值。此外，个性化服务可以使生产者与顾客之间建立起学习型、良好的合作伙伴关系，会提高顾客的忠诚度，创造固定顾客。

个性化服务虽然能给企业带来巨大收益，但由于个性化服务是建立在深入了解用户需求的基础上且为用户提供定制化服务的，对企业而言，将会增加其产品生产、容错成本，还带来诸如侵犯隐私等社会性问题。首先，个性化服务是建立在深入了解用户需求的基础上的，意味着需要收集大量用户信息，包括个人信息，这样会侵犯个人隐私，带来恶劣社会问题。在个性化服务实施初期，因为有些条件尚不具备，可能会增加企业的生产成本和交易成本，导致总成本的上涨，会一定程度上影响经济效益。此外，用户的唯一性造就了其需求的多样化，过于分散的个性化服务反过来又增加了企业的服务成本和管理的复杂程度。而且，消费者对个性化服务的需求是有限的，并不是所有个性化服务都有价值，有些个性化服务甚至会使消费者面对过于复杂的选择而不知所措，产生反感情绪。再次，个性化服务会加大工作的复杂性。个性化服务把每一位顾客视作一个单独的细分市场。对企业来说，庞大的消费者群体必然会使工作变得非常复杂，服务网络将受到严峻的考验。而且，个性化服务意味着产品具有很强的个性，一旦顾客对产品不满意而退货，该产品就很难再卖出去。因此，对企业来说，制作的差错率只能为零，这无疑加大了企业经营的风险。而对于同一需求理解的不同，无形会进一步放大该容错风险。

总之，在虚实交融的当前社会生活中，人们消费已逐渐脱离产品的内在质量和价格，产品形式的多样化和质量的内在化。消费流行期和产品生命周期的缩短，消费观念逐步向品质的外在化、个性化、自然化方向发展；人们不仅满足于生存的生理需求，更需要满意感的需求和价值认同的满足。在这种情况下，在大量生产、大量消费的环境下发展起来的企业经营管理模式已无法适应快速变化的市场，用户的消费习惯已经发生变化，个性化需求潜移默化地成为服务业新的服务方式和表现。

二、用户偏好

个性化服务意味着需要根据用户需求为其定制有声读物内容，需要准确地推断出用户的消费主题和知识层次。显然，上述目的的完成离不开清晰了解用户有声读物消费的偏好。

事实上，偏好来源已久，早在古希腊时期便有关于偏好的描述，亚里士多德将偏好定义为主体在比较两种现象或状态相互之间的关系时所表现出的倾向性。这一观点表明偏好是建立在认知主体充分理性的基础上的，后续哲学领域关于偏好理论研究也是建立在这一假设基础上，并于 20 世纪五六十年代建立并发展了完整的偏好逻辑系统理论。

在经济领域，偏好是现代微观经济学价值理论及消费者行为理论中的一个基本概念，表现为表现倾向性的消费选择的次序关系。它是潜藏在人们内心的一种情感和倾向，是一个主观的相对的概念，有着明显的个体差异，也呈现出群体特征。它是非直观的，引起偏好的感性因素多于理性因素。但是经济学中的经典消费者行为理论要求消费者是纯粹理性的，所做出的偏好选择也是理性的。通常情况下，偏好决定了作为个体的用户在一定的环境和条件下所采取的行为和选择。

国内学者对用户偏好的研究是从简单的偏好分析到偏好技术研究，再到偏好应用逐渐深入的过程。首先，简单的偏好分析包括对偏好形成原因、特征等方面的分析，如胡昌平等分析网络环境下偏好引导的用户个性化行为的特征、信息获取方式。[①] 王玉君分析网络信息用户偏好形成原因、偏好特征和偏好引导下的信息行为。[②] 闫健针对信息使用中的用户偏好形成、原因、特征和如何控制进行了研究，他的分析更加具体化。[③] 白晨等主要对数据库使用中的用户偏好现状、偏好形成原因、偏好对忠诚度的影响等情况进行了分析。[④] 其次，关于偏好技术的研究表现为偏好获取技术，可分为挖掘技术和提取技术两部分。国内学者对偏好挖掘技术的研究要明显多于提取技术。何洋结合心理学兴趣的研究，建立动态的用户偏好模型，并提出推荐模型。[⑤]

---

① 胡昌平、邵其赶、孙高岭：《个性化信息服务中的用户偏好与行为分析》，《情报理论与实践》2008 年第 1 期。

② 王玉君：《网络信息用户偏好分析》，《科技情报开发与经济》2013 年第 23 期。

③ 闫健：《网络信息使用中的用户偏好分析》，《农业图书情报学刊》2012 年第 1 期。

④ 白晨、甘利人：《数据库使用中的用户偏好分析》，《图书情报工作》2009 年第 16 期。

⑤ 何洋：《基于 Web 的用户偏好挖掘与系统实现》，华中科技大学 2012 年博士学位论文。

郭少聃研究了偏好挖掘聃协同过滤技术，他在贝叶斯个人化排序技术的支撑下进行实验，挖掘用户对演员的偏好和对商品品牌的偏好。① 只有王洪明研究了提取技术，他运用已有的向量空间、正反例集、分类模板等用户偏好的建模技术，提出基于标签的用户偏好提取方法和基于本体的用户偏好提取方法。② 最后，关于用户偏好的研究目的表现为如何应用偏好优化服务。陆剑江、杨季文等学者先对用户的兴趣进行了分类，结合信息集成的映射规则，将用户感兴趣的数字资源和特定的兴趣值进行绑定，从而提供一种有效的基于用户兴趣的集成化服务。③ 梅翔、孟祥武等学者将用户对网页的偏好转化为对本体知识库中实例的偏好，综合用户偏好历史，建立用户当前状态下偏好的数学模型，以优化查询。④ 上述学者都是研究应用的具体方面，而周向军等学者是从整体上研究如何优化服务的。他根据用户偏好的多维属性矢量，提出一种用户偏好属性及用户满意度表示方法，进一步提出个性化 Web 服务的优化策略。⑤

　　与国内学者相同的是，国外研究者对用户偏好的研究也集中在技术和应用方面。关于用户偏好的相关技术研究，重点是挖掘技术，很少有学者提到提取技术。Holland 和 KieBling 侧重研究个性化应用中的用户偏好挖掘技术，在严格控制偏好排序的基础上，提出了偏好的挖掘算法，并将其应用在电子商务和金融电子服务领域。⑥ Peska 还对隐性用户反馈的预测、相似性和极性

---

① 郭少聃：《数据稀疏和隐性反馈条件下用户偏好挖掘方法》，华中科技大学 2012 年博士学位论文。
② 王洪明：《基于本体和标签的用户偏好提取系统的设计与实现》，北京邮电大学 2011 年硕士学位论文。
③ 陆剑江、杨季文、钱培德：《基于用户兴趣的数字资源的集成化研究》，《计算机应用与软件》2008 年第 8 期。
④ 梅翔、孟祥武、陈俊亮、徐萌：《一种基于用户偏好分析的查询优化方法》，《电子与信息学报》2008 年第 1 期。
⑤ 周向军：《基于用户偏好的个性化 Web 服务优化策略》，《微电子学与计算机》2009 年第 8 期。
⑥ S. Holland, W. KieBling, "User Preference Mining Techniques for Personalized Applications", *Wirtschaftsinformatik*, 2004, 46(6), pp. 439-445.

进行了说明。① 关于用户偏好的应用研究，国外学者是将其与其他要素结合应用于检索、推荐等过程中，区别于国内学者只在检索、推荐过程建模，对其影响分析较少。针对检索过程的研究者有 Mianowska 和 Tsinaraki 等人。前者基于动态偏好分析，调整优化用户配置文件，用以服务文件检索系统。② 后者也研究了多媒体语义检索中的用户偏好，但与前者不同的是，他在分析用户偏好的过程中结合了 MPEG-7（多媒体描述内容）标准，主要运用用户偏好聚合多媒体内容。③ 针对推荐过程的研究者和研究成果比较丰富。Shu 等学者在基于内容个性化标签的基础上，加入了用户偏好成分，让用户为内容贴标签，实现内容分类和个性化推荐，这与国内研究者张云中有关 Folksonomy 的研究视角相似。④ Park 等也研究了基于动态用户偏好和上下文资源协作系统，并将这个系统应用在服务器——客户端的评价和对等网络关系中。⑤

上述研究成果表明，国内外研究者都突出强调了用户偏好在推荐系统中的重要作用，但国外研究者侧重于从用户历史行为当中提取用户偏好，而国内研究者着重研究如何及时追踪、控制偏好的变化，而国内研究者的研究范围和研究方向比较发散，国外研究者的研究点相对集中。

事实上，用户偏好定义为用户在考量商品和服务的时候所做出的理性的

---

① L. Peska,"User Feedback and Preferences Mining", *Springer Berlin Heidelberg*, 2012, pp. 382 -386.

② B. Mianowska, N. T. Nguyen, "Tuning User Profiles Based on Analyzing Dynamic Preference in Document Retrieval Systems", *Multimedia tools and applications*, 2013, 65(1), pp. 93 - 118.

③ C. Tsinaraki, S. Christodoulakis, "An MPEG-7 Query Language and a User Preference Model that Allow Semantic Retrieval and Filtering of Multimedia Content", *Multimedia Systems*, 2007, 13(2): pp. 131-153.

④ Z. Shu, L. Yu, X. Yang, "Personalized Tag Recommendation Based on Uuser Preference and Content", Advanced Data Mining and Applications, *Springer Berlin Heidelberg*, 2010, pp. 348 -355.

⑤ J. H. Park, J. H. Kang, "Resource Collaboration System Based on Dynamic User Preference and Context", *Artificial Intelligence Review*, 2010, 34(3), pp. 271-287.

具有倾向性的选择，是用户认知、心理感受及理性的经济学权衡的综合结果。日常生活中，人们往往借助自己的偏好来辅助日常的相关决策，或者仅仅使用偏好表达喜好和倾向性意见方面的意向，但事实上并不涉及实际的选择。人们在更多情况下需要面对和处理复杂的偏好分析情况，比如条件偏好，也就是人们在做出倾向性选择和意向性判断的时候需要满足一定的条件和前提。综上，用户偏好是由用户认知、理性、心理等因素共同支配下表现出的倾向性的选择，可以通过心理、行为等多种方式反映出来。其中，行为透露出的偏好尤为直接和明显，历史行为信息本身可被认为是偏好信息，是其偏好影响下用户的选择。此外，偏好是用户信息中能反映用户心理和支配用户选择的那部分有用的信息，如用户的个人基本信息就可视为用户偏好的一部分。用户偏好分析通过分析用户的行为特征来挖掘用户的偏好，其主要任务是在给定查询的基础上，从大规模数据中自动获取符合用户查询倾向和符合客观规律的信息，是有声读物索引和推荐系统构建中的核心问题。

鉴于此，下节将从内容检索入手，分析内容检索中的用户行为及其偏好，然后构建用户偏好模型并提出基于用户偏好的有声读物内容推荐，提高用户内容消费个性化需求的满意程度。

第二节　内容检索的用户偏好分析

内容检索是对检索提问进行预处理的环节，是如何利用用户偏好规范检索提问、提高检索质量的问题，被广泛地应用于内容主题推断中。通过情景化和协作式获取的偏好，用于构建情景偏好库，在每一次检索提问发生时找到库中与之相匹配的原型，纠正和补充当次提问，以提高检索的规范性和完整性，扩大检索范围。

一、内容检索的用户行为

检索提问环节的用户行为是其为完成特定搜索任务而进行的检索策略选择和查询内容输入行为，将检索提问环节视为一个特定的情景，偏好通过情景中的用户行为反映出来，行为越规范的用户，偏好获取和表示越简单。情景基本要素中，涉及发生的时间、地点、对象、行为等，若以情景基本要素为用户行为分析的切入点，则其行为的定义首先应该是属性定义，其次是行为内容定义。

定义1　固有的用户行为属性集，它包括记录用户某一搜索时刻属性的五元组，即：

$$U = \{IP, \ ID, \ TimeA, \ TimeB, \ Role\} \qquad (6\text{-}1)$$

IP 是搜索行为发生时的计算机网络地址，即情景发生的虚拟地点；ID 是用户标识（用户名或账号），表明情景中的主体对象；TimeA 是搜索起始时间；TimeB 是搜索结束时间，时间可以用来界定情景；Role 是用户角色，不同角色下用户的行为不同。

定义2　用户的访问请求是一条或多条 SQL 语句的集合，用四元组模式表示操作类型、属性集合、关系集合和条件集合。[①]

$$Q = \{QueryType, \ Attributes, \ Relations, \ Conditions\} \qquad (6\text{-}2)$$

考虑到用户对同一内容的查找可能采取多种搜索策略，即使是使用精确度高的检索词，用户也会进行内容之间的扩展查询，以便构造知识点的网状结构，因而多条 SQL 语句的组合情况在一次检索提问中是普遍存在的。

研究表明他人的检索经历对用户的检索行为决策具有较大的影响力，无论用户是否具备特定搜索任务的背景知识，他们具备快速掌握和灵活使用更高级的检索策略的能力，倾向于选择被广泛认可和他人频繁使用的检索关键词，形成的检索表达式结构明确、逻辑清晰，使得计算机系统更容易理解检索提问，创造了良好的人机交互界面，为快速有效地获取情景偏好提供了必要帮助。

二、内容检索的用户偏好分析

针对每一次检索都会产生具体的检索情景，情景中的两种用户行为对应

---

① 赵丽华：《从朗读到有声阅读：阅读史视野中的"听书"》，《现代出版》2018 年第 1 期。

着两种用户偏好，选择检索策略的行为产生了策略偏好，输入表达式的行为产生了表达式偏好，这两种偏好共同构成了情景偏好。情景偏好表现出用户获取消费内容主题的某种心理倾向，以及对探究方式和途径的偏爱。

情景是人们用主观行为解释当前环境或者即将面临的环境，这种解释影响行为方式和手段。检索情景是用户对即将发生的检索交互行为的诠释，选择行为和输入行为诠释了这样一个情景，相应地，策略偏好和表达式偏好组成了情景偏好。情景偏好中的策略偏好指用户在开始使用时倾向选择的检索策略。情景偏好中的表达式偏好是指从用户选择检索关键词和多种逻辑关系组配成的检索式中提取凝练出的基本信息，包括关键词和逻辑关系。它是当前环境里的条件因素作用在个人知识背景中产生的，受到特定需求、直接兴趣等因素影响，主要成分是用户结构化或半结构化的自然语言。

从偏好出现的时间长短角度来看，策略偏好和表达式偏好虽然发生在一次搜索时属于短期偏好，但也可能发展成为长期偏好，它具有活跃和消失两种状态。也就是说，某次策略偏好可能连续出现几次，也可能仅使用一次就被抛弃，某次表达式可能成为经常出现的表达式，也可能在出现一次后就消失。尤其用户对特定领域的检索行为可能诱发相似的情景偏好，集中表现在某一阶段使用的检索策略和表达式高度相似，某一类用户使用的检索策略和检索表达式高度相似。

情景偏好会随着情景感和交互状态的变化而变化，这些变化可能会表露提问主题变化的趋势，也可能暗示兴趣领域的迁移。因而，情景偏好不仅能反映短期的用户兴趣倾向，还可能反映长期的用户兴趣倾向。情景偏好来源于具体的情景，需要从具体的情景中获取，即情景化获取方式。情景化获取是指从当前情景分析中获取用户偏好的方法，其获取的可能是计算机无法理解的自然语言，需要系统协助用户获取正确的情景偏好内容，即协作式获取方法。通常，情景化获取首先需要识别情景，即如何根据情景特征来定义和分类情景。可以从描述性视角和交互性视角出发确定情景特征，对情景进行分类，如不同检索策略的情景识别、不同检索关键词的情景识别等。随后系统进行情景采集，包括物理情景采集和逻辑情景采集，即采集当前用户的位置、状态和用户的内容输入安排，如内容请求的排序、输入内容之间的关系等。在此基础上将用户选择行为、表达行为和情景关联起来，即根据检索策略、检索输入建立情景，建立单个用户情景偏好的抽象表述，完成情景描述。

通过上述步骤，可以获取用户所处的具体交互情景及其变化，然后从特定的情景中抓取与检索相关的文本信息、数字信息、符号信息等重要信息，并分析情景中检索内容、内容的关系、检索逻辑等，为用户偏好的具体化描述提供一个抽象的环境条件，进而明确偏好获取的范围。

与情景化获取不同，协作式获取方式是系统协助用户表达检索意图，从而获取用户偏好的途径，包括用户输入检索，系统根据检索词推荐或扩展推荐检索标准词，用户再根据自身意图选择使用推荐标准词。这样避免用户的关注领域发生转变，用户传递的检索请求不能完整、准确地表达他们的检索意图时，系统向用户传递必要的领域知识，帮助用户清楚表达其偏好的同时，有助于系统快速分类归纳偏好信息。协作式获取的优势是使偏好获取途径更加规范和标准，缺点是获取途径过于细化，不够全面，仅能作为一种辅助的获取途径。

情景偏好既包括检索策略，也包括表达式，有关键词表示和原型法表示两种。检索策略可以很容易地用关键词表示，数量有限。表达式偏好却是多变的和相对模糊的，需要提取出表示提问内容和内容关系的关键词。策略偏好和表达式偏好共同构成了情景偏好，一个情景偏好隶属于一个情景偏好原型，不同原型之间可能存在交集。

关键词表示法的核心技术是字符串的识别方法，包括正向最大匹配法、逆向最大匹配法、双向最大匹配法等。正向最大匹配法是从左到右扫描关键词，逆向最大匹配法是从右到左扫描关键词，双向最大匹配法是进行两次反方向扫描。这些简单的系统扫描方法仅能作为一种初分的手段。自然语言的随意性和计算机语言的规范性无法实现高度的匹配，扫描断点的选择可能造成关键词的偏差和错误，不能完整地表示用户偏好。为此，特征扫描法被应用于关键词表示。它在情景化和协作式获取的字符串中先识别出一些特征明显的关键词。然后将这些词作为切割点，切分出更小的字符串，帮助降低识别的错误率。

原型法（Stereotype）是指每个用户都隶属于其信息需求或过滤策略相似的用户群。每个群就是一个原型，用户原型保存了其共有的偏好文档。根据一定的特征，每个用户都被指定到一个合适的原型。[①] 原型法最初应用于信息过滤，情景偏好表示是从检索行为中过滤出有用信息的过程。显然，二者在本质上是一致的。用户检索提问偏好具有随意性和不确定性，为每一次检索情景偏好构建一个独立的情景原型会带来巨大资源浪费。为减轻系统运行负担，只需从整体上按不同标准过滤出若干情景偏好，构建相应的情景偏好原型。然后根据需要，将用户的一次情景偏好用一个或多个原型加以组合即可。每个原型都可以被视为一个属性的集合，集合中包含 n（n>1）项，各项用关键词表达。一般而言，每个原型中预设项有策略项、关键词项和逻辑项。策略项需从固有的关键词中选取，逻辑项表示关键词之间的关系，一个逻辑项会指向至少两个关键词，体现了各关键词在情景偏好中的重要性。因此，关键词项和逻辑项的顺序必须明确。例如，一个使用简单策略的情景偏好原型 A=｛简单，关键词 a，逻辑项 ab，关键词 b，逻辑项 bc，关键词 c｝，一个使用高级策略的情景偏好原型 B=｛高级，字段 a，关键词 a，逻辑项 ab，字段 b，关键词 b……｝。

关键词表示法是原型法的基础，只有从用户输入的语句中识别字符串，进行分词处理，才能得到原型中的每个项，其运用正确与否，影响着原型法能否准确表达情景偏好。原型法表示用户偏好的最终目的是形成一个情景偏好原型库，个性化提问表达形式做准备。

第三节　用户偏好模型构建

用户内容检索偏好分析有助于有声读物平台根据用户需求场景提炼出用

---

① B. A. Rogowsky, B. M. Calhoun, P. Tallal, "Does Modality Matter? The Effects of Reading, Listening, and Dual Modality on Comprehension", *SAGE Open*, 2016, 6(3).

户内容消费的倾向性，为个性化有声读物服务提供理论支撑。本节在此基础上，构建用户偏好模型，并以此为基础为用户提供个性化服务内容推荐。

一、用户偏好信息获取

用户偏好模型主要指在有声读物平台用户消费过程中形成的能够表示用户需求内容偏好的语义空间向量模型、关键词模型等。从整体上看，用户偏好分析可分为用户兴趣、查询意图、检索结果质量三个维度，具体到量化层面则包括用户基本信息、消费内容请求、用户浏览行为三部分，如图 6-1 所示。

图 6-1 用户偏好信息获取方式

用户偏好信息的获取是构建用户偏好模型的基础，通过分析用户的知识背景、基本信息、访问方式、思维方式等多方面内容，以便在初次登录及每次搜索请求发生时获得准确的用户需求信息，从而为用户偏好模型的构建创造条件。常用的获取方法有用户主动参与和系统自动挖掘。

用户主动参与即主要通过网络与用户直接对话，借助交互式技术和数据库技术，快速有效地聚合用户反馈信息的一种直接的信息收集方式。这种方法可以获得较为准确的用户信息，然而，过多的选择和回答计算机问题，必然会使搜索过程更加复杂，降低用户的参与度，并可能因此造成有声读物用户的流失，而难以达到低成本、高效率地服务于众多用户的目标。当然，可以借鉴其他领域较为成功的案例，如 Google Currents、Flipboard 等采用的 RSS 订阅模式，该模式通过引导式的提问模型，记录用户的年龄、性别、学历、职业等基本信息后，为用户创造一个个性化的私人网络空间，将用户主动订阅的数字内容抓取到该空间内，以供阅读。但仅依靠用户的注册信息和主动定制获取用户偏好，不能全面地反映每一次搜索的用户偏好，可能会造成偏好信息准确度的降低。此外，这一方式还带来用户信息的保密性问题，在搜集的过程中应采用技术措施避免用户信息的泄露，否则会影响用户的信任，造成用户流失。

与用户主动参与不同，系统自动挖掘是根据用户的浏览内容、页面的点击情况等多方面抓取用户的兴趣偏好的一种间接收集用户信息的方法。基于Web 日志的挖掘技术是其典型应用。如当用户在使用喜马拉雅、荔枝 FM 等应用消费内容，甚至在豆丁网、书生网浏览电子书内容或者在豆瓣上进行内容讨论时，利用 Web 日志挖掘技术可以获取该用户对某些领域内容的消费、点击次数、停留时间和不同领域甚至同一领域不同内容的访问顺序等信息，用来评价其对不同内容的兴趣度。如数字出版领域小有名气的个性化阅读体验公司 Gravity 通过对用户阅读历史、兴趣的分析开发"兴趣图谱"，以便访问时展示相应的数字内容。但这种挖掘技术可能会致使系统运行难以负担对每个用户的每种行为的统计分析，从而造成获取的用户偏好信息不全，且分析的信息越多，越可能偏离用户的核心偏好，不利于满足用户的个性化需求偏好。由于当前的用户偏好更具多变性和复杂性，以上两种方法均不能较好地、全面地获取并分析用户的偏好信息，因此，有必要在构建有声读物用户偏好模型的过程中将这两种方法结合使用。使用用户主动参与的方法来获取基本的、较为稳定的用户偏好信息，如用户的风俗习惯、消费水平等。同时，利用数据挖掘来获取具体搜索行为发生时的信息需求，如搜索偏好、浏览偏好等。在此基础上，不断修正基本偏好以提高偏好的准确度，最终实现用户需求信息的准确获取。

二、用户偏好模型构建

用户偏好模型是信息个性化推荐的关键，模型设计是否合理直接关系到信息分发的质量和效率。用户偏好模型主要指在出版内容生产过程中形成的能够表示用户需求内容偏好的语义空间向量模型、关键词模型等，主要由用户基本信息、数字内容请求、用户浏览行为三部分组成。通过计算机多层次、多方面地挖掘用户的搜索请求、基本信息甚至包括浏览行为信息，可以有效地获取用户兴趣偏好，构建偏好模型，形成检索向量，并与构建好的知识语义向量集进行匹配度计算，从而能够为用户提供其所需的个性化数字内容。

在获取用户偏好信息的基础上，用户偏好模型是有声读物平台实现用户个性化阅读内容消费服务的关键，但学术界和业界对此缺乏必要的关注和研究。为此，我们分析其他领域的建模方法，并结合有声读物内容消费的具体特点，用以选择合适的建模方法。目前，常见的有向量空间模型构建法、关键词构建法和分类构建法等三类。

（1）向量空间模型构建法。向量空间模型（Vector Space Model）是 G. Salton 等人于 1975 年提出的，通过概念和非词汇组成特征项，然后利用规则、函数和映射定义概念之间的逻辑关系，创建概念空间，并用向量来表示多个用户偏好特征词之间的关系。其优点在于能够准确地分析用户多个偏好之间的关系，易于构建比较复杂的偏好模型，适用于已掌握了丰富的用户偏好信息。目前较大的有声读物平台如喜马拉雅、红蜻蜓 FM，其用户量多，用户偏好波动幅度大，可获取的用户偏好信息数量多、分布广，适合采用向量空间模型法建模。

（2）关键词构建法。即用若干个关键词表示用户偏好模型的方法。该方法构建起了作者、检索者和标引者之间的语言交流基础，是一种应用广泛的检索语言。关键词法记录每一次的用户偏好，用于构建检索偏好模型，适用于用户频繁访问的内容推荐系统，在具体使用过程中，由于系统对搜索请求中关键词分析的偏差，可能造成搜索结果的错误。

（3）分类构建法。这是一种通过将用户感兴趣的信息归类而构建用户偏好模型的方法。它通常与 RSS 定制消费联系在一起，即用户在操作界面上手动选择感兴趣的内容，系统将这一定制历史记录下来，下一次登录时会自动为用户提供相关内容。同时，它也允许用户随时添加、修改自己定制的内容。近几年兴起的微博，以分类的形式提供数字内容，用户还可手动选择归类，是分类建模的一种典型应用。

　　上述三种方法中，分类法普遍应用于集成式内容服务平台，设计者设计一个分类目录就可以将庞杂的信息变得有序化，但这种分类只适合以构建内容库采用。在内容搜索过程中，使用关键词法的自由度较大，但如若关键词不规范或缺少语义关联性则会严重影响查全率和查准率。而向量空间模型法可以在关键词法的基础上，利用语义分析词与词、概念与概念之间的逻辑关系，形成向量集进行匹配度计算，这就较好地保持了内容偏好的完整性，与有声读物平台内容消费的查询功能要求较为契合。为此，有必要综合利用关键词法和向量空间模型法的优点解决有声读物平台的用户偏好模型构建问题。

　　基于上述偏好获取方法和模型构建方法，针对有声读物平台内容搜索环节建立用户偏好模型，具体流程如图 6-2 所示。

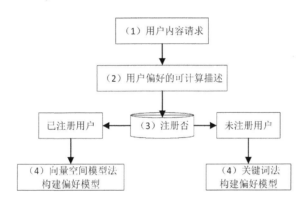

图 6-2　用户偏好模型构建流程

　　（1）用户内容请求。由于不同用户在语言习惯和表达习惯上具有差异性，在可计算描述之前，必须分析其自然语言得到关键词。可以使用最佳匹配法双向扫描用户请求，并根据系统原有的关键词，确定最终要进行搜索的关键词。这一步仅能对自然语言进行简单的处理，要得到准确的关键词必须进行可计算描述。对于有声读物平台用户的请求内容而言，提炼的关键词一般包括领域、主题分类、内容、时间地点特征、人物等类别，项目组根据不同分类建立了相关词库，通过语义识别和智能匹配对用户请求进行关键词提炼，更精确地去定位用户的需求倾向。

（2）用户偏好的可计算描述。平台的服务质量不仅仅取决于检索技术，更重要的是如何对用户特点进行可计算描述，这也是用户偏好模型构建的基本要求。RDF（Resource Description Framework）、WSDL（Web Services Description Language）等方法可以支持资源描述，能够对知识资源进行逻辑组合，扩展性也较好，技术的发展也较为成熟，在可计算描述中应用具有一定的可靠性。在获取平台用户的需求内容后，除了通过关键词进行基本定位，还应通过细化描述进一步理解用户需求所在。用户的需求描述主要包括领域、主题信息等，通过对用户需求内容的语义识别和划分，对系列需求特征进行框架式描述和标注，将用户需求特征准确提炼出来，进一步则可通过匹配模型和推荐算法实现基于用户偏好的内容检索。

（3）用户注册与否判断。针对已注册用户与未注册用户获取的信息量和信息类型不同，有必要采用不同的偏好获取方法和建模方法。对于有声读物平台而言，用户的需求特征、行为倾向、兴趣偏好都存在很大的差异，在缺乏用户基本信息的情况下很难有针对性地构建偏好模型。故在用户数据挖掘和偏好模型的构建过程中，必须针对已注册和未注册的用户采取不同方式，避免用户信息混杂所带来的干扰。

（4）用户偏好模型的构建。一方面，对于已注册的用户来说，可以通过其注册登记信息、Web日志挖掘等方式获得相对丰富的偏好信息，因而适宜采用向量空间模型法进行模型构建。首先，从用户基本信息中摘取可用于构建基本偏好模型的信息（如性别、年龄、年级、地区、民族等），根据各信息的权重值和比例，初步构建偏好模型。其次，根据其历史搜索记录、前次使用模型和本次搜索请求，利用Web日志挖掘偏好信息（如内容呈现形式的偏好等），对构建好的模型进行修正。最终根据收集到的偏好信息建立向量集，用以表示偏好信息的逻辑关系，形成偏好模型。另一方面，对于未注册的用户来说，由于其系统没有存储用户基本信息，适合采用关键词法来构建模型，即选择特征项，拆分处理成规定字数内的单个字段，以形成搜索关键词，再对搜索关键词进行分析，构建偏好模型。

　　用户偏好模型的构建是信息增量快速更新时代解决用户知识兴趣偏好难以把握难题的重要思路。作为个性化服务的基础和核心，偏好模型的质量在某种程度上决定着个性化服务的质量，只有当建模技术能够较好地"理解"用户偏好时，才能构建出高质量的偏好模型，也才可能在大规模定制背景下达到理想的个性化服务目标。同时，在大数据时代的背景下，根据用户偏好信息构建偏好模型，反推用户感兴趣的内容，进行智能检索和关联内容推荐，既满足了用户的个性化出版体验，又降低了平台服务风险。

　　综合向量空间模型法和关键词法，针对用户建立了基本偏好模型。在用户的偏好模型中，主要给出其在平台使用过程中所表现出来的内容上的偏好。偏好值取值在 0—1 之间，通过对用户的基本信息和浏览行为进行综合记录得到各偏好值。如从某一个用户的日志历史记录中发现，该用户点击浏览图像文件的次数远远大于其他媒体类型，通过其点击次数的占比计算得其对图像及其他多媒体资料的偏好值，在其下次检索过程中即可根据其偏好值对结果进行优化排序。此外，项目组针对不同用户群体构建了多维度本体库，基于本体的用户偏好模型具有良好的扩展性，以便于偏好模型更及时、灵活地去适应用户知识需求变化。

第四节　基于用户偏好的检索内容推荐

　　个性化信息检索是传统的检索模式与用户偏好模型的结合，它是基于用户个性化需求的检索方式。在获取用户偏好信息和建立相关模型后，通过推荐算法对给定的查询需求进行匹配处理，进一步获取符合用户查询倾向和符合客观规律的内容信息。

　　基于用户偏好的检索内容推荐是一种基于交互式的信息检索的内容推荐系统，可以快速、准确地定位用户需求信息，为用户提供符合其需求的消费内容。其获取信息的一般过程是：用户主动向系统发起查询信息请求，当系统接收到用户提交的查询后，对查询进行分析、理解，匹配或抽取相关信息反馈给用户；若返回的信息无法满足用户的需求，用户则进一步修正查询，构造更加精准的查询描述再次提交给系统，系统自主地从交互过程中学习用户的潜在目标，自适应的优化学习算法，调整相应的信息检索策略，反馈高质量的信息，直到用户获得符合其需求的信息，交互过程终止。

匹配推荐算法是检索内容推荐的关键，常用的推荐方法包括基于内容的推荐和协同推荐两类。基于内容的推荐是一种传统的推荐技术，它主要根据检索内容和用户偏好模型的符合程度来过滤检索内容并进行推荐。协同推荐也称为协同过滤，它是通过参考与目标用户具有相似兴趣的其他用户的检索内容选择情况，预测目标用户可能的选择，并据此进行检索内容推荐。或者通过计算备选检索内容资源与用户感兴趣的内容资源之间的相似度，预测备选内容是否或者多大程度上满足用户的需求。基于用户偏好的检索内容推荐采用协同过滤算法进行内容推荐，并根据偏好值对推荐内容进行排序。

从系统流程的角度上来看，检索内容推荐系统共包括输入、计算、输出三个功能模块，基本架构如图 6-3 所示。

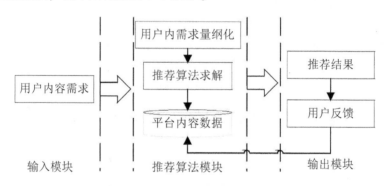

图 6-3　检索内容推荐系统整体结构

（1）输入模块：主要是对用户基本属性信息（性别、年龄、地区、民族等）和偏好信息（浏览、点击、评价等行为数据）的收集与更新。获取信息的方式可包括用户注册信息、隐式浏览输入、显式浏览输入、关键词输入和属性评分等，在此基础上形成动态更新的用户信息大数据库，也即上文中所介绍的偏好信息获取和处理过程。

（2）推荐算法模块：以个性化推荐技术和算法为技术支撑，通过对用户大数据库和内容大数据库进行一系列匹配推算，针对个体用户（用户属性集合体）提出最优化的推荐方案（内容属性集合体）。本方案采用基于用户的协同过滤推荐模型进行计算，并通过用户反馈数据和数据规模扩建不断优化推荐算法。

（3）输出模块：主要由最终的推荐结果和用户对结果的反馈信息两部分构成。主要形式包括：a. 推荐方案列表：以 Top-N 的形式向用户推荐最适合/最有可能吸引其的前 N 种推荐内容；b. 反馈：用户对推荐方案的认可度，可采取评分的方式获取数据；c. 评价：展示其他用户对推荐内容的评分和文本评价；d. 相关浏览信息（如用户对推荐内容的浏览时长）。

多维度大数据库的构建是推荐算法构建和优化的关键。对于检索内容推荐而言，主要需构建用户基本属性数据库、内容基本属性数据库和用行为数据库三大数据库（属性值应相互交叉覆盖），在此基础上进行细粒度标注和量纲化处理，进一步通过推荐算法得出检索内容的最优组合方案。

在建立了用户大数据库和进行了细粒度标注之后，便可通过推荐模型进行偏好值计算和排列组合。本系统采用的是基于用户的协同过滤算法，具体推荐过程如下。

一、用户邻居集确定

一般而言，协同过滤算法采用的是用户对产品属性的偏好值建立评分矩阵，利用评分矩阵进行聚类从而得到用户邻居集。本系统基于用户的基本属性和行为偏好数据来确定邻居集，由于用户属性多为文本值，需对之进行标准化处理，将这些不同形式的属性内容转化为可用于大规模分析的数据。系统采用的数据预处理方式及邻居集确定方式如下：

设两个出版平台用户分别为 u 和 v，用户属性总相似度为 $sim(u, v)$，两者在特征向量空间性别维的相似性为 $S(u, v)$，年龄维度的相似性为 $A(u, v)$，身份维度的相似性为 $O(u, v)$，学历维度的相似性为 $G(u, v)$，地区维度的相似性为 $D(u, v)$。

$$S(u, v) = \begin{cases} 1, & S_n = S_v \\ 0, & S_n \neq S_v \end{cases} \qquad O(u, v) = \begin{cases} 1, & O_n = O_v \\ 0, & O_n \neq O_v \end{cases}$$

$$G\ (u,\ v)\ =\begin{cases}1,\ \ G_n=G_v\\0,\ \ G_n\neq G_v\end{cases}\qquad D\ (u,\ v)\ =\begin{cases}1,\ \ D_n=D_v\\0,\ \ D_n\neq D_v\end{cases}$$

$$A\ (u,\ v)\ =\begin{cases}1,\ &A_n-A_v\leqslant 5\\\dfrac{5}{\mid A_n-A_v\mid},\ &A_n-A_v>5\end{cases}$$

将用户的各种基本属性综合起来，得到用户基本属性的总相似度为 sim $(u,\ v)$，根据专家打分确定各属性维度的权重，总相似度的计算公式为：

$simn\ (u,\ v)\ =\alpha S\ (u,\ v)\ +\beta A\ (u,\ v)\ +\gamma O\ (u,\ v)\ +\lambda C\ (u,\ v)\ (1-\alpha-\beta-\gamma-\lambda)\ \alpha D\ (u,\ v)$

结合后期测试与实验分析，可动态调整修正参数和。此外，在增加用户偏好属性的基础上，可采用传统的协同过滤算法中衡量用户相似性的皮尔森公式，计算用户评分矩阵上的相似度 sim $(u,\ v)$，将用户基本属性相似度与用户评分矩阵相似度综合考虑，得到用户的最终相似度并以此为据产生最近邻居集。

根据类似算法得出用户 u 与其他用户的相似度，从而得到 u 的最近邻用户集合。可采用相似度阈值（即对 sim 值范围进行规定）或最近邻居数（即采用最邻近的 K 个用户数）确定用户邻居集。本方案采用最近邻居数确定用户集合，K 值的确定需根据数据库大小和专家评分综合确定。

二、推荐内容集确定

在得出最近邻居用户集之后，将邻近用户集的属性偏好矩阵与内容的属性值向量进行匹配，得出检索内容各个属性值的最优组合集，并按匹配值大小将组合集进行排序，得到针对个体用户的 Top-N 推荐内容集。

对于用户 u 而言，其邻近用户集为 $U=\{u_1,\ u_2,\ u_3,\ \cdots u_k\}$，对用户集的整体偏好进行分类频度统计，确定其对消费内容各项属性偏好的最高频度。例如用户集对领域的偏好程度最大，频度为 a_i，那么我们认为对于用户 u 而言领域 i 为其最优选择。依次可得到用户集 U 对检索内容属性的偏好集 $C=\{a_i,\ b_j,\ c_m,\ \cdots h_k\}$，其中 a、b、c 代表检索内容的各种属性（如领域、媒体类型），i、j、m 等代表各种属性的具体类型，a_i，b_j，c_m 等为出现频度最高的各种属性类型。对于用户 u 来说，$C = \{a_i,\ b_j,\ c_m,\ \cdots,\ h_k\}$ 也即为其内容需求的最优组合方案。

　　得到用户 u 的最优组合方案之后，并不一定能得出完全符合条件的消费内容资源，需进一步对最优属性集 $C = \{a_i,\ b_j,\ c_m,\ \cdots,\ h_k\}$ 和平台所拥有的内容资源进行匹配，根据匹配程度得出用户 u 的现实选择方案 Top-N，为用户提供多元化的检索结果。在实际操作中，首先按匹配属性个数进行排序，即与最优集 C 相符的属性项目越多，该内容资料的排序越靠前。在最优匹配个数相同的情况下，若匹配属性在用户集 U 中的偏好频度越高，则该内容资料排位越靠前（即按属性在 U 偏好集中的出现频度进行推荐内容排序）。当若干产品与最优属性的匹配程度一致时，则考虑次优（即用户集 U 偏好频度次之的属性构成的集合 C'）匹配个数，以此类推得出最优推荐方案。

　　此外，还可根据市场调查和专家意见确定不同用户集对内容资源不同属性的偏好程度，从而为不同用户群体的属性偏好进行加权，在推荐排序时优先考虑权重高的属性，对其与最优集合的匹配程度进行加权评分，进一步提高推荐结果的准确性。

三、基于用户评分矩阵的内容推荐

　　上述推荐过程着重考虑了用户的基本属性（如性别）和浏览行为数据，在系统运行中还可引入用户对内容资源各项属性的评分数据，进一步提高检索内容推荐的准确度。该数据也可通过其他有声读物平台商获得。基于用户评分矩阵的推荐模型整体上与上文所述相似，主要是邻居用户集的确定维度增加了。基于用户评分矩阵的协同过滤推荐模型基本流程如图 6-4 所示。

　　首先需根据相关数据库建立用户—项目的评分矩阵。内容资源 n 表示为其相关属性值的向量 An。在此基础上考虑 m 个用户对 n 个资料内容的评分表（以五级评分 1—5 分为例，如表 6-1 所示）。

　　每种内容资源所获得的评分可看作是对资料的各项属性的评分，由于各属性的具体值相对于不同内容资源可能各不相同，需对各个属性值进行统计

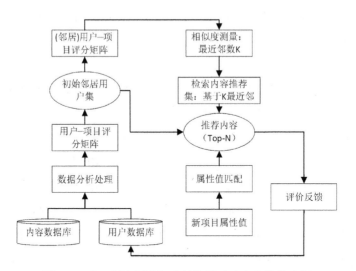

图 6-4　基于用户评分矩阵的协同过滤内容推荐流程

得到各个属性的评分集合。设 C（j（k）) 表示内容属性 j 的第 k 种取值，则用户 u 对属性 C（j（k）) 的偏好度 P（u，j（k）) 可表示为用户 u 对 C（j（k）) 不同评分的平均值：

$$P（u，j（k）) = \frac{\sum_{n=1}^{n} R_k（u，C（j（k）)}{n}$$

表 6-1　用户—项目评分表

	资料 1	资料 2	……	资料 n
用户 1	2	3	……	4
用户 2	5	1	……	2
……	……	……	……	……
用户 n	3	4	……	2

根据偏好得分求得用户 u 的属性偏好矩阵 M，M 为搜寻最近邻用户的基础。

$$
M = \begin{bmatrix} P\ (u,\ 1\ (1)\ ) & P\ (u,\ 2\ (1)\ ) & \cdots\cdots P\ (u,\ j\ (1)\ ) \\ P\ (u,\ 1\ (2)\ ) & P\ (u,\ 2\ (2)\ ) & \cdots\cdots P\ (u,\ j\ (2)\ ) \\ P\ (u,\ 1\ (3)\ ) & P\ (u,\ 2\ (3)\ ) & \cdots\cdots P\ (u,\ j\ (3)\ ) \\ \cdots\cdots & & \end{bmatrix}
$$

对于目标用户 u 和 v，首先算得各自的属性偏好矩阵和，然后找出和中评分相同的属性值交集及其评分，生成用户—项目属性值评分矩阵：

$$
R\ (u,\ v) = \begin{bmatrix} AC\ (1) & \cdots AC\ (i) & \cdots AC\ (g) \\ P\ (u,\ AC\ (1)\ ) & \cdots P\ (u,\ AC\ (i)\ ) & \cdots P\ (u,\ AC\ (g)\ ) \\ P\ (v,\ AC\ (1)\ ) & \cdots P\ (v,\ AC\ (i)\ ) & \cdots P\ (v,\ AC\ (g)\ ) \end{bmatrix}
$$

其中 AC（i），表示用户 u 和 v 共同作出过评分的属性值，p（u，AC（i））和 p（v，AC（i））表示用户 u 和 v 对的偏好程度。利用根据 R（u，v）得出用户 u 和 v 之间的相似度 sim（u，v）的方法，可计算出用户 u 与其他用户之间的相似度，进一步可得出用户 u 的最近邻用户集，并根据最近邻用户集的偏好属性得出对用户 u 的推荐结果。

限于用户规模和知识库规模，在检索内容推荐系统实际构建的过程中存在冷启动问题。用户通过分类选择和关键词检索提交内容请求，系统对请求内容进行语义识别，并与之前建立的用户偏好模型进行匹配。然后通过协同推荐算法求得其对相关属性的偏好值，并进一步通过属性偏好值的排列组合确定最后的推荐内容，即获取基于偏好的检索内容 Top-N。最后通过获取用户对推荐内容的点击、浏览行为，进一步检验推荐模型的准确性，有助于用户数据库扩充和模型优化。

通过限定检索关键词的公共属性，对用户需求做初步框定。在此基础上挖掘用户偏好，发掘用户的潜在需求，然后通过偏好模型和协同过滤算法为用户推荐最优检索内容。公共属性的设置和拓展一方面可细化用户需求，提高检索内容的精准性和针对性，有利于为用户提供符合其需求偏好的检索结果；另一方面也方便用户偏好行为记录和细化分析，如用户对哪类主题的信息更感兴趣、更倾向于获取的内容信息。在对用户需求做细粒度分析的同时可进一步优化偏好模型和推荐引擎，在后期检索过程为用户提供更符合其偏好的内容信息。

　　显然，基于用户偏好的检索内容推荐在用户量较少、存在冷启动问题时，根据用户属性的不同进行差异化推荐排序。当累积到足够用户量后，内容推荐系统通过建立用户偏好关联，挖掘邻近用户集在查询相关主题时的点击结果，根据邻近用户集的偏好行为对指定用户进行个性化推荐。分项资源查询结果亦融合了个体用户偏好，系统会根据用户历史行为记录和基本属性分析挖掘其对媒体形式的偏好和内容属性的偏好，并依次对检索结果进行排序。总之，系统通过对用户的基本属性、历史行为、关联群体行为进行综合性建模分析，由此确定其潜在偏好属性（包括内容属性和媒体属性）和潜在点击行为，进而优化查询结果排序，实现出版内容的精准检索和个性化推荐。

第七章　基于动态资源分配的用户服务品质优化

　　服务品质是有声读物平台服务质量的核心指标，影响用户对有声读物平台服务的直观感受。显然，保证有声读物平台的服务品质，是有声读物平台的服务质量提升的核心环节。但各种智能终端的广泛使用，意味着用户可以随时随地通过各类网络消费内容，客观上要求有声读物平台能为大范围移动用户提供有品质保证的内容消费服务，即服务平台具有良好的动态扩展性和资源的弹性。考虑到云计算的即购即用商业模式使得信息服务提供商能利用其他云计算服务商的资源为自己的用户提供服务，本章引入云计算技术，构建一种基于云计算的动态资源分配策略，为大范围移动用户提供有品质保障的服务。

第一节　网络内容服务模式及特性分析

　　互联网（Internet）始于 1969 年美国的阿帕网，是不同异构网络之间相互连接而形成的庞大信息传输网络。这些异构网络以一系列标准的通用协议相连，形成逻辑相互连通的复杂国际网络。这种将计算机网络互相连接在一起的方法可称作"网络互联"，在这基础上发展出覆盖全世界的全球性互联网络称互联网，即是互相连接一起的网络结构。互联网并不等同万维网，万维网是一种基于超文本相互链接而成的全球性系统，且是互联网所能提供的服务其中之一。自 1969 年至今，在短短的 50 多年中，互联网发生了翻天覆地的变化，从最初的简单连接到现在的万物互联，功能也从最初的信息传输发展成现在人们日常信息获取的工具，成为当前人们日常生活必不可少的一部分。在这 50 多年的发展过程中，互联网结构经历了自主互联到协议互联的发展，其服务内容从最初的信息共享到内容服务再到虚拟社区和万物互联的过程。相应的，其服务模式也有深刻变化，如图 7-1 所示。

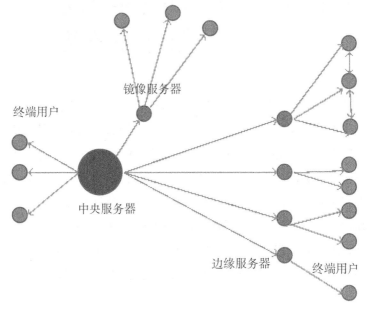

图 7-1　互联网信息服务结构图

从图 7-1 可以看出，最初互联网的信息服务是服务提供商利用自己的服务器向所有用户提供信息服务，即中央服务器模式，如早期的雅虎、新浪。随着用户规模增加，中央服务器的模式无法为用户提供满意的网络服务品质，利用镜像服务器提供服务的方式便应运而生。这种镜像服务器服务的模式需要部署镜像服务器，然后将中央服务器的内容全部镜像到镜像服务器中，即达到减小中央服务器负载的问题，还有利于内容的安全，避免因灾难而导致的信息丢失。但随着大文件和流媒体服务的兴起，单纯镜像服务方式并不能满足用户的服务需求。为此，业界和学术界提出了利用内容分发网络（Content Delivery Networks，简称 CDN）来解决上述问题。CDN 通过在网络边缘部署边缘服务器，然后通过利用靠近用户的边缘服务器来服务用户，从而达到减小响应时间，提高用户体验的目标。这一解决方案虽然能为用户提供高品质的信息服务，但其分布式的硬件架构带来高额的系统部署成本和管理成本，为此，对等网络（Peer-to-Peer，简称P2P）作为一种解决方案引起业界的关注。它利用信道具有上下行之分的特点，通过特定方法，让用户在下载信息的同时上传一定的信息，然后利用网格网络将获取相同内容的用户连接起来，实现用户之间信息互传，达到减少服务器资源消耗的目的。电子信息技术的快速发展导致存储成本急剧下降，加之计算能力的快速发展，使得大规模存储和计算中心的构建成为可能，尤其虚拟化技术的兴起，以及光纤的普遍使用，使得以数据中心为基础的云计算成为可能，而云计算的即购即用商业模式有利于中小企业以较低的资金投入来构建自己的服务系统，专业技术人员来维护服务系统。因此，基于云计算的服务模式不仅降低了信息服务的准入门槛和资源投入，有利于其专注于自身优点的发挥和挖掘。但这种基于云计算的服务模式也存在一定缺陷，主要表现在云离用户较远，而且所有用户都需要直接与云进行信息交互，导致移动设备应用的服务品质难以得到保障。鉴于此，业界提出将云计算向边缘延伸，通过利用靠近用户的服务节点来服务用户，提高信息服务质量。

一、网络环境下服务模式分析

根据上述互联网服务发展的过程，根据不同服务模式离用户距离远近的不同，其发展模式与用户距离间的关系成"近→远→近→远"这种螺旋式变化的。相似的，互联网服务模式的发展呈螺旋式状态发展的。最初的中央服务器模式是高度集中式服务，随后的镜像服务模式存在一定分布特性，但总体来说仍属于中央式，随后的CDN则属于典型分布式服务，而P2P则属于完全分布式的服务模式。显然，从中央服务器服务模式到P2P，互联网完成一个从高度集中到完全分散的服务模式演化。而从云计算服务模式开始，互联网服务又回到高度集中模式。而网络社会化以及物联网和智慧城市等新兴应用的出现，极大刺激高实时性和高带宽应用成为主流，使得云计算这种集中服务模式无法满足其高带宽低延时的应用需求。为此，不同企业和学者提出改造云计算服务模式以应对新应用的需求，随着联合云计算、分布式云计算以及雾计算等新兴云计算方式的出现，标志着云计算开始向分布式方向演进。

显然，在互联网服务模式演进过程中，由于每种服务模式的系统架构和服务特点不同，使得其需要相应的经济模式与之相适应，才能促进其快速发展。从本质上来讲，无论采用何种网络服务模式，最终完成的都是信息从信息源传输到信息消费者并被消费者消费。因此，互联网服务需要有信息提供商和消费者。而随着互联网规模的扩大以及信息服务模式的演变，各种不同主体逐渐出现在信息服务过程中，成为信息服务产业链的特定环节，并在信息服务中占据重要地位。根据不同主体在信息服务过程中所处地位不同，互联网信息服务各种模式对应的经济结构可归结为如图 7-2 所示的三类，即典型 C/S 结构、租用服务平台和互助合作。

图 7-2（a）为典型的 C/S 的互联网信息服务模式。在这种服务模式下，信息服务提供商构建自己的信息服务平台，向互联网提供商购买带宽资源，并用自己的服务平台和互联网带宽资源为用户提供各类信息服务，获得收益。在互联网信息服务历程中，早期中央集中式信息服务都采用这种经济模式，如早期雅虎、新浪等等。当前一些企业投资购买硬件设施并搭建自己的服务网站，为用户提供信息服务，也属于这种模式。在这种模式下，信息服务提供商使用自己的服务平台服务用户，对整个服务平台有完全的控制权和决策权。因此，利用这种服务模式，信息提供商能获得用户信息变化的第一手资料，并能根据用户信息变化做出相应的服务策略调整，具有较好的适应性。但由于受资金的限制，这种平台不能为超出其服务范围的用户提供足够的服务品质，会导致用户的流失。因此，如何扩展服务范围，以满足用户规模的扩大并实现潜在用户向实际用户的转变，是这种服务模式的最大挑战。图 7-2（b）为信息服务企业租用商业服务平台资源来提供信息服务的经济结构图。在这种服务模式下，信息服务提供商不需要构建自己完整的信息服务平台，而是租用已经成熟的大规模信息服务提供商的网络资源，利用这种大规

模网络信息服务提供商提供的网络资源为用户提供信息服务。利用这种经济模式，信息服务提供商将信息服务外包给信息服务平台提供商，因此不需要关注搭建自身信息服务平台所需的资金和技术，可以将更多的资金和精力关注到信息制作的品质以及如何提升信息服务质量等方面，有助于企业提升自己的核心竞争力。但这种经济模式意味着信息服务商不能对信息服务过程中的服务策略进行控制，而且信息服务商不能通过信息服务来获取用户变化的第一手资料，从而不能迅速根据用户变化来改变自身的服务策略和信息服务品质改进策略。显然，如何快速获得用户信息以及如何获得有限的信息传输控制策略，从而能够快速应对环节和用户变化，将是这种经济模式中信息服务商面临的核心挑战。图7-2（c）是互助合作的信息服务经济模式。这种经济模式综合了C/S服务模式和租用服务等两张信息服务经济模式的特点。在这种经济模式下，信息服务商需要搭建自身的信息服务平台，利用该信息服务平台为用户提供信息服务，获取利润。同时，信息服务商还与那些有着相似平台架构的信息服务提供商达成合作，能在合适条件下彼此利用对方的网络资源为自己用户提供服务，支付一定的服务费用给对方，以达到用较少的服务成本获得更大范围服务品质的目的。显然，由于相互合作的每个主体都是独立的，追求其自身的经济利益，而不同主体间存在一定的竞争关系，导致这种合作是不稳定的，容易破裂。此外，由于不同主体间存在合作和竞争关系，如何在有效利用其他主体的资源来扩展自身服务规模的同时避免信息的泄露并保证自身安全，也是这种模式需要重点解决的问题。

显然，上述三种服务的经济结构模式分别为处于不同发展程度的企业提供相应的服务模式，有利于企业在发展过程中根据自身经济基础和服务能力来选择合适的服务模式，以提高自身的发展速度和服务能力，提升自己在所在行业的竞争力。显然，作为信息服务的一种，有声读物企业在其发展过程中，也需在恰当的时机选择适合自己的服务模式，以避免不必要的投资，提高企业资金的利用率，还有利于企业在发展过程中与周围环境保持较高的一致性，有利于企业快速平稳健康发展。

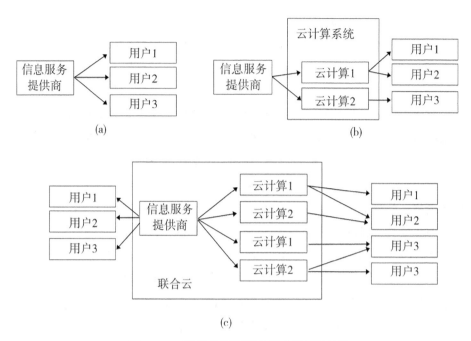

(a)

(b)

(c)

图7-2 三种信息资源服务模式的经济结构

二、云计算与联合云服务

前文分析表明各种智能终端的广泛使用客观上要求有声读物平台在大范围内具有良好的动态扩展和资源的弹性，不适合第一种经济模式，需要利用云计算的虚拟化技术和即购即用商业模式，借助其他云计算平台的资源来完成自身平台的动态扩展性和资源的弹性。云计算利用虚拟化技术将分布的各类网络信息资源组织起来，构建资源池（即"云"），并以统一调度和按需服务的方式为终端提供服务。① 这种资源聚集、统一调度和按需服务的方式使得企业能最大限度地利用自身资源，提高资源的利用率，降低企业运行成本，有利于企业的发展。此外，为大范围用户或大规模用户提供有品质保障

---

① 徐丽芳、周伊：《欧美有声书平台比较研究》，《出版参考》2019年第4期。

的有声读物服务，可借鉴联合云计算思想，与服务云平台合作，在适当时候利用其他服务云的资源来扩展自己的服务范围和服务规模，为更多更大范围用户提供有品质保障的有声读物服务。但在这种联合服务云环境下，每个服务云平台分属不同资源提供商，不同资源提供商间不仅有合作的可能，还有竞争关系的存在，而且每个资源提供商都会追求自身的经济利益，这种利益差异使得联合服务云间的合作变得困难。由上一节分析可知，根据企业所处的发展状况和资金能力，企业与其他企业合作的服务模式可采用租赁和联合这两种模式，如图7-2（b）和图7-2（c）。本书假设有声读物提供商构建有自己的云服务平台，然后利用构建的服务云平台与其他云系统合作，共同为读者提供有声读物服务，获得彼此收益。在这种云合作模式中，从服务云的目的看，有流量分流、业务分流、服务质量/服务成本比优化三种主要的类型。流量分流是指因用户请求数量过大而导致一朵云的服务器过载或者其服务带宽满载时，服务云将一部分用户请求分流到其他的云计算系统。业务分流则是指信息资源提供商将其旗下部分业务的用户请求转交给其他云系统进行服务。服务质量/服务成本比优化指有声读物提供商以综合考虑服务的性价比为核心，利用最优的性价比来实现其服务。因此，其他的云计算系统对于有声读物提供商来说，相当于其某些请求或业务的代理。在互联网中，传输流量需要付费，对等流量一般免费。与之对应，产生客户/提供商（customer/provider，C/P）服务模式与对等（Peering）服务等两种商业服务模式。显然，无论服务云之间联合的目的如何，其最终关系体现为流量，因为不管是请求还是业务最终都以流量来衡量。所以，服务云与其他云间的合作是通过两朵云之间建立简单的业务连接来实现其业务上的合作，其核心是委托与代理。委托与代理的对象可以是用户请求，也可以是业务。有声读物提供商将无法保障服务质量的用户请求或者业务委托给其他云系统（第一级代理）。当第一级代理无法完全为用户提供有品质保障的服务时，会将自己被委托的全部或者部分用户请求/业务委托给其他的云系统（第二级代理）。如此类推，无法保障服务品质的用户请求由最终代理云系统来提供有品质保障的服务，如图7-3所示。

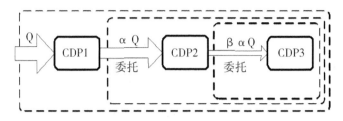

图7-3　有声读物联合服务的商业模式

　　显然，要使合作服务的方式有效地进行下去，必须满足每个参与合作的云系统的利益。由整体利益优先、付出/收获以及贡献平衡等原则可知，联合云服务虽然可以构成一个更大的云服务系统，但其在服务的整体地位并没有发生改变。而且，这种合作系统中参与提供服务的云系统获得利润，且所有云系统获得的收益之和应该等于整个联合服务云的收益。在这种情况下，如果云系统 i 将用户请求委托给云系统 j，则 i 与 j 共享这次服务的贡献值。假设 i 占总贡献值的 γ，则 j 占总贡献值的 $1-\gamma$。由此可得互联服务云环境下有声读物服务的商业模式，如图7-3所示的联合云出发系统包含两层三个云系统的代理服务。设三个云系统分别为 CDP1、CDP2 和 CDP3，$C = \{c_1, \cdots\cdots c_N\}$ 表示联合 CDP 服务的所有信息资源产品集合，$D = \{d_1, \cdots\cdots d_N\}$ 是对应有声读物的大小，$q_i = (i=1, \cdots N)$ 是每一种有声读物对应请求服务的次数。用 $\{Q=\sum_{i=1}^{N} q_i\}$ 代表 CDP1 收到的所有有声读物服务请求。分别用 $\alpha = \{\alpha_1, \cdots\cdots \alpha_N\}$ 和 $\beta = \{\beta_1, \cdots\cdots \beta_N\}$ 来表示 CDP1 和 CDP2 委托用户请求的比例。在这里，α 或 β 为 $[0, 1]$ 之间的数。因此，CDP1 自己服务 $\{\sum_{i=1}^{n}(1-\alpha_i)q_i\}$ 用户请求，而将收到的用户请求 $\{\sum_{i=1}^{N}\alpha_i q_i\}$ 委托给 CDP2，产生的流量为 $\{\sum_{i=1}^{N}\alpha_i q_i d_i\}$。CDP2 将 $\{\sum_{i=1}^{N}\beta_i a_i q_i\}$ 的用户请求委托给 CDP3，产生 $\{\sum_{i=1}^{N}\beta_i a_i q_i d_i\}$ 的流量。依照付出/收获和贡献平衡原则，假设委托方和代理方共享合作服务收益，委托方享受总收益的 γ，则对 CDP2 而言，其产生的总流量为有 $F = (1-\gamma)\{\sum_{i=1}^{N}\alpha_i q_i d_i\}$，其获得的收益为 $F = (1-\gamma)\sum_{i=1}^{N}\alpha_i q_i d_i$。同理可计算出 CDP3 的收益 $F = (1-\beta)\sum_{i=1}^{N}\beta_i \alpha_i q_i$。

三、基于联合云计算的有声读物服务效果分析

由联合服务云服务商业模式可知，在联合服务云服务过程中，参数 γ 将直接影响到各参与方的最终收益，从而决定联合服务云各参与方参与到合作服务的积极性，具有重要意义。又由前文分析可知，对于委托和代理双方而言，随着 γ 的值增大，委托方利润随之增加，而代理方的利润则随之减少。在极端情况下，γ=0 时，委托方相当于将自己的客户完全让与代理方而对此部分客户毫无收益。而当 γ=1 时，代理方为委托方提供了服务，但却没有获得任何收益。显然，无论 γ=0 或 γ=1，合作都会因为参与方收益而退出，进而导致合作失败。而当 γ 不为零且随着 γ 的值增加时，代理方因付出服务而获得利益，实现其服务价值，而委托方虽然将更多的利益让渡给代理方，但自身也能获得一定利益，这就保证了委托和代理双方参与合作的利益基础。显然，调整 γ 到合适的值，能保证委托和代理双方的经济利益，促进双方通过合作来为更大规模和范围的客户提供出版内容服务。

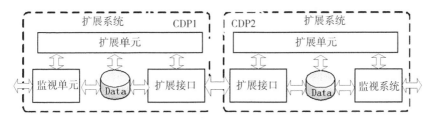

图 7-4　联合云环境下云服务平台扩展系统

鉴于此，联合云环境下服务云弹性扩展方案可设计成如图 7-4 所示，包括监视单元、数据单元、扩展接口和扩展单元四部分。其中，扩展单元是联合云环境下云服务扩展系统的核心单元，实现扩展的启动、扩展算法的实现等核心功能；数据单元存储系统扩展必需的各类数据，包括系统运行状态，用户服务品质等数据；监视单元主要负责系统和外部环境的监视工作，收集各类测量数据并做预处理，为扩展单元实现系统扩展提供必要的数据支持；扩展接口根据扩展单元提供的各类指令，通过外部连接与其他云系统进行通

信，完成云服务的弹性扩展功能。

在图 7-4 中，CDP1 监视模块监视云服务系统的运行状况和网络环境以及服务状况，并将各类监视数据传输到扩展单元。扩展单元接收到监视单元的数据，计算并判断是否需要启动系统扩展功能。若需要启动，则启动扩展策略，从数据单元中取出值，资源类型以及扩展请求一起发往联合云环境中其他云系统。云系统 CDP2 通过扩展接口获取来自 CDP1 的扩展请求并取出值，判断是否参与该联合服务系统。若不参与，直接抛弃该信息，否则，向 CDP1 发送参与扩展的响应消息。CDP2 根据所有参与合作的 CDP2 的信息，结合自身系统的运行状况和读者的请求，计算并找出合适的合作方及相应的合作资源配额。通过扩展接口启动扩展，实现资源的一体化，从而实现系统扩展。

根据图 7-4 所示的扩展系统不同模块间的相互关系及其运行机理，可设计出相应的联合服务云的弹性扩展策略，如算法 7-1 所示。

算法 7-1　基于经济的云服务弹性扩展

---

1. 计算云服务需求量和服务品质以及系统资源余量；
2. 利用线性回归算法，预估未来周期内有声读物服务需求量及服务品质；
3. 判断是否需要启动扩展；
4. 若不需要，进入联合云有声读物服务资源调度程序，转步骤 1；
5. 若需要启动扩展机制，选择合适 γ 值，利用合适的算法找出接收该值的合作云系统及所需资源；
6. 利用虚拟化技术将合作云系统资源进行收集，部署相应的服务，实现系统扩展；
7. 利用扩展云服务系统，向读者提供有声读物服务。

在上述算法中，每个云计算系统都可扮演代理方和委托方等两重角色，并根据自身服务性能和资源的消耗情况，设定相应的合作 γ 的门槛值。当自身资源不够时，可以向联合服务云其他云计算系统发出扩展请求，并发送相应。在获得参与合作云计算系统的相关信息后，启动系统扩展进程，实现系统扩展。因此，本节以两朵云为例，详细分析联合云服务间的利润获取与 γ

的取值关系，如图 7-5 所示。

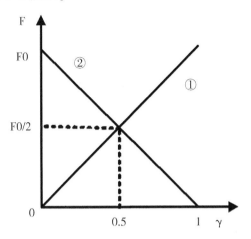

图 7-5　两朵云合作服务情况下不同 CDP 的 F-γ 函数曲线

在图 7-5 的扩展系统中，γ 的取值影响到每个参与实体的具体收益，对各参与实体参与到合作服务活动的参与度和参与积极性有直接和决定性影响。图 7-5 反映了对服务云之间的利润分配的整体趋势。在两朵云进行相互合作的情况下，CDP1 的收益 $F_1 = \gamma F$，而 CDP2 的收益 $F_2 = (1-\gamma) F$。它们的随的变化情况分别如图 7-5 曲线①②所示。随着 γ 增加，CDP1 的利益在不断增加，而 CDP2 在不断减少。当 γ=0.5 时，两个 CDP 的利益相等。显然当后的分配策略，CDP2 是完全无法接受的。因此两个 CDP 之间的分配情况只能是在阴影区域内，即 0<γ≤0.5 才能被两者接受。因此，总结来说，通过调节 γ 值可以宏观上控制整个收益的分配，同时在范围 0<γ≤0.5 内是合理的。

显然，当 γ 取值在 0<γ≤0.5 内，不同云系统间能建立起相对稳定的合作关系，而且这种合作模式有利于导致相互合作的云系统之间互赢的局面。为此，本节利用我国网络用户变动信息作为网络环境，如图 7-6 所示，并以此为依据随机地产生网络请求，所有请求都限定在面积为 1 的区域，并记录该请求的横纵坐标值。实验还设定一个主 CDP 和四个合作 CDP，其坐标值分别为 [0.25，0.25]、[0.75，0.75]、[0.75，0.25] 和 [0.25，0.75]。在上

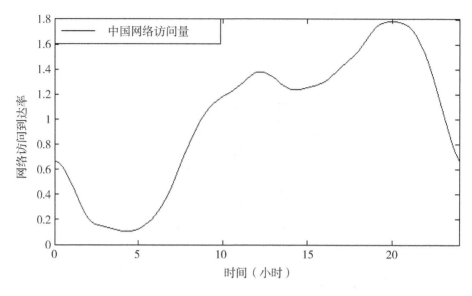

图 7-6　用户请求变化曲线

述环境设定下，实验分别对云服务系统的服务范围能覆盖整个服务区域、仅能覆盖全部区域的 0.7 和全部区域的 0.5 等三种情况下来考察其服务的响应延迟和总的服务收益两种指标。为了方便起见，实验对所有数据进行归一化预处理，以消除因量纲而带来的不必要的问题。

图 7-7 为（a）有品质保障（有拒绝服务）的云服务、（b）无品质保障（无拒绝服务）的云服务和（c）扩展云合作服务等三类服务策略下各自的平均响应延迟。可以看出有品质保障的服务机制在各种环境下都能保证服务品质，其最高的延时为 0.684，最低为 0.641；而无品质保障的服务策略则取得了最高的响应延迟，其最高为 0.782，其最低的响应延迟为 0.759；合作服务策略的响应延迟则最低，最高值为 0.596，最低值为 0.54。

图 7-8 为上述三种策略下云服务系统所对应的收益值。可以看出，在系统能保证所有读者请求服务的时候(即系统容量足够大，能够为所有读者提供有品质保障的服务时)，无品质服务策略能获得最高服务收益,最高值为 17818 元。而有品质服务的服务策略则获得最低收益,最高收益值仅为 14030 元,

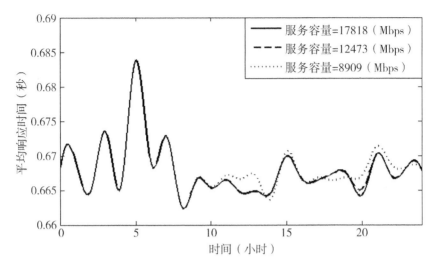

（a）有品质保障服务策略的响应延迟曲线

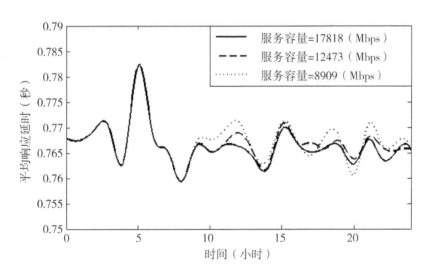

（b）无品质保障服务策略的响应延迟曲线

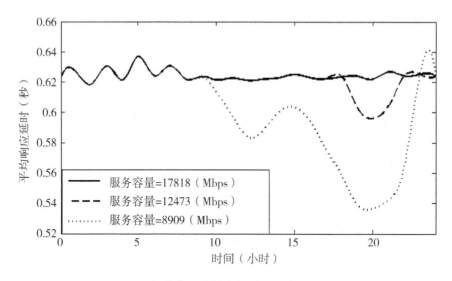

（c）合作服务策略的响应延迟曲线

图7-7　三类服务策略下的平均响应延迟曲线

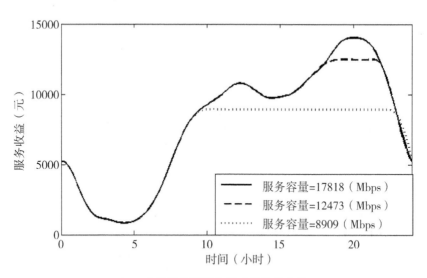

（a）有品质保障服务策略的收益曲线

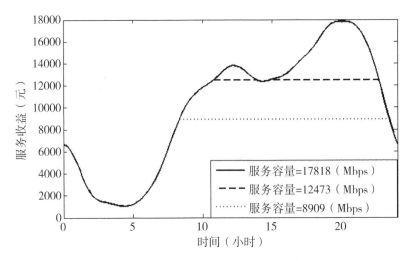

（b）无品质保障服务策略的收益曲线

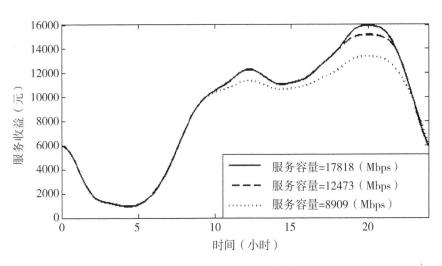

（c）合作服务策略的收益曲线

图 7-8 三种服务策略下的收益曲线

而扩展合作服务的策略的内容服务收益值为 15930 元。而当系统服务范围有限时，如试验中仅能服务设定服务面积的 0.7 或 0.5 时，扩展服务策略则取得最高服务收益，其最高值分别为 15150 元和 13360 元，而这个值对于有品质策略和无品质策略而言，则分别为 12473 元和 8909 元。综合服务的响应延迟以及总收益的性能曲线来看，采用无品质保障的服务策略能对其服务范围内的读者进行服务，但这种服务是以不能保障读者的阅读响应时间为代价的，有品质保障的服务虽然能保障所有用户的阅读品质，但只能服务有限的用户，会造成一些用户的服务请求不能服务，而扩展合作服务策略则能服务所有的用户，且能保障每个用户的服务品质。当然，这种品质保障是以让渡其部分用户的服务的部分收益为代价，但相比无品质保障和有品质保障因不能服务而损失更多的收益而言，还是具有更强的竞争优势。

第二节　边缘节点服务资源分配策略

合作服务为有声读物平台适应移动用户大范围变化提供了可行性解决方案，利用云计算的即购即用商业模式，有声读物平台能够根据用户位置变化和资源需求，从相应的云系统获得资源并构建服务节点，以满足用户内容消费需求，保证平台的内容服务品质如响应延时等。显然，选择合适的边缘节点并分配相应的服务资源，是有声读物平台根据用户变化弹性变化并保证其服务品质的保证，是实现有声读物平台弹性服务的核心。

在计算机网络领域，选择合适的边缘节点并分配相应的服务资源本质上是服务节点部署问题。服务节点部署一直以来都是学术界和工业界关注的热点和难点，产生了众多有意义的成果。[1] 这些研究不仅考虑了服务性能，还考虑了部署成本，能够较好地应用于有线网络。但近年来，随着移动终端的普及和移动用户的增加，上述方案会导致资源浪费或服务品质下降的问题。

---

① T. Ergen, S. S. Kozat, "Online Training of LSTM Networks in Distributed Systems for Variable Length Data Sequences", *IEEE Transactions on Neural Networks and Learning Systems*, 2018, 29(10), pp. 5159-5165; W. Cerroni, F. Callegati, "Live Migration of Virtual Network Functions in Cloud-based Edge Networks", 2014 *IEEE International Conference on Communications (ICC)*, 2014.

此外，在现实应用中，设计者除了需要解决上述理论局限性外，还要考虑简单实用等因素。鉴于此，本节引入深度学习，提出一种基于深度学习的边缘节点资源分配策略，能实时地根据用户位置及内容消费需求选择合作云计算系统和资源，以较少成本保证用户内容服务品质。

一、基于边缘计算的有声读物平台系统模型

基于边缘计算的有声读物平台系统模型如图 7-9 所示，包括互联网服务提供商（ISP）、用户和有声读物平台提供商等三部分。ISP 是互联网的所有者，构建并运营互联网基础架构。用户向有声读物平台提出需求并消费有声读物。有声读物平台提供商租用 ISP 的网络资源，构建自己的虚拟边缘计算有声读物平台，向用户提供有声读物消费服务。

如图 7-9 所示，基于边缘计算的有声读物平台架构由四层组成：物理网络基础架构、虚拟云平台、应用程序和服务接口。物理网络基础架构是最底层，提供处理、存储、网络和其他基本计算资源。有声读物平台提供商可以为其基础架构部署和运行操作系统以及软件。应用程序服务部署在虚拟边缘计算平台上，为用户提供有声读物服务。显然，服务节点部署旨在根据用户位置和内容需求，从不同云计算系统中获取所需资源，并在适当位置构建虚拟节点的过程。因此，虚拟边缘计算平台包含若干边缘节点，这些节点来自分布在各地的各类云服务系统。此外，考虑到边缘节点的位置和资源都需要随用户需求变化，故平台需要一个中心服务节点来收集信息并完成节点资源分配任务。由此可得边缘服务节点资源分配所需元素，如图 7-10 所示，包括终端用户、边缘云节点、各类云计算服务系统以及中心服务节点。

终端用户指各类网络用户，包括各类移动终端和各类有线接入设备，是边缘云节点提供服务的对象；边缘云节点是指用部署在网络边缘靠近用户的云计算服务节点，构建该节点的各类服务资源来自分布在该节点周围的各类云计算系统，服务资源是通过即购即用的方式获得的，购买方式课采用现有各种方式，本书采用 Spot Instance 模式；各类云计算服务系统是指分布在各地的各类云计算系统，能够以即购即用的商业模式提供各类所需的网络服务

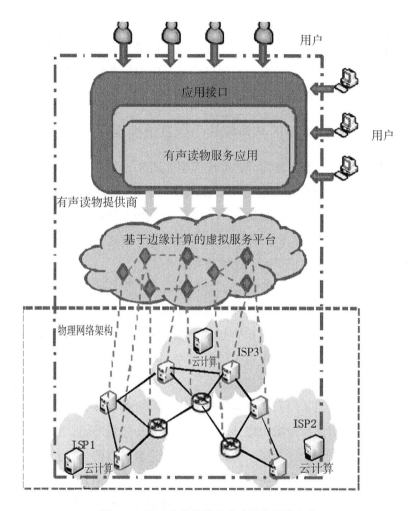

图 7-9　基于边缘计算的有声读物平台架构

资源；中心服务节点是边缘节点资源分配的核心部件，是各类信息汇聚和处理的地方，也是边缘云节点部署策略生成的地方，包括预处理器、预测器、分类树生成器和部署方案生成器以及一些存储设备，如图 7-10 所示。

预处理器旨在汇聚和处理用户信息，为预测器提供其所需的各种信息，如移动用户位置信息，移动用户服务延迟信息，移动用户服务类型信息等等，

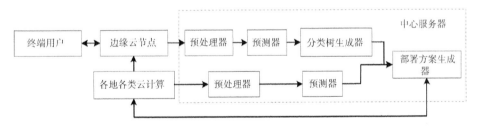

图 7-10　边缘节点资源分配策略生成框架图

处理内容包括采集、清洗、去冗和归一化等步骤。此外，预处理器还要汇聚和处理备选的各地各类云计算系统信息，如云计算系统的位置信息、服务资源类型信息、各类型提供资源容量信息、资源提供方式及其价格信息等等，处理内容包括采集、异构数据融合、清洗、去冗和归一化等步骤。预测器则根据输入的信息进行预测，以获得边缘云节点部署方案所需用户和分布云计算系统的各类信息。在预测器获得的各类信息基础上，分类树生成器利用聚类方法对用户进行聚类，并生成相应的分类树。然后部署方案生成器生成对应边缘云节点部署方案，包括合作云的选择以及每个被选合作云所对应的资源类型及相应的资源数量。

二、边缘节点资源分配策略生成

本节在上节描述的基于边缘计算的有声读物平台架构和节点资源分配框架基础上，系统介绍边缘节点资源分配策略生成过程。为此，本节首先对边缘节点资源分配策略问题进行形式化描述。在此基础上，引入深度学习，完成用户需求和资源价格预测，并提出一种边缘节点部署算法，实现边缘节点资源分配。

有声读物平台利用云计算的即购即用商业模式，以较少的成本从合作云获取其所需资源，构建边缘节点，为用户提供有品质的有声读物服务，这显然是一个优化问题。假设存在一个由所有用户和所有备选云计算系统组成的网络空间 V。这些备选云计算系统分布在网络空间不同位置，为有声读物平台边缘节点构建提供资源。用户、备选云计算系统和边缘节点都被看作网络空间 V 中的点，用户总数为 N。此时，该问题可被描述为一个成本最小的优化问题，且受服务延时的制约，即：

$$\min: f\left(l_{ij}, pc\left(j\right)\right) \ s. \ t. \ l_{ij} \leq D_{thr}$$

其中，是 l_{ij} 指用户与边缘节点 j 之间的延迟，$pc\left(j\right)$ 为边缘节点 j 的资源价格函数。$f\left(l_{ij}, pc\left(j\right)\right)$ 表明优化目标包括服务品质（网络延迟）和节点资源价格，而 $l_{ij} \leq D_{thr}$ 意味着有声读物平台边缘节点构建和资源分配受该节点对用户有声读物服务品质的限制，即其服务延迟应低于预期目标。

传统节点部署方案多是直接利用网络测量数据生成的，意味着节点部署位置和资源分配策略是针对当前时刻的。由于内容消费的惯性，这种利用现有测量数据在资源消耗上多少与现实应用相似，但随着移动互联网的发展以及终端的普及，用户随时随地消费有声读物成为一种常态，意味着利用现有用户位置信息来部署节点位置并分配相应资源的做法无法适应当前现实环境。显然，有必要根据当前用户信息来预测其接收服务时所处的位置以及其消费内容的情况。

现实中，用户接收有声读物平台服务时会一直与平台进行通信，意味着服务该用户的边缘节点能获得该用户内容需求和所处位置等信息。另外，虽然终端移动性和用户网络接入的随机性意味着用户可以随时随地通过不同网络连接到有声读物平台消费内容。但一旦用户开始消费有声读物，连接会维持一段时间。也就是说，用户内容消费具有较强的时间关联性。而对于用户位置而言，虽然终端设备的可移动性导致用户的移动性，但现实生活中，用户的移动（无论是走路还是利用交通工具，其都具有一定惯性）具有较强的时间关联性。因此，可以利用相关预测技术（如 ARMA 预测和深度学习）对用户位置和其对资源的需求进行预测。考虑到深度学习中 LSTM 能够较好提取时间序列中潜在的难以被发现的规律[①]，本节拟应用 LSTM 对用户信息加以预测。

---

① X. Wang, L. Gao, S. Mao, and S. Pandey, "Csi-based Fingerprinting for Indoor Localization: A Deep Learning Approach", *IEEE Transactions on Vehicular Technology*, 2016.

　　LSTM 能够较好地预测平台服务用户时用户所处位置，但这位置显然是现实的空间位置。事实上，节点资源分配是基于用户服务品质即响应时间的。这意味着用户位置信息是基于其网络空间位置而不是现实空间位置的。幸运的是，Yin 等人的工作显示移动用户位置在服务节点部署问题上，可以近似取代其网络空间位置，导致的误差对服务品质影响不大。[①] 而用户物理空间位置可以利用众多技术很方便地获得，但其在网络空间位置则不能直接获取，需要利用网络测量获得不同边缘节点与该用户响应时间，然后利用相关技术进一步获得。显然，为简化系统管理的复杂性并能很好应用到现实，本节用网络元素现实空间位置代替其在网络空间中的位置。为此，假定用户的物理位置坐标为 (p_{ix}, p_{iy})（i = 1, 2…, N），资源需求为 d_{r_i}（具体内容可详见个性化服务与内容推荐章节），边缘节点的位置坐标为（(p_{ix}, p_{iy})）（j = 1, 2, …, K，K 是边缘节点个数）。此外，利用一个二元变量 u_{ij} 来表示用户是否被边缘节点服务，即 $u_{ij}=1$ 表示用户被边缘节点服务，反之则为不被服务。令为边缘节点服务用户的网络延时，利用 Yin 等人的研究成果，l_{ij} 可被表示为边缘节点 j 与 i 用户坐标距离 d_{ij}（$d_{ij}=\sqrt{(p_{ix}-p_{jx})^2+(p_{iy}-p_{jy})^2}$）的函数。

　　边缘节点资源分配需要在满足用户内容服务品质基础上节约成本，而边缘节点资源来源于备选云计算系统，意味着边缘节点资源分配还需要预测备选云计算系统的资源价格。事实上，不同云计算系统由于其提供商的技术、资金基础不同，加之构建目标不同，导致其资源有效供给能力以及服务品质各不相同，对于有声读物平台的可用性也各不相同。虽然现实中有大量云计算系统提供各类可用资源，但也存在大量实体需要利用这些资源，意味着有声读物平台需要与这些实体争夺资源使用权。另外，现实中存在多种资源购买的商业模式，包括预留模式、按需模式和现付模式。[②] 预留模式和按需模

①　H. Yin, X. Zhang, Liu H. H. , Y. Luo, C. Tian, S. Zhao, and F. Li, "Edge Provisioning with Flexible Server Placement", *IEEE Transactions on Parallel & Distributed Systems*, 2017, 28(4), pp. 1031–1045.

②　L. Zheng, C. Joewong, C. W. Tan, et al. , "How to Bid the Cloud", *Acm Sigcomm Computer Communication Review*, 2015, 45(4), pp. 71–84.

式都在事先以固定价格预定需要的资源，然后在预定时间内使用。预付模式一般租用资源跨域时间较长如一年或者大几个月，按需模式则租用资源的时间跨度相对较短，如几小时或几天不等。与之相对应的，预付模式资源价格相对按需模式资源价格略贵。与这两种资源获取模式不同，现付模式是云计算系统将资源闲散资源切分成较小时间段如 5 分钟，然后在所有使用者间以竞价的方式进行交易，以获得收益。由于这些资源是闲散的，所以在定价上要远低于前面两种方式。显然，这种资源提供模式与有声平台内容服务所需的弹性资源分配天然契合。有声平台利用这种方式，能以较低价格获得所需资源，而且由于资源提供时间段较短，也有助于平台根据用户位置和需求变化动态调整。鉴于此，本书资源动态分配过程中利用这种资源供给模式，因此本书边缘节点资源分配方案所用资源主要采用这种资源供给模式来获得。遗憾的是，虽然各云计算系统提供商会设计自己片段资源供给的定价策略，但出于经济利益诉求，云计算资源提供商一般不会公开自己定价策略，而是让所有资源租用者一起参与资源获取竞争，以提高自身收益。这意味着资源分配策略生成还需要对竞拍价格进行预测，以保证能获得所需服务资源。由于不同资源租用者同时竞争资源使用权，每个资源租用者可能采用不同的竞争策略如统计模型[①]、拍卖竞争模型[②]等，这样导致资源最终的价格呈现非线性，难以用特定模型进行预测。

虽然云计算资源提高商和各资源租用者都会制定自己的价格策略，导致最终资源成交价呈非线性形式，但一般来说，这些策略会持续一段时间。也就是说，虽然资源价格呈现高度非线性，但还是一种受各类策略以及资源需求驱动而形成的。如前文所述，深度学习中 LSTM 能够较好提取时间序列中潜在的难以被发现的规律，显然与价格变动有较好的契合性。因此，与用户

---

① Q. Liang, J. Zhang, Y. Zhang, and J. Liang, "The Placement Method of Resources and Applications Based on Request Prediction in Cloud Data Center", *Information Sciences*, 2014, 279(9), pp. 735-745.

② M. S. Yoon, A. E. Kamal, and Z. Zhu, "Adaptive Data Center Activation with User Request Prediction", *Computer Networks*, 2017, 122(7), pp. 191-204.

位置和资源需求相似，本书利用 LSTM 对备选云计算系统的资源价格进行
预测。

　　基于用户信息和资源价格预测基础，本书设计了一套快速的边缘节点部
署方案，根据预测到的用户信息和资源价格信息，对有声读物平台的边缘节
点进行定位并分配相应的服务资源，如算法 7-2 所示。

　　　　　　　算法 7-2　基于深度学习的边缘节点部署

　　1：边缘云节点服务终端用户，收集用户信息数据和服务数据并生成相应的日志数
据，日志数据被传送到位于中心服务器中的预处理器。

　　2：预处理器获得所有边缘云节点传来的日志数据后，解析并获取用户信息数据以及
服务性能数据。解析后的用户信息数据和服务性能数据经过清洗、去冗和归一化处理后，
形成预测数据并被传送到预测器。

　　3：预测器收到预处理器传来的数据后，利用长短期记忆网络（Long Short-Term Mem-
ory，LSTM）预测方法对用户的需求信息进行预测，如用户响应延迟，用户请求服务类
型，用户终端设备和位置等信息。

　　预测过程中，先对用户进行分区划分，然后以每个区的统计数据信息来代替各个用
户信息输入到预测器中进行预测，预测后的信息被传送到分类树生成器。划分规则依照
N >> M >>K，其中 N 是所有用户数量，M 是划分的区域数，K 是预先估计的最终边缘云
节点个数，>>表示远远大于，如大于 10 倍。

　　4：预测信息被传送到分类树生成器中后，分类树生成器利用聚类算法对预测用户进
行聚类，并生成聚类树。在本书中，聚类算法采用分层聚类，在聚合的时候应满足非降
特性 d（i，j）≤d（A U C，B），即如果类 A 和类 B 之间的相似函数不小于类别 A 和类
别 C 合并后生成的新类别与类别 B 之间的相似函数的话，应该将类别 A 和类别 C 先聚成
一个类。其中，表示不同类别间的相似函数，A，B 和 C 都是类名。聚类后，新类的质心
用（n×cen_i+p_j）/（n+1）来计算获取。

　　将上述非降特性融入到经典分层融合聚类算法，形成分层聚类算法并对预测数据进
行聚类并最终生成聚类树，然后将聚类树传送到部署方案生成器。

　　5：部署方案生成器在获得分类树后，根据预先设定的服务品质要求，如响应延迟，
选择合适的聚类个数并获得各类的质心坐标，根据质心坐标找出相应的物理位置，然后
根据所述物理位置从中心服务器存储单元中选择合适的云计算服务系统作为边缘云节点
部署的备选云计算服务系统。

6：中心服务器根据上述备选云计算服务系统，激活备选云计算服务系统并向它们发送资源使用状态请求信息，如云计算系统所处位置，服务的资源类型，服务资源类能提供的资源量，以及服务类型的资源提供方式及对应的价格。

7：备选云计算服务系统收到所述请求信息后，向预处理器反馈所需请求信息。

8：预处理器收到各地云计算系统发送来的服务资源信息后，对所收集到的服务资源信息先进行解析及异构数据融合处理，然后进行清洗、去冗和归一化处理，生成各地云计算的服务资源信息并被传输到预测器。

9：预测器收到预处理器传来的服务资源信息后，利用长短期记忆网络（Long Short-Term Memory，LSTM）对各地云计算的服务资源信息进行预测，预测后的服务资源信息被传输到部署方案生成器。

10：部署方案生成器接收到来自预测器传输来的服务资源信息，结合步骤6选择到的质心位置和请求信息，根据预设服务性能最优，部署成本最低或者部署成本与服务性能联合最优等部署准则从备选云服务系统中选择出最优云服务系统作为备选边缘云节点。

11：根据获得的备选边缘云节点，利用预设部署准则将预测的用户分配到相应的备选边缘云节点，并利用预设服务品质对备选边缘云节点进行验证。

12：若有预测用户无法满足预设服务品质；则将所选取的聚类数量加1，重复步骤5至步骤11，直至所有预测用户均能获得不低于预设的服务品质，即为边缘云节点部署方案和边缘节点的资源分配方案。

三、实验结果和性能分析

为验证边缘节点资源分配方案的可行性和有效性，本节利用纽约的士运行轨迹数据[1]和亚马逊 EC2 云计算的资源即购定价模式[2]作为实验数据对本书提出的边缘节点部署方式以及现有其他几种节点部署方案进行效果验证。实验使用 IntelR Core（TM）I5-8250U 处理器，1.8GHz 时钟频率8GB 内存，程序语言为 Python 语言。在实验过程中，为尽量拟合现实情况，算法运行周期采用与亚马逊 EC2 即购定价模式一致，即取样间隔为5分钟。[3] 也就是说，每5分钟，

---

① http：//www. nyc. gov/html/tlc/html/about/trip record data. shtml.

② http：//spot. scem. uws. edu. au/ec2si/Home. jsp.

③ https：//aws. amazon. com/ec2/purchasing-options/spot-instances/.

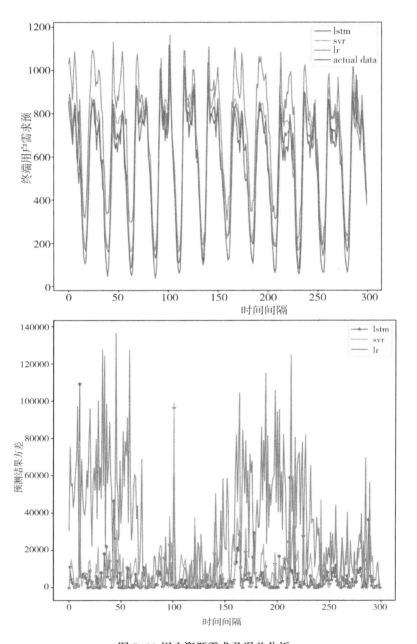

图 7-11 用户资源需求及误差分析

有声读物平台边缘节点的位置和资源配置做一次更新。此外，根据以往的研究结果，结合 Ward 分层聚类算法的非降特性，实验将整个纽约市划分为 15×15＝225 个区域，然后用 LSTM 预测每个区域用户数量及其所需资源量。同时，实验随机的将 500 个云计算系统随机分布到全纽约市，并且假定每个云计算系统能够提供足够的资源给边缘节点，其资源定价在亚马逊 EC2 定价基础上随机添加一个系数（0.9-1.2），然后将这个价格当作对应云计算系统资源定价的输入。上述数据作为实验的输入，然后用 LSTM 作为预测器，开预测用户位置分布、资源需求以及备选云计算系统资源价格，最后用这些预测数据作为输入，利用边缘节点部署算法获得有声读物平台的边缘节点部署方案和资源分配方案，现以较低价格获得满意的用户有声读物消费服务品质。

在验证边缘节点资源分配方案可行性之前，实验先验证算法中采用的 LSMT 预测性能。为此，实验将 LSTM 与支持向量回归（SVR）和线性回归（LR）两种不同预测方法分别就用户资源需求和备选云计算系统资源价格的预测进行了对比，如图 7-11 和图 7-12 所示。在预测过程中，训练与测试数据比是 50∶50，LSTM 采用的是反向传播，利用的是第三方工具包 Keras[①]，学习率为 0.001，隐藏层为 2；SVR 中的多项式核函数采用第三方工具包 Sklearn[②]；LR 核心利用的是梯度算法实现的。图 7-11（a）和图 7-12（a）展示了应用 LSTM、SVR、LR 对 225 个区域中随机选择区域的用户分布以及云资源预测和真实数据进行的对比，图 7-11（b）和图 7-12（b）则描绘出上述预测结果的方差。对比图 7-11 和图 7-12 可以看出，LSTM 有最好的预测结果，其预测曲线最接近真实数据曲线，其方差也小于其他两种预测方法的方差。

为进一步验证资源分配策略，本书提出的算法与经典 k-means 聚类算法分别应用于按需定价和即购定价两类云资源定价模式获得的性能价格进行对比。在实验过程中，节点部署标准采用最小化部署成本+响应时间。这两类定价模式的资源价格均使用亚马逊 EC2 云定价的数据。一般来说，EC2 云资

---

① https://keras.io/.

② https://scikit-learn.org/stable.

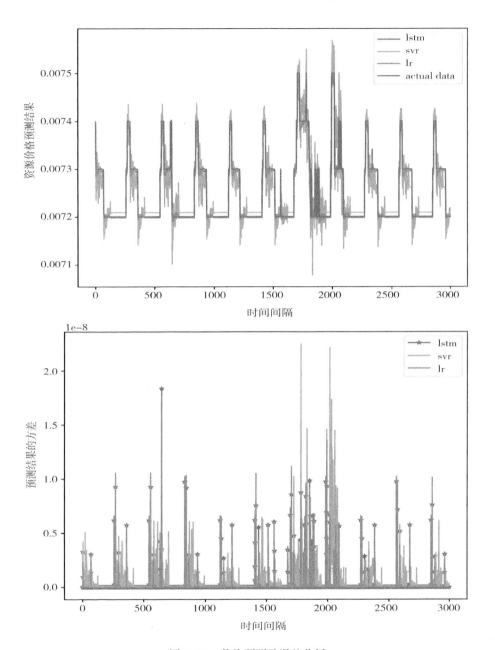

图 7-12　价格预测及误差分析

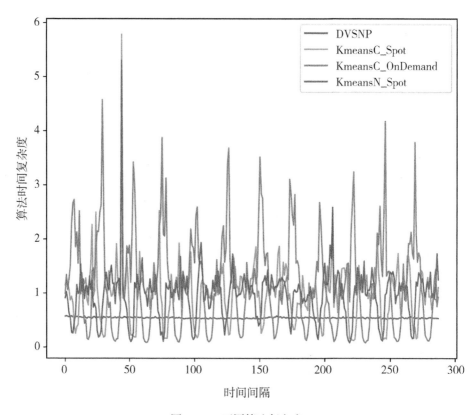

图 7-13　不同算法复杂度

源价格体系中，按需定价的资源价格比即购定价的资源价格要高出 35%—50%左右。本节假定按需定价的资源价格比即购定价的价格高 30%。此外，考虑到预测的用户可能会比实际用户数量多，导致用户响应时间延长，即降低服务品质。实验引入延时系数来描述该现象：$\gamma = max \{1, \frac{R_d}{R_a}\}$，即当预测人数少于真实人数时，响应时间为利用预测人数获得的响应人数，否则，用真实用户数来获得响应时间。

图 7-13 显示不同方案的运行效率，可以看出本书提出的方案（DVSNP）性能要优于其他几种方案（DVSNP 曲线远低于其他几种方案的曲线）。此外，

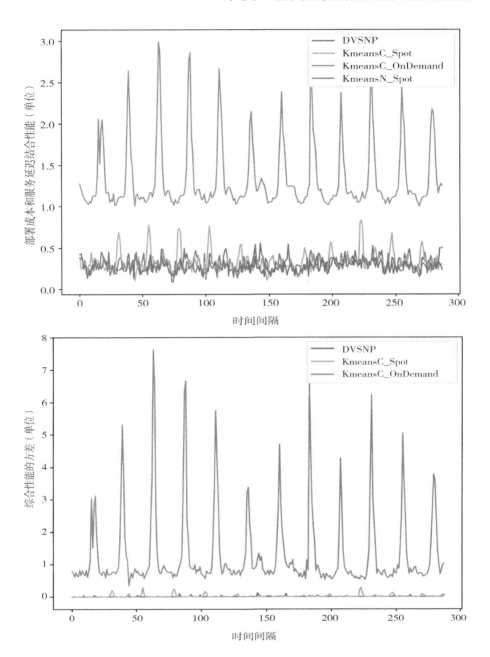

图 7-14　不同算法对响应延时和部署成本综合性能对比

图7-13还显示 DVSNP 几乎与横坐标平行，意味着本方案占用资源较少，有助于平台预留合适资源完成动态资源分配方案的实施。与图 7-13 不同，图7-14展示的是不同部署方案的部署型内，包括部署成本和响应时间。可以看出，按需定价的 kmeans 策略的部署性能远低于其他几种策略，即购定价 DVSNP 策略比即购定价 kmeans 真实数据策略略低，但其对应的方差却是所有策略中最低的。因此，有理由推断出本书提出的策略接近最优策略。

第三节　节点间内容传输动态资源分配策略

　　云计算的资源即购即用商业模式为有声读物平台提供了借鉴因用户移动而导致的平台资源需求弹性的问题，深度学习可以根据用户位置和资源需求为有声读物平台的边缘节点及相应的服务资源进行分配，已就近完成用户个性化资源推荐并服务用户内容消费。然而，这些边缘节点被部署在不同互联网提供商（ISP）运行的网络中，彼此之间需要协调工作，共同为所有用户提供有声读物服务，使得在这种异构环境下分配不同边缘节点间的带宽资源就成为一个巨大挑战。事实上，作为云计算的热点议题，资源分配被广泛研究。Beloglazov 等人[1]提出一种能量感知的资源分配算法，以求在不影响协商的服务水平协议条件下有效地将数据中心源分配到终端用户上去。利用虚拟化技术，Xiao 等人开发了一个资源分配系统，可以在避免云计算系统过载的同时，实现服务器最小化。[2] Warneke 和 Kao 讨论了不同并行式数据处理的优缺点，并提出了一种数据处理框架来同时处理任务分配和执行。[3] Teng 和

---

① A. Beloglazov, J. Abawajy, R. Buyya, "Energy-aware Resource Allocation Heuristics for Efficient Management of Data Centers for Cloud Computing", *Future Generation Computer Systems*, 2012, 28 (5), pp. 75-68.

② Z. Xiao, W. Song, Q. Chen, "Dynamic Resource Allocation Using Virtual Machines for Cloud Computing Environment", *IEEE Transactions on Parallel and Distributed Systems*, 2013, 24 (6), pp. 1107-1117.

③ D. Warneke, O. Kao, "Exploiting Dynamic Resource Allocation for Efficient Parallel Data Processing in the Cloud", *IEEE Transactions on Parallel and Distributed Systems*, 2011, 22 (6), pp. 985-997.

Magoul 分析了用户和供应商之间的交易和消费行为，并设计了一种贝叶斯纳什均衡分配算法用于云计算资源管理。[①] 显然，这些工作大多关注于分布式云计算的带宽资源分配，在分布式云计算环境下并不能取得预期效果。因此，近年来，一些工作开始关注于分布式环境下云计算的资源分配。J. Guo 等人关注于一个数据中心的虚拟机间的带宽资源分配，设计了一个基于逻辑斯模型的带宽资源分配算法。虽然这些策略在其设定条件下能取得预期效果，但他们都没有考虑网络环境这一因素。[②] 事实上，网络环境如拥塞、延迟，反映了网络连接的拥挤程度和网络设备的负载情况，会直接影响到资源优化策略的性能。和其他覆盖网络类似，云计算系统，尤其边缘计算和其他分布式系统，如 P2P、流媒体服务等等，共享底层物理网络。由于这些边缘节点通过互联网相互连接，他们的响应延迟会受内容传输的影响，进而影响到边缘节点间的数据传输。边缘节点的资源分配一般包括两步：映射和调度。前者旨在将应用层的资源分配到网络元素和服务器、路由器和物理链接。后者则将云计算虚拟资源分配到这些元素上。但映射和调度都依赖于物理条件。因此，这些并没有考虑到网络环境的调度策略在真实环境下并不能取得预期效果。

为解决上述问题，本节提出一种边缘节点间的资源管理策略来优化边缘节点间资源传输效率。该策略虽然基于各类覆盖网络应用共享底层物理架构，但很少有互联网提供商对外公布其流量管理和调度策略，从而导致每个覆盖网络都会独自优化其网络流量的事实，将边缘节点和互联网间的带宽资源分配形式化成一个非合作博弈。然后，该策略引入 M/M/1 排队论来分析所有互联网应用在这种带宽共享条件下的交互关系，以揭示边缘节点间的内容传输

① F. Teng, F. Magouls, "A New Game Theoretical Resource Allocation Algorithm for Cloud Computing", in *Proceedings of Advances in Grid and Pervasive Computing – 5th International Conference(GPC)*, 2010, Vol. 2010, pp. 321–330.

② J. G. F. Liu, X. Huang, J. Lui, M. Hu, Q. Gao, & H. Jin, "On Efficient Bandwidth Allocation for Traffic Variability in Datacenters", in *IEEE INFOCOM* 2014 – *IEEE Conference on Computer Communications*, 2014, pp. 1572–1580.

效率和物理链接中带宽消耗之间的关系。在此基础上，本节将博弈论融入到这个交互模型，提出了资源分配模型来优化互联网和边缘节点的资源分配，并提出一个动态资源分配算法来分配边缘节点间的内容传输过程中的带宽资源。该算法综合考虑了互联网和云系统运行状态，从全局上优化边缘节点间的资源分配。因此，该策略不仅能实现边缘节点间的资源优化，还能导致互联网络的负载均衡，避免互联网的局部过热的现象发生。

一、有声读物平台服务边缘节点间内容传输资源分配框架

本节首先描述了有声读物平台边缘节点间资源分配框架，研究了这些节点与物理网络之间的关系，并利用排队论建立交互模型，提出资源分配策略。

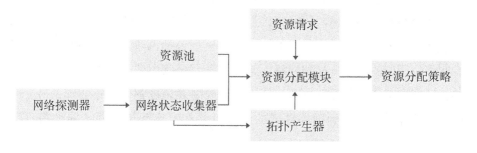

图 7-15　边缘节点间资源分配框架图

从本质上讲，边缘节点间资源分配旨在利用有限资源尽量满足用户服务需求。也就是说，允许不同条件下的部分用户服务品质下降到可以接受的程度。因此，平台在分配资源的时候，需要了解自身运行状态和网络环境状态。为此，本书综合考虑云资源，应用需求和网络环境，将这些信息作为资源分配算法的输入，然后提出边缘节点间带宽资源分配算法来管理带宽资源。如图 7-15 所示，这些分布式网络探测节点收集网络环境的原始数据（如拥塞和延迟等），然后将这些数据传送到网络状态收集器。网络状态收集器分析原始数据来获得数据中心处理能力和不同数据中心间的连同性。网络拓扑产生其利用这些数据产生一个适合的虚拟云计算平台的拓扑并将这个拓扑映射到物理网络，以找出最优流量传输路径。随后，资源分配模型根据应用需求、

虚拟云平台资源、网络拓扑和网络环境等数据，优化资源分配策略。

　　显然，如何构建边缘节点间的分配资源模型是基于边缘计算有声读物平台资源管理的核心。与其他覆盖网络相似，边缘计算利用虚拟化技术，在应用层上将它所有边缘节点的资源综合成一个服务系统。因此，可以利用合适的映射算法如 GreeDi 将边缘节点的每一个连接映射到物理连接上。[①] 也就是说，通过合适的映射算法，基于边缘计算的有声读物平台内的每一条连接都能映射到合适的物理链接。因此，链接的内容传输代价依赖于代价和物理网络连接的流量。

　　用链接的延迟 T_l 来代表链接的成本，它是该链接所有流量的函数。应用 M/M/1 排队模型，链接 l 上云流量和物理流量间的交互关系可被描述为：

$$T_l = \begin{cases} \dfrac{1}{c_l - b_l - f_l} & f_l < c_l - b_l \\ \infty & the\ others \end{cases} \tag{7-1}$$

这里，f_l 表示链接 l 上的物理流量，cl 表示链接 l 的资源容量，意味着背景流量。根据式（1），可以看出链接 l 的延迟是背景流量 b_l 和内容流量 f_l 的一致减函数，也是链接容量的一致增函数。

　　考虑到一个边缘节点接收到其他节点资源需求的场景，它需要将所需内容尽快地通过网络传输到其他边缘节点。此时，将源节点定义为 SD，其他为接收节点 ED。由于不同节点资源需求是相互独立的，节点间资源分配可被形式化为一个虚拟有向图，其点集合为 S = {1，2，…，I}，并且他们共享连接集为 L = {1，2，…，L}。ED 间是非合作的，也就是说，每一个 ED 根据其自身特性来优化其路由策略。此外，SD 还需要传输内容到用户，也需要优化内容传输路径。假定 SD 能识别 ED 间的非合作行文，并且能根据边缘节点和物理网络的信息来优化其资源分配。

　　显然，ED 间的交互行文可以被形式化为一个非合作非零和的博弈问题。为方便起见，令 SD 为 0 号节点，令分布式数据中心云的元素集为 S0 = SU0。

① T. Baker, B. Al-Dawsari, H. Tawfik, D. Reid, Y. Ngoko, GreeDi,“ An Energy Efficient Routing Algorithm for Big Data on Cloud”, *Ad Hoc Networks*, 2015（35）, pp. 83-96.

令 cl 为链接 l 的容量限。假定 c_1, c_2, ... , c_1 满足 as $c_1 > c_2 >$, ... $> c_1$。每个 EDi 的资源需求表示为 $r^i > 0$。

不失一般性，假设非合作 ED 的流量需求满足如下条件：$r^1 > r^2 > \cdots > r^i$。令 $r = \sum_{i=1}^{L} r^i$ 表示所有非合作 ED 的流量需求，$R = r + r^0$ 表明整个有声读物平台的总资源需求，并且受 $R < C$ 约束。为了优化资源分配，有声读物平台将内容拆分成若干子内容，然后可以通过所有的链接并行传输这些内容。令 f_l^i 为源通过链接 l 传输到 EDi 的流量。则 EDi 的流量配置策略空间可用 $F^i = \{f_1^i, \cdots f_l^i\}$ 来表示。同样的，$f = \{f_0, \cdots, f_l\}$ 被称为系统流量配置策略。

用代价函数 T：$F \rightarrow R$ 来衡量 EDi 的品质，T_i 则为 ED_i 在配置策略下的代价。也就是说，T^i 越高，ED 的服务品质越低。此时，问题可以被形式化为：

$$\min: T^i (f) = \sum_{l=1}^{L} T_l^i (f_l) \tag{7-2}$$

式 (7-2) 表明有声读物平台需要通过链接传输内容，以获得最小延迟。在这里有 $\sum_{l=1}^{L} T_l^i (f_l) = f_l^i T_l (f_l)$，$l \in L$。

二、节点间带宽资源动态优化策略

给定策略文件 f_l，根据式（1），ES_i 的平均物理网络延迟可被描述成 $\dfrac{T^i (f_l)}{r^i}$。由于资源分配策略旨在高效的传输内容，这个问题可进一步被描述成：

$$T (f) = \sum_{l=1}^{L} \frac{f_l}{(c_l - b_l - f_l) R} \tag{7-3}$$

式 (7-3) 表明该平均延迟是链接 l 背景流量和内容流量的严格增函数，是源节点资源限的严格递减函数。假定 c_l 为常数，则最优策略依赖于物理网络的背景流量和有声读物平台的内容传输量。式（7-3）同时也表明背景流量和内容流量共享相同的物理网络。

由于函数 $T (f)$ 是一个凸紧函数，且满足 $0 < c_l - b_l - f_l < c_l$，纳什均衡点一直存在，即存在一个最优的优化策略 $f*$，可以使得整个网络代价最小。

应用 Kuhn-Tucker optimality Conditions（KTC 优化条件），引入拉格朗日

算子 λ，可得：

$$f_l^i > 0 \Rightarrow T_l^i(f_l) = \lambda^i \tag{7-4}$$

$$f_l^i > 0 \Rightarrow T_l^i(f_l) = \lambda^i \tag{7-5}$$

接下来内容将证明本模型存在唯一纳什均衡策略。假定模型存在两个纳什均衡策略 $\bar{f}$ 和 $\hat{f}$，则式（4）和式（5）能被改写成：

$$\bar{T}_l^i(\bar{f}_l^i, \bar{f}_l) \begin{cases} \geq \lambda_i \bar{f}_l^i = 0 \\ = \lambda_i \bar{f}_l^i \geq 0 \end{cases} \tag{7-6}$$

$$\hat{T}_l^i(\hat{f}_l^i, \hat{f}_l) \begin{cases} \geq \lambda_i \hat{f}_l^i = 0 \\ = \lambda_i \hat{f}_l^i \geq 0 \end{cases} \tag{7-7}$$

假设存在链接 l 和数据中心 i 且满足：$\hat{\lambda}^i \leq \bar{\lambda}^i$ 且 $\hat{f}_l \leq \bar{f}_l$

当 $\hat{f}_l^i = 0$，显然有 $\bar{f}_l^i \geq \hat{f}_l^i$ 成立。

当 $\hat{f}_l^i > 0$ 时，由式（7-6）和式（7-7），可得：

$$T_l^i(\hat{f}_l^i, \hat{f}_l) = \hat{\lambda}^i \leq \bar{\lambda}^i \leq T_l^i(\bar{f}_l^i, \bar{f}_l) \tag{7-8}$$

由于 $\hat{f}_l \geq \bar{f}_l$，可得如下不等式：

$$T_l^i(\bar{f}_l^i, \bar{f}_l) \leq T_l^i(\bar{f}_l^i, \hat{f}_l) \tag{7-9}$$

显然，函数 T_l^i 随两个因变量增加而增加。对比式（7-8）和式（7-9），可得 $\bar{f}_l^i \geq \hat{f}_l^i$。

假设存在集合 $L1 = \{l: \hat{f}_l^i > \bar{f}_l^i\} \neq \varphi$，和集合 $L2 = \{l: \hat{f}_l^i \leq \bar{f}_l^i\}$，且集合 $I = \{i: \hat{\lambda}^i > \bar{\lambda}^i\}$。则对任意 $i \varepsilon I$，均可得到：

$$\Sigma_{l \varepsilon L_1} \hat{f}_l^i = (r^i - \Sigma_{l \varepsilon L_2} \hat{f}_l^i) \leq (r^i - \Sigma_{l \varepsilon L_2} \bar{f}_l^i) = \Sigma_{l \varepsilon L_1} \bar{f}_l^i \tag{7-10}$$

显然，这与先前定义相矛盾，即 $L1 = \varphi$。也就是说，集合 $L1 = \{l: \hat{f}_l^i > \bar{f}_l^i\} = \varphi$。

同理可得 $\{l: \hat{f}_l^i > \bar{f}_l^i\} = \varphi$。因此，对任意 $l \varepsilon L$，等式 $\bar{f}_l^i = \hat{f}_l^i$ 恒成立。

假设集合 $I \neq \varphi$，使得 $\bar{\lambda}^i < \hat{\lambda}^i$，$i \varepsilon I$ 成立。由于 T_l^i 是一个不增函数。当 $\hat{\lambda}^i < \bar{\lambda}^i$，$i \varepsilon I$ 时，$\hat{f}_l^i < \bar{f}_l^i$ 成立。进一步有 $\Sigma_{l=1}^L \bar{f}_l^i > \Sigma_{l=1}^L \hat{f}_l^i = r^i$。这与 $\Sigma_{l=1}^L \bar{f}_l^i = \Sigma_{l=1}^L \hat{f}_l^i = r^i$ 相矛盾。因此，策略 I 集合为 φ。

同理，可得对任意 $i\varepsilon\ I$，$\hat{\lambda}^i=\overline{\lambda}^i$ 恒成立。因此，对于有声读物平台，存在唯一的纳什均衡策略来获得最优的资源分配。

应用 KTC 最优解条件并引入拉格朗日算子 λ 和 μ，可得：

$$\frac{aT^i}{af_l^i}-\lambda^i-\mu^i=0 \tag{7-11}$$

$$\sum_{l=1}^{L}=f_l^i=r_l^i,\ \mu_l^i=0 \tag{7-12}$$

$$\mu_l^i \geqslant 0,\ f_l^i \geqslant 0 \tag{7-13}$$

当策略满足上述条件即为纳什均衡点（最优策略）。将 $\sum_{l=1}^{L}\frac{f_l^i}{c_l-b_l-f_l}$ 代入到 $T_l^i\ (b_l,\ f_l^i)$，可得：

$$\lambda_i=\frac{c_l-b_l-f_l+f_l^i}{(c_l-b_l-f_l)^2},\ f_l^i>0 \tag{7-14}$$

$$\lambda_i<\frac{1}{c_l-b_l-f_l} \tag{7-15}$$

显然，当所有节点满足上述两个条件，SD 能为自己和其他节点分配最优内容传输策略，从而使得底层的物理网络和边缘节点传输内容的代价都最小。

$$f_l^i\begin{cases} >0 & l \leqslant L^i \\ =0 & l>L^i \end{cases} \tag{7-16}$$

如果 EDi 采用这种最优策略。显然，系统必然存在理工链接 $L^i< L$，去 $f_l^i> 0$，$l\leqslant L^i$。将其代入式（7-15），可得：

$$\lambda^i=\left(\frac{\sum_{l=1}^{Li}\ (cb_l^i)^{1/2}}{\sum_{l=1}^{Li}\ (cb_l^i)}\right)^2 \tag{7-17}$$

$$\frac{\sum_{l=1}^{Li}\ (cb_l^i)^{1/2}}{\sum_{l=1}^{Li}cb_l^i-r^i}=\ (\lambda_i)^{1/2}<\frac{1}{(cb_{Li+1}^i)^{1/2}} \tag{7-18}$$

由式（7-17）和式（7-18），可得：

$$r^i \leqslant \sum_{k=1}^{l=1}cb_m^i-\ (cb_l^i)^{\frac{1}{2}}\sum_{m=1}^{l=1}\ (cb_m^i)^{\frac{1}{2}} \tag{7-19}$$

同理，令 $i=\ ^L i$，可得：

$$(\lambda_i)^{1/2}=\frac{(cb_{Li}^i)^{1/2}}{cb_{Li}^i-f_{Li}^i}>1/\ (cb_{Li}^i)^{1/2} \tag{7-20}$$

进一步可得：

$$r^i \geqslant \sum_{k=1}^{l=1} cb_m^i - (cb_l^i)^{1/2} \sum_{m=1}^{l=1} (cb_m^i)^{1/2} \qquad (7-21)$$

式（7-19）和式（7-21）一道，确定了那些链接需要完成有声读物平台中的内容到 ED_i 的传输。换句话，根据 EDi 的资源需求，SD 应用式（7-19）来确定链接的上行带宽以便于将内容传输到 ED。并用式（7-21）来确定其传输到 ED 的下行带宽。

由式（7-14）式（7-17），可得：

$$f_l^i = cb_l^i - (cb_l^i / \lambda^i)^{1/2} \qquad (7-22)$$

表明是残留容量和拉格朗日算子的函数。

最后，可得：

$$f_l^i = \begin{cases} cb_l^i - \left(\sum_{m=1}^{L^i} cb_m^i - r^i \right) - \dfrac{(cb_m^i)^{\frac{1}{2}}}{\sum_{m=1}^{L^i} cb_m^{i\frac{1}{2}}} & 0 < l \leqslant L^i \\ 0 & the\ others \end{cases} \qquad (7-23)$$

式（7-23）显示 SD 仅使用了前 L^i 个链接来向 ED_i 传输内容，且各链接传输内容的带宽分配依照式（7-23）。在式（7-23）中，门槛 L^i 由式（7-19）和式（7-21）确定，cb_m^i 为残留容量，可以由一些信息技术检测得到。

对于所有链接，最优全局策略 f＊ 可以写成：

$$f_l* = \begin{cases} cb_l - \left(\sum_{n=1}^{L} cb_n - R \right) - \dfrac{cb_l^{\frac{1}{2}}}{\sum_{n=1}^{L} cb_n^{\frac{1}{2}}} & 0 < l \leqslant L* \\ 0 & the\ others \end{cases} \qquad (7-24)$$

其中，L＊可由式（7-23）确定。

基于上述策略，资源分配算法被设计成如算法 7-3 所示。该算法周期性地进行资源分配，以适应物理网络和有声读物平台的变化。为了降低通信和计算的开销，算法采用中心控制结构。换句话说，所有分配策略均在平台中心中的图 7-15 所示的资源分配模块中产生。然后这些策略分别被传输到相应的边缘节点。每个节点收到其优化策略后，按照优化策略进行内容传输。

本算法以平台资源，应用需求和网络环境为输入。一般来说，平台资源和服务请求可以直接收集到，但网络环境不能直接获取。为此，系统在网络不同地点部署了探测节点，用以收集网络物理层的背景流量，然后这些数据被传输到网络专题收集器，以便抽取有用的网络信息。这些信息再被传输到拓扑产生器和资源分配模块。利用这些信息，拓扑产生器构造有声读物平台的虚拟拓扑，并将这些拓扑映射到物理网络中。随后，拓扑产生器将虚拟拓扑和映射结果传输到资源分配模块。当资源分配模块接收到所有输入信息，利用式（7-24）生成网络优化策略，并利用式（7-23）产生有声读物平台边缘节点的优化策略。

算法 7-3　基于边缘计算的有声读物平台的资源分配方案

输入：

　　EDs 的资源需求 r^1，…，r^l；

　　终端资源需求 r^0；

　　链接的服务容量 c_1，…c_i；

　　链接的背景流量 b_1，…，b_l；

　　EDs 的数量 I；

　　云平台共享的链接数 L；

输出：

　　用户的资源分配策略 f^0；

　　EDs 资源分配策略 $f1$，…，f^l

开始

步骤 1：计算总的需求资源 $R = \sum_{i=0}^{l} r^i$；

步骤 2：计算所有共享链接的残留资源 TResid $= \sum_{i=1}^{L} (c_1 - b_1)$；

步骤 3：if TResid>R then

步骤 4：for i-1；i<n；i++do

步骤 5：$cb^i = c^i - b^i$；

步骤 6：对 cb^i 进行排序；

步骤 7：对 r^i 进行排序；

步骤 8：计算 $U_l = \sum_{i=1}^{l-1} cb_i - cb_l^{1/2} \sum_{i=1}^{l-1} cb_i^{1/2}$；

步骤 9：找出满足的 $U_{L^*} < R < U_{L^*}$ 的 L^*；

步骤 10：应用公式（7-24），产生网络优化策略文件；

步骤 11：应该公式（7-23），为用户和 EDs 产生相应的优化的资源分配策略；

步骤 12：end for

步骤 13：end if

算法首先计算总的资源需求和所有共享链路残留自已量 $tResid$。在此基础上，算法利用 $R = \sum_{i=0}^{I} r^i$ 和 $tResid = \sum_{i=1}^{I} (c_i - b_i)$ 分别计算应用需求和网络环境。基于计算的 R 和 $tResid$，步骤 2 决定是否启用资源分配策略。如果需要启用，最优分配策略产生器为每个边缘节点和所有用户产生对应的优化策略。对于资源需求 i，残留资源容量在步骤 5 通过式 $cb^i = c^i - b^i$ 计算获得。然后步骤 6 和 7 应用快速分类算法[1]来获得 cb^i 和 r^i 的降序排列。之后，式（7-19）和式（7-21）被用来确定边缘节点 i 传输内容时用到的链接。步骤 8 计算 $U_l = \sum_{i=1}^{l-1} cb_i - (cb_l)^{1/2} \sum_{i=1}^{l-1} cb_i^{1/2}$。步骤 9 利用式（7-19）和式（7-21）计算链接的传输上限和下限。最后，步骤 10 应用式（7-24）来产生网络优化策略，步骤 11 利用式（7-23）为用户和每个边缘节点产生资源优化策略。在算法 7-2 中，没有参与的节点周期性地向系统发送其运行状态信息并接受来自系统产生的优化策略，然后按照优化策略来传输内容，以达到整个系统传输效率的提升。

三、实验验证和性能分析

为了验证该算法在真实环境下的有效性，本节利用中国网络报告从 2012 年第四季度到 2014 年第四季度的网络数据[2]，精心设计了相应的仿真实验来模拟现实情况。中国互联网发展报告是由最大的 CDN 和 IDC 服务提供商 Chinanet center 在其 CDN 和 IDC 服务平台运行数据基础上总结发布的。为了收集中国网络信息，Chinanet center 使用超过 1 万个服务器作为代理节点，这些节点被部署在全国 500 个服务节点内。然后这些服务器被用来收集网络他们自己和用户之间的连接条件，如图 7-16 所示。因此可以推断出图 7-16 代表了网络真实环境。

---

① C. A. R. Hoare, "Quicksort", *Computer Journal*, 1962(5), pp. 10-15.

② chinanetcenter, Chinanetcenter CChina internet development report (The fourth quarter of 2012 and The fourth quarter of 2014), available: http://en. chinanetcenter. com/pages/technology/g3-download-report. php.

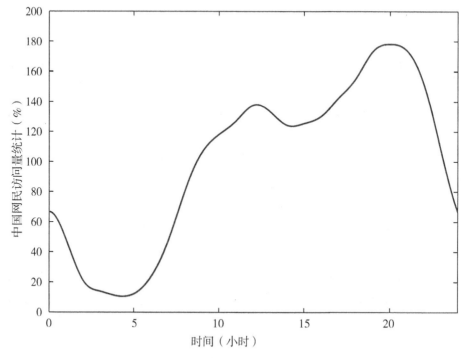

图 7-16　中国网络流量状态图

　　由图 7-16 可知，网络在每天凌晨时会较轻，从早上 8 点开始变忙，到 12 点左右达到第一个最忙时。随后开始有所下降，大约到下午 6 点时降到另一个低点，接着会快速上升，到晚上 9 点左右达到一天的峰值。最后一路下降，到凌晨时分达到一天最低值。在仿真实验过程中，假定有两个内容资源请求：Demand1 和 Demand2，其资源需求分别为 35 和 30 个单位。此外，系统有四个链接，拥有 220 个单位的容量限。实验在图 7-16 的基础上随机叠加幅范围 [0, 3]，产生相应的背景流量，如图 7-17（a）所示。除了这些背景流量，实验还在资源请求上叠加了范围为 [0, 3] 以表示资源请求的随机性，如图 7-17（b）所示。

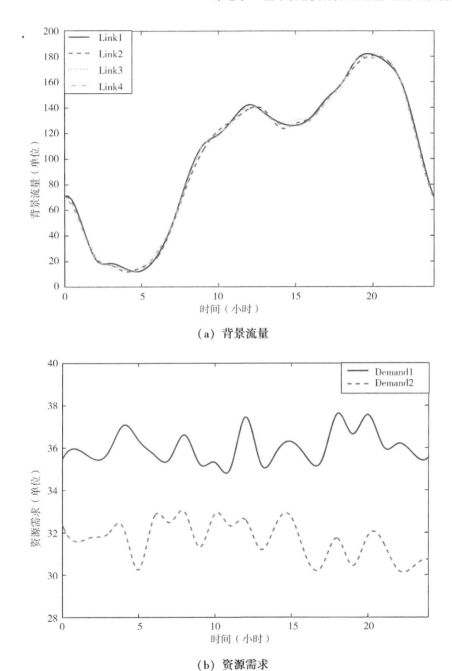

（a）背景流量

（b）资源需求

图 7-17 网络环境与资源需求

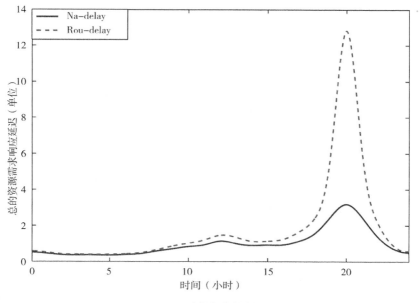

（a）总的服务性能

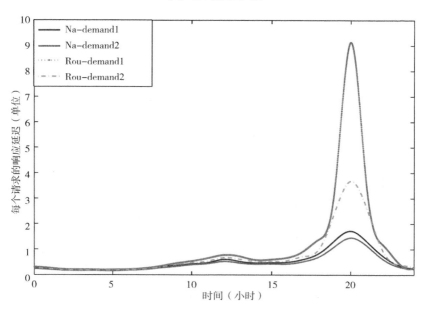

（b）不同资源请求的性能

图 7-18　不同资源分配算法的性能

图 7-18 给出了所提出的资源分配策略与传统路由策略相比的性能结果，后者的路由策略为每个请求分配两个链接，并选择更好的连接性来分配流量。在这个实验中，链接 1 和 2 被分配给需求 1，而为需求 2 分配其他链接。图 7-19（a）描绘了两种策略的总网络延迟曲线。实线表示我们的策略的响应延迟，虚线表示传统路由策略的响应延迟。图 7-18（b）显示了两种策略对应每个请求的网络响应延迟，实线描绘了我们的策略的服务性能，虚线描绘了传统路由策略的响应延迟。从图 7-18，我们可以得出如下结论：

（1）我们提出的策略在分配云带宽资源方面比传统的路由策略更有效。图 7-18（a）表明我们的策略的响应延迟曲线在传统路由策略的曲线之下，从图 7-18（b）可以看出相同的结果。

（2）我们策略的性能曲线波动较小。图 7-18（a）表明我们的策略的延迟波动小于 3 个单位，而传统路由策略的这个值大于 6 个单位。对于图 7-18（b）中的每个请求也是如此。因此，我们提出的策略比传统的路由策略更能适应网络环境。

（3）这两种策略的优化性能对网络环境敏感。图 7-18 显示：（a）这两种策略的响应延迟随着后台流量的增加而增加；（b）链接的负载越重，我们的策略的性能就越平滑。这些结果表明，与传统的路由策略相比，我们的策略更适合于网络环境。这两种不同的方法导致了不同的延迟性能。传统的路由策略只是根据预先定义的路由策略将云服务流通过选定的路由路径，这可能导致网络流量的不平衡。

图 7-19 示出了分配给响应相同请求的不同链接的响应延迟。图 7-19（a）描绘了针对需求1的链接1和链接2的链接响应延迟曲线，图7-19（b）呈现了需求 2 的链接延迟性能。在图 7-19 中，实线显示应用我们的资源分配策略的链接响应稍有延迟，虚线显示使用传统路由策略不同链接的网络性能。从图7-19可以看出：（1）虚线的波动性大于实线，这也表明我们的资源分配策略更适合网络环境；（2）两条虚线的变化方向是相反的，而实线的变化方向是相同的。原因是传统的路由策略只选择一条路径来传输内容，所以所有的请求内容都必须经过所选路径，而其他路径则处于空闲状态。与此策略

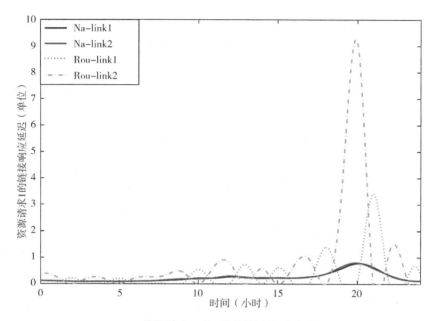

（a）资源请求 1 的不同链接的服务性能

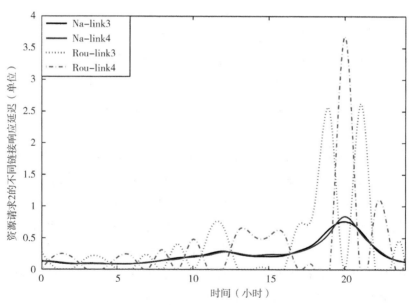

（b）资源请求 2 的不同链接服务性能

图 7-19　资源请求的不同链接的性能

不同的是，我们提出的资源分配策略根据链接的传输能力将资源分配给各个链接，这意味着可以根据它们的负载将资源分配给这些链接。

显然，当互联网负载很高时，随着要发送的流量的增加，有些链接上会发生严重的拥塞。因此，传统的路由策略可能导致网络流量的不平衡，难以实现社会网络的最优化。相反，我们的策略综合了网络环境和平台运行状态。从社会最优的角度提出了平台的资源分配策略。因此，我们提出的策略不仅能够均匀有效地在平台边缘节点间分配资源，而且具有良好的适应性。

第八章　基于区块链的有声读物平台知识产权管理

近年来，有声读物因其便捷性得到长足发展，有声读物产业在发展的过程中，也带来大量的版权问题。但目前有声读物领域缺乏成文的维权法规，暂未形成维权性质的行业共识，缺乏产业进步的动力。区块链技术通过搭建P2P网络，在有声读物平台服务的主体与客体之间建立直接联系；运用时间戳技术，从有声读物的源头进行追溯，与有声读物服务过程不谋而合；引进共识机制，避免服务过程中信息不对称现象造成不同利益主体的损害，促进有声读物产业的健康发展。基于此，本章从有声读物平台知识产权管理视角，引入区块链技术，探讨如何利用区块链实现有声读物平台知识产权管理，以包含有声读物平台服务各方利益，提高有声读物平台服务的用户体验，提升有声读物平台的服务质量。

第一节　区块链概述

区块链源于比特币，利用点对点网络和分布式时间戳，构建不可篡改和伪造的分布式账本，以实现数据的有效存储和管理。

一、区块链定义及特点

2008 年，中本聪（Satoshi Nakamoto）在《比特币：一种点对点的电子现金系统》中阐述了基于 P2P 网络技术、加密技术、时间戳技术、区块链技术等的电子现金系统的构架理念[①]，标志着比特币的诞生。之后，2009 年随着 0 序号区块和 1 号区块出现，并形成链，标志着区块链的诞生。

在区块链中，每一个区块中保存一定的信息，按照各自产生的时间顺序连接成链条，并被保存在不同位置的服务器中。这意味着系统中只要有一台服务器工作，整条区块链就是安全的，提高了区块链的安全性。通常，区块链系统中的这些服务器被称为节点，为整个区块链系统提供存储空间和算力支持。在区块链系统中，任何关于块链信息的修改，需征得半数以上节点的同意且需修改所有节点相关的信息，而区块链节点通常位于不同位置的主体手中，意味着篡改区块链中的信息是一件极其困难的事。显然，区块链既可看作是一种账本形式，也可以被看作是一种计算范式。严格地讲，区块链是一种不可篡改和不可伪造的分布式账本，即是按照时间顺序，将数据区块以顺序相连的方式组合成的链式数据结构，并以密码学方式保证的不可篡改和不可伪造的分布式账本。广义上看，区块链则是一种基于分布式基础架构与计算范式，即利用块链式数据结构验证与存储数据，利用分布式节点共识算法生成和更新数据，利用密码学的方式保证数据传输和访问的安全、利用由自动化脚本代码组成的智能合约，编程和操作数据全新的分布式基础架构与计算范式。

相比于传统的网络数据管理，区块链具有数据难以篡改和去中心化两大核心特点，并衍生出去中心化、开放性、独立性、安全性和匿名性等优势。[②]

去中心化。去中心化是区块链最突出、最本质的特征。区块链技术不依赖第三方管理机构或硬件设施，没有中心管制。区块链自成一体，通过分布式核算和存储实现各个节点自我信息验证、传递和管理。

开放性。目前，大多数区块链技术是开源的，除了交易各方的私有信息被加密外，区块链的数据对外开放，可通过接口查询区块链数据并开发相关

---

① Satoshi Nakamoto, "Bitcoin: A Peer-to-Peer Electronic Cash System", *Social Science Electronic Publishing*.

② 姚忠将、葛敬国：《关于区块链原理及应用的综述》，《科研信息化技术与应用》2017 年第 3 期。

应用。

独立性。基于协商一致的规范和协议，如比特币采用的哈希算法，整个区块链系统不依赖其他第三方，所有节点能够在系统内自动安全地验证、交换数据，不需要其他人为干预。

安全性。任何区块数据修改需要超过半数以上的数据节点同意，而不同节点分布在网络不同位置，且被不同主体掌握，意味着篡改区块数据代价过大，难以被控制和修改，增加了区块数据的安全性，避免主观人为的数据更改。

匿名性。从技术上来讲，各区块节点的身份信息不需要公开或验证，信息传递可以匿名进行。

上述特点意味着区块链所记录的信息真实可靠难篡改，可以帮助解决人们互联网各类应用的不信任的问题。但上述区块链优点的实现，需要分布式账本、非对称加密、共识机制以及智能合约等多类不同领域技术。

分布式账本。分布式账本是指交易记账由分布在网络不同位置的多个节点共同完成，每个节点记录一份完整的账目，参与监督和仲裁交易与数据的合法性。与传统分布式存储不同，区块链分布式存储具有其独特的链式结构和独立对等性。一方面，区块链每个节点均按照块链式结构存储完整的数据，而传统分布式存储则根据一定规则将数据分成多份进行存储；另一方面，区块链每个节点存储是独立的、地位等同的，依靠共识机制保证存储的一致性，而传统分布式存储一般是通过中心节点往其他备份节点同步数据。上述链式结构和对等独立性使得没有节点可以单独记录账本数据，避免了单一记账人可能记假账的可能。此外，由于记账节点足够多且每个节点独立存储完整数据，意味着除非所有的节点被破坏，账目不会丢失，保证了账目数据的安全性。①

非对称加密。区块链采用的非对称加密技术含有公钥和私钥两个密钥。

---

① 阿迪瓦特等：《理解分布式账本技术/区块链——挑战、机遇和未来标准》，《信息安全与通信保密》2017 年第 12 期。

加密时，系统首先会根据密钥生成算法生成私钥，然后以此为依据用另一种密钥生成算法来生成公钥。由于在现有的计算能力条件下难以通过公钥来穷举出私钥，可认为这种非对称加密技术能够保证区块链的数据安全。此外，这种非对称加密技术可以保证存储在区块链上的信息是公开的，但相关账户身份信息是加密的，只能在数据拥有者授权的情况下才能访问到，从而保证了数据的安全和个人的隐私。[①]

共识机制。在区块链系统中，共识机制旨在确保所有记账节点之间达成共识，认定一个记录的有效性，既是一种认定手段，也是一种防止篡改手段。截至目前，区块链共有工作量证明、股权证明、授权股权证明和实用拜占庭容错等四种不同的基础共识机制。工作量证明机制是一种基于工作量的第一代共识机制，也是比特币的基础。这种机制认为能力越强收获越多，从而吸引用户参与其中，以促使区块链尤其加密货币的初始阶段迅速发展和节点网络的迅速扩大。但这种机制会导致资源聚集，与区块链的去中心化背道而驰。股权证明会根据数字货币的持有量和时间来分配相应的利息，类似于银行的财产储存。这种收获利息的方式最大的优点是不需要耗费大量电力和能源和高度去中心化。但纯股权证明机制的加密货币只能通过 IPO 的方式发行，会导致"少数人"（通常是开发者）获得大量成本极低的加密货币，带来大量抛售导致的困境。第三种共识机制为类似于议会制度或者人民代表大会制度的授权股权证明机制。该机制通过持股人投票，产生特定数量如 101 位代表来代替他们维持区块链的运行和管理。因此，该机制可将节点数量减少到特定个数，在保证网络安全的前提下，进一步将网络能耗和系统运行成本降到最低。但这种机制意味着绝大多数持股人并不直接参与投票，投票积极性不高，难以及时有效地阻止一些破坏节点的出现，给网络造成安全隐患。此外，实用拜占庭容错算法也常被当作是区块链的共识机制，以计算为基础，没有代币奖励。由链上所有人参与投票，少于（N-1）/3 个节点反对时就获得公

---

① 朱岩、甘国华、邓迪等：《区块链关键技术中的安全性研究》，《信息安全研究》2016 年第 12 期。

示信息的权利。这样保证区块链具有一定容错性，但当有 1/3 或以上记账人停止工作后，系统将无法提供服务。

显然，区块链的共识机制具备"少数服从多数"以及"人人平等"的特点。但"少数服从多数"并不完全指节点个数，也可以是计算能力、股权数或者其他可比较的特征量。"人人平等"指当节点满足条件时，所有节点都有权优先提出共识结果、被其他节点认同后成为最终共识结果。以比特币为例，采用工作量证明，只有在控制了超过 51% 记账节点的情况下，才可能伪造出一条不存在的记录。当加入区块链的节点足够多时，控制 51% 的记账节点基本不可能，意味着杜绝了造假的可能。此外，每种区块链的共识机制适用于特定应用场景，需要根据区块链具体应用场景和实际需求，选取或优化相应的共识机制，以达到在效率和安全性之间取得平衡。

智能合约。智能合约旨在针对那些不可篡改的数据设计出基于预定义规则和条款的自动实现的应用。也就是说，如果信息真实可信，可添加一些标准化过程去完成特定目标。

二、区块链发展历程及应用

区块链自 2008 年被提出以来，根据其技术发展，可划分成区块链 1.0、区块链 2.0 和区块链 3.0 三个阶段。

区块链 1.0 以比特币为代表，既是独立的区块链网络，又是单一的协议和应用，集三者于一身。其本质上就是一个保存基本记录交易的分布式账本，承载的是加密货币应用。

2008 年 10 月，中本聪发表名为《比特币：一种点对点的电子现金系统》的白皮书，描述了使用 P2P 网络来创造一种"不需依赖信任的电子交易系统"，并为这种数字货币取名为"比特币"。

2009 年 1 月，比特币网络上线，推出了第一个开源的比特币客户端软件。中本聪挖出了第一个比特币创世区块，获得了首批 50 个比特币挖矿奖励，比特币系统正式启动。

2010 年 5 月，美国佛罗里达州一个网民为拉斯洛的程序员用 1 万枚比特币购买了两个比萨饼，开始了比特币交易。

2013 年 9 月，有人在比特币社区提出"染色币"（Colored Coin）的概念，允许人们对小额比特币染色，即利用比特币区块链的特点，把比特币空余的字段定义成数据的格式，用以代表自己所持有的其他资产。这使得比特币区块链不仅可支持比特币交易，还可以支持其他更广泛的应用。

区块链 2.0 以以太坊为代表，区块链网络上除了分布式账本以外，增加了可以执行智能合约的程序代码，应用场景从加密货币延伸到了加密资产。

2013 年 11 月，受比特币及染色币的启发，维塔利克·布特林发表了白皮书《以太坊：下一代智能合约与去中心化应用的平台》，提出创建一个全新的分布式计算开源平台，用户可以在其上构建部署各种智能合约，以太坊网络上任何人都可以通过执行该代码或程序来完成发行通证、金融合约等特定"交易"。

2014 年 5 月，宰权发布了 Tendermint 白皮书，成立了 Tendermint 公司，为用户提供去中心化应用构建和维护基础设施。

2015 年 1 月，点对点的分布式文件系统 IPFS 发布。IPFS 既是一种文件系统，也是一种存储技术，更是一种传输协议。其最大优势在于将公有地活跃度高的文件统一储存和分发，既节省存储空间，又能节省带宽，还能提供一个稳定、高速的分发途径。

2015 年 9 月，R3 区块链联盟成立，致力推广区块链技术在金融行业的应用。IBM 和 Digital Asset 共同创建了的第一个模块化设计的区块链平台 Hyperledger Fabric 区块链，旨在打造一个提供分布式账本解决方案的联盟链平台。

2015 年 11 月，微软在 Windows Azure 平台上启动 Baas 计划，将区块链技术引入其 Azure 公有云平台，并为使用 Azure 云服务的金融行业客户提供 Baas 服务，让他们可以迅速创建私有、共有及混合的区块链环境。

2016 年 2 月，IBM 宣布推出基于 Hyperledger Fabric 部署的区块链服务平台 Baas。

2016 年 6 月，The DAO 被发现存在漏洞，可不断重复向外转出个人账户内的以太币，攻击者利用漏洞总共向外转出了360万枚比特币。通过软分叉发送大量垃圾交易阻塞交易验证以减缓黑客继续偷盗等解决方案，但都不能有效解决这个问题。以太坊创始人维塔利克·布特林提出硬分叉设想，通过硬分叉使黑客利用漏洞转出的区块失效。

2017年，Parity因为安全漏洞造成以太币损失，有15万枚以太币（当时大约3000万美元）被盗。同年11月7日，Parity又因为合约中的一个新漏洞致使大约50万枚以太币锁在多重签名智能合约里而丢失。

2017年10月，跨链协议开源项目Polkadot发布，旨在将各自独立、互相之间无法直接连通的区块链通过使用polkadot协议连接起来，实现不同区块链之间可以进行高效安全的数据通信和传递。

区块链3.0以链上与链下结合的设计构建基础设施、平台、工具及去中心化应用，推动区块链技术普及应用于各行各业。

2018年1月，基于云计算平台的区块链生态系统ArcBlock区块链3.0平台对外公布，为开发者提供去中心化身份为基础、与云计算融合的ABT链网和区块链开发框架，现实已有系统和服务与区块链进行无缝连接，推动形成新的信息社会基础架构。

2018年4月，亚马逊AWS（网络服务）正式发布AWS区块链模板，并随后提供了亚马逊量子账本数据库和亚马逊托管区块链两种Baas产品，方便用户快速高效地在其AES上开放部署和运行自己的区块链应用。

2019年2月，美国摩根大通宣布计划发行加密货币JPM Coin，与美元一对一挂钩，实现银行间或者国家间的大额支付。

2019年3月，基于Tendermint共识的区块链项目Cosmos启动主网上线，试图将各相互独立的区块链连接成一个统一的生态系统。

2019年3月30日，由ArcBlock搭建的全球第一个以完全去中心化区块链网络ABT链网公测版发布上线。

同年，微软、脸书等企业发布了自己的区块链项目，用于数字身份管理和数字货币等领域。

2019年8月，中国人民银行拟推出中国央行数字货币（Central Bank

Digital Currency，缩写 CBDC）。

2019 年 11 月，万维网联盟去中心化身份工作组发布了 W3C DID 1.0 版的第一个公开工作稿本，推出用户自主身份的数字身份技术标准。

2020 年 4 月，区块链被我国正式纳入新基建信息基础设施范畴。同月，Libra 2.0 白皮书宣布币链分离、弃币保链。

2020 年 10 月，美国国家安全委员会发布《关键与新兴技术国家战略》（*National Strategy for Critical and Emerging Technology*）报告，将区块链列入关键技术清单。同月，支付巨头 PayPal 宣布支持加密数字货币支付。

2020 年 12 月，Facebook 官网发布原本拟推出的超主权数字货币 Libra 更名为 Diem，以强调其更为简单的结构。

上述区块链发展过程显示，当前存在公有区块链、行业区块链和私有区块链等几种类型的形式。公有区块链（Public Block Chains）为整个互联网提供服务，任何个体都可以发送交易，且交易能够获得该区块链的有效确认，任何人都可以参与其共识过程。公有区块链是最早的区块链，也是应用最广泛的区块链，各大比特币系列的虚拟数字货币均基于公有区块链。与之不同，行业区块链（Consortium Block Chains）是由某个群体内部指定多个预选的节点为记账人，每个块的生成由所有的预选节点共同决定，其他接入节点可以参与交易并通过该区块链开放的 API 进行限定查询，但不过问记账过程。最后一种区块链形式是私有区块链（Private Block Chains）。私有区块链不对外公开，使用区块链的总账技术进行记账的可以是一个公司，也可以是个人，本链与其他的分布式存储方案没明显区别。

随着信息技术的快速发展和在区块链的应用，区块链早已脱离单一的虚拟货币形式，广泛应用到金融保险、公益和共给服务、物流和数字版权等领域，深刻改变着社会生活各方面。

区块链最初以数字货币的形式出现，随后在其发展过程中一直尝试在金融领域扩展其应用。事实上，将区块链技术应用在金融行业中，能够省去第三方中介环节，实现点对点的直接对接，从而在大大降低成本的同时，快速完成支付交易。截至目前，区块链广泛应用于国际汇兑、信用证、股权登记

和证券交易所等金融领域,体现了其具有潜在的巨大应用价值。例如,Visa
推出基于区块链技术的 Visa B2B Connect,为机构提供一种费用更低、更快速
和安全的跨境支付方式来处理全球范围的企业对企业的交易。

区块链还广泛应用于保险理赔。保险机构负责资金归集、投资、理赔,
往往管理和运营成本较高。区块链既可确保数据的可信性,还能利用智能合
约设定自动处理机制,实现无须投保人申请和保险公司批准,只要触发理赔
条件,即可实现保单自动理赔。典型案例是 2016 年由区块链企业 Stratumn、
德勤与支付服务商 Lemonway 合作推出的 LenderBot。它允许人们通过
Facebook Messenger 的聊天功能,注册定制化的微保险产品,为个人之间交换
高价值物品进行投保,而区块链在贷款合同中代替了第三方角色。①

区块链第二广泛应用的领域是公益和公共服务领域。区块链上存储的数
据,高可靠且不可篡改,天然适合用在社会公益场景和司法管理。公益流程
中的相关信息,如捐赠项目、募集明细、资金流向、受助人反馈等,均可以
存放于区块链上,进行透明公开公示,方便社会监督。区块链的不可篡改等
特性还有助于促进司法公信、服务社会治理、防范化解风险、推动高质量发
展。为此,最高人民法院提出区块链技术在提升司法公信力、提高司法效率、
增强司法协同能力、服务经济社会治理,明确区块链应用保障措施。

近年来,区块链逐渐开始在公共管理、能源、交通等领域加速应用。这
些领域与民众的生产生活息息相关,但其中心化特质也带来了一些问题,可
以用区块链来改造。区块链提供的去中心化的完全分布式 DNS 服务通过网络
中各个节点之间的点对点数据传输服务就能实现域名的查询和解析,可用于
确保某个重要的基础设施的操作系统和固件没有被篡改,可以监控软件的状
态和完整性,发现不良的篡改,并确保使用了物联网技术的系统所传输的数
据没有经过篡改。

最后,区块链对于数据的不可篡改性和可追溯性与产品和交易有着天然
的契合度,可以与产品和内容管理与交易相结合。如通过区块链可以降低物

---

① 井一获:《区块链在互助保险领域中的应用价值研究》,《现代经济信息》2018 年第 6 期。

流成本，追溯物品的生产和运送过程，并且提高供应链管理的效率，被认为是区块链一个很有前景的应用方向。区块链通过结点连接的散状网络分层结构，能够在整个网络中实现信息的全面传递，并能够检验信息的准确程度。这种特性一定程度上提高了物联网交易的便利性和智能化。"区块链+大数据"的解决方案就利用了大数据的自动筛选过滤模式，在区块链中建立信用资源，可双重提高交易的安全性，并提高物联网交易便利程度。为智能物流模式应用节约时间成本。区块链结点具有十分自由的进出能力，可独立地参与或离开区块链体系，不对整个区块链体系有任何干扰。"区块链+大数据"解决方案就利用了大数据的整合能力，促使物联网基础用户拓展更具有方向性，便于在智能物流的分散用户之间实现用户拓展。

除了物流外，区块链技术还可广泛应用数字产品的鉴别，证明文字、视频、音频等作品的存在，保证权属的真实、唯一性。作品在区块链上被确权后，后续交易都会进行实时记录，实现数字版权全生命周期管理，也可作为司法取证中的技术性保障。例如，美国纽约一家创业公司 Mine Labs 开发了一个基于区块链的元数据协议，这个名为 Mediachain 的系统利用 IPFS 文件系统，实现数字作品版权保护，主要是面向数字图片的版权保护应用。

第二节 基于区块链的有声读物知识产权管理

近年来，随着有声读物的消费的兴起，其侵权现象日益严重，改编甚至截取重组等侵权给有声读物产业带来难以准确预估的损失。私人链接、社交平台内部分享、点对点传输技术和各种在线网盘资源等构成了有声读物版权保护的主要威胁。但由于国内知识产权业内部环境复杂，多数盗版网站通过临时下架盗版内容、利用避风港原则打擦边球、将服务器设在海外等方式逃避责任，侵权后追责追偿难度大。移动端的普及不仅加剧维权难度，还会扩大盗版内容传播范畴。数字产品易于篡改和毁证，取证举证和验证难度较大。与此同时，版权交易保护却缺乏有力的措施和机制。中国版权保护中心登记版权，费时费力。数字时代同一件作品的版权本可拆分成多个细分版权进行独立交易，一件有声读物也可拆分成不同的板块进行跨平台二次版权销售，但因国内市场暂未形成统一的交易平台，内容提供商对自己的产品和服务分别享有最终解释权，加重了交易的不平等性。基于前节的区块链概述的基础上，探讨利用区块链进行有声读物知识产权的管理。

一、区块链与知识产权保护

知识产权，又称版权，一般只在有限时间内有效。各种智力成果如发明、外观设计、文学和艺术作品，以及在商业中使用的标志、名称、图像，均可被认为是某个人或组织所拥有的知识产权。知识产权形态的发展如表8-1中所示共分为3个阶段。传统文化产业中的知识产权不可分割，固定于特定的智力成果中，以图书作品、绘画作品、影视作品等形式呈现；单个作品的产权需要整体转让，无法分拆授权使用，流动性较差；授权行为须由中心化权力机构国家版权局认定，过程烦琐且追责维权难度大，不利于知识产权的维护。有声读物中的知识产权是虚拟的，其载体为数字产品，具有可转移性和可复制性。现阶段的有声读物知识产权处于"固态"与"气态"过渡阶段，其本身可切分转让的特性逐渐凸显，但仍不可无限拆分，交易方式呆板，保护措施有限。区块链化的知识产权资产呈现气态流动性，可无限拆分转让，交易方式灵活且便于记录和管理。

表8-1　不同知识产权形态

阶段	资产权益化	资产证券化	资产区块链化
流动性	固态	液态	气态
转让	整体转让	可拆分转让	可无限拆分转让
登记方式	中心化权力机构	中央服务器＋权力机构	由公／私钥登记
交易场所	场内场外	线上线下	链上链下

区块链是一种依照时间顺序，将存储数据的区块以顺序相连的方式组合而成的链式数据结构，并通过加密技术确保不可篡改和不可伪造。与传统数字产品版权保护技术，如密钥管理、数字水印、可信计算、权限控制、数字签名、数字指纹等相比，区块链技术具备以下特征。

（1）身份验证。区块链上各区块由时间戳与数据构成，这些数据块彼此相连同时彼此验证，链上成员通过获得密钥完成身份验证，从而访问区块中的数据信息，对其进行使用和适当的修改。密钥的存在使得链上成员的身份更加可靠，也使得整个数据信息的交易过程可信度提高。

（2）智能合约。智能合约通过代码形式的协议规定合约参与者的权利和义务，成为交易各方认可的线上依据。链上成员均能看到数据信息的使用方向和交易的全过程，公开透明的操作改变了传统版权交易中的信息不对称现象。

（3）共识机制。共识机制由工作量证明、权益证明和拜占庭协议等技术维护，确保链上各区块的备份完全一致，同时保证链上成员的分工明确且报酬合理。这一机制使得版权不必依托特定的中心化权威机构统一管理，去中心化的新型机制可规避中心系统遭受攻击时产生的巨大风险。

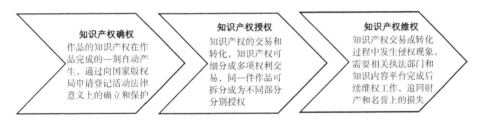

图 8-1　中国知识产权市场管理基本环节

中国知识产权市场管理如图 8-1 所示主要涉及 3 个基本环节，包括源头处权利的确立、中间环节中权利的交易和转让、侵权行为发生后的追责维权等。区块链技术中的身份验证、智能合约、共识机制等技术为知识产权的确权、授权和维权提供技术支持，使得知识产权的管理更加透明化、公开化、效率化。

区块链技术广受欢迎的原因不仅在于其能提高业务运作的效率和公开化，还在于其能保证业务的安全性。共同体区块链不仅可以允许每个人读取，还可设置访问门槛，限制参与者数量；私有区块链的写入权限由某一特定组织掌握，读取权限或对外开放或按照一定程度限制。二者均可为业务参与者提供一个审核严密、程度简易周全的空间。

区块链的各方参与者在递交合约后即确立身份和彼此扮演的角色，并通过身份验证和行为关联两个步骤保护和识别真实身份。整个交易链条包含特定的规则，参与者按照规则活动，特定的操作行为指向特定的参与者。确定权利主体和使用权限是知识产权保护不可或缺的一环。区块链技术和思想的引进，不但能实现知识产权交易各方身份验证和准入许可等功能，还能帮助明确有声读物平台、有声读物产品生产者、内容消费者等的权利和义务。

智能合约是以数字形式定义的承诺，即以计算机可读取的代码形式编写的协议。这些协议规定了合约各参与方同意的权利与义务，定义了合约的价值与目标。协议通过技术实现，在此基础上，合约所承诺的内容已被实现或被记录，成为交易各方所承认的事实依据。区块链中的双重不对称加密技术使得协议一旦生效且被记录便难以随意篡改。

智能合约与法律中的"合约"概念关系密切，虽然其中的协定不完全具有法律约束力，但仍可被归纳为与法律相关的行为。这种与法律相关的行为需要形式化的操作进行确认，即通过规范的系统实现理想中的协定。目前业内规范的系统分为合约法和智能合约系统，二者均服务于同一个目的：限制违约行为的发生。

知识产权的授权需要通过合约订立，目前最常见的授权方式为交易各方签订版权授权协议书即合同。这种方式受合约法的保护，但授权形式单一，与智能合约技术结合后，既使整个授权行为具有法律效力，又使授权过程便于操作、及时更新。

目前在一定程度上能消除信息不对称的区块链共识机制共分为三类：算法共识、决策共识和市场共识。

算法共识是区块链中最常使用的一类，由工作量证明、权益证明和拜占庭协议等技术维护，其存在目标是在存在运算错误、潜在攻击、同步性较差的对等式网络中，确保分布式账本在不同网络节点上的备份保持一致。分布式账本中既可保存如比特币等数字货币，又可保存债券、知识产权等数字资产。算法共识应用于知识产权保护中，可以有效避免交易各方信息不对称的问题，缩小知识内容生产者和消费者之间的利益落差。算法共识对分布式账本的完善作用，也为知识产权的后续维权提供了确切证明。

决策共识由网络节点的拥有者（或控制者）制定或修改算法，市场共识则建立在算法共识和决策共识的基础上，与市场机制调和。将决策共识和市场共识的思想引入知识产权的维权中，能依据市场交易的普遍规律，及时调整维权的策略与方法。在有声读物行业内形成普遍的决策共识和市场共识有利于降低内容资源的知识产权维护成本。

区块链技术的身份验证、智能合约和共识机制提高了知识产权确立过程的透明度，提升了知识产权授权行为的安全性，降低了知识产权的维权成本和难度。有声读物平台使用区块链技术进行知识产权管理实践，让区块链开发和应用在知识产权管理服务中落地，为数字出版产业规范有序发展新添庇护。

二、基于区块链的有声读物平台知识产权管理

有声读物平台运用区块链技术开展有声读物知识产权管理服务的可操作性，集中体现在以下方面：区块链完整地记录出版物的生产变化过程，难以更改，P2P 网络的搭建和工作量证明机制（POW）使数字版权交易更加公开透明，数据真实性得以保障；智能合约为交易的各方和交易过程中的各阶段提供了自然生成的规范，并可有效追踪交易的各个环节，减轻维权和取证的负担，提高权利保护的成效；决策共识与市场共识建立内容提供者和内容使用者的相互信任，有助于实现产品或内容拆分出细分版权进行多次交易，提升交易的灵活性；基于同一开发平台的嵌入式侧链实现数字资产在多个区块链间的转移，有效记录用户的每一次使用和消费，版权所有方也可以此记录获得报酬。可见，区块链技术对有声读物平台内容产品知识产权的确定、维护、营收有着积极意义。

区块链技术为有声读物平台构建知识产权管理模式提供创新思路。有声读物内容产品一经诞生，其知识产权随即产生，有声读物平台通常将知识产权的授权和交易作为管理的重点。有声读物平台的知识产权交易业务流程如

图 8-2 显示，共需经历（1）内容产品以数字草稿登记；（2）数字产品的知识产权登记与分割；（3）知识产权在平台内交易；（4）知识产权的跨平台、跨媒介交易；（5）知识产权转换成科技成果或文娱成果；（6）产权销毁或终结；（7）二次衍生转化成新资产回归原创者或被平台共享。

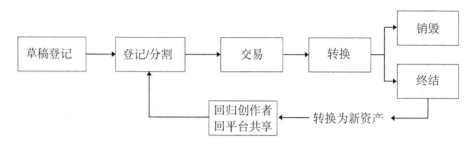

图 8-2　有声读物平台知识产权交易业务流程

　　基于区块链技术的有声读物平台知识产权管理模型的基础架构由六个层级组成：最底层的数据层封装有声读物的原始信息并加盖时间戳，从而达到版权登记和追踪的效果；网络层内设传播机制和验证机制，用于有声读物的信息广播和创作者身份验证，防止非法使用和篡改；共识层封装共识机制算法，以便有声读物的使用者分享共识机制；激励层放置激励发行机制和分配机制，用于维护有声读物创作者的财产权；合约层嵌入智能合约，并开发侧链，追踪作品的流转过程；应用层直接面向客户，通过搭建客户端，实现浏览、消费、账户管理等功能。

　　有声读物平台的知识产权交易流程涉及平台开发商、二次开发商、内容提供者和内容使用者等各方利益，为保证有声读物平台的知识产权管理工作顺利，需在知识产权管理模型（见图 8-3）中分设 3 条不同性质的区块链，分别是保护账户信息的私链、保护交易账目的私链和针对知识内容的内容区块链。其中，私链的写入权限掌握在数字出版平台手中，读取权限可根据实际需要对外开放或被任意程度限制。而内容区块链是其公示过程受到预选节点控制的区块链，有时允许任何人读取，有时受限于参与者，有时走混合路线，其 API 允许外界用来做有限次数的查询或获取区块链状态的信息。

账户信息区块链	● 用户信息模块 ● 内容提供者信息模块
交易账目区块链	● 作品分销模块 ● 智能合约模块 ● 账目存储模块
内容资源区块链	● 内容创作模块 ● 传播登记 ● 版权激励模块 ● 内容消费模块

图 8-3　基于区块链技术的知识产权管理模型

在实际操作中，部分内容开放授权，方便所有潜在用户浏览并确定是否购买。等确立购买意向后，有声读物平台向特定用户开放私链和侧链的授权，特定用户方可访问特殊的知识产品，并被及时记录使用信息和交易信息。

有声读物平台的参与者账户属于较为私密的信息，用私链封装更能保护参与者的个人隐私和个人权益，同时也可监控参与者的具体行为，为知识产权维权提供有效证据。账户信息区块链主要分为两个模块。（1）读者（受众）信息模块：受众的信息由应用层的客户端收集和存储。受众需要通过身份验证（实名制）获取平台内的知识内容，每一次访问和调用均被区块记录，便于根据实际使用情况付费给作者。（2）作者（内容提供者）信息模块：作者身份的注册和登记同样需要按照区块内程序验证，验证通过后存储于网络层，作者每一次作品的分销都被区块封装，分销去向清晰可考，为后期维权追责提供保障。

交易账目属于有声读物平台内部信息，需要通过私链技术对写入权力加以限制，其读取权限可根据读者、作者提交的申请进行一定程度的开放和约束。交易账目区块链主要分为三个模块。（1）作品分销模块：内容提供者既可能是平台的使用者，也可能是平台本身的搭建团队。他们的作品均被封装在网络层的区块中，每一次作品的分销和调用都由时间戳进行确认，既有利于按次收费，也有利于追踪知识内容的使用证据。（2）智能合约模块：智能合约由平台开发、订立并嵌入合约层，作者的内容生产和读者的内容获取都应遵循智能合约中的预设协议。一旦侵权行为发生，协议就会被打破，违约方将会受到警告或处罚。账目存储模块：账目存储模块主要嵌在合约层，实时记录和更新交易各方的账目结算信息，作者在作品被使用后能及时获得收益，使得知识内容提供者的著作财产权获得可靠的保障。

有声读物知识内容如若完全放置于公链中，任何人都可对其加工，会影响其产品质量；如若放置于私链中，则写入和读取门槛较高，不利于产品的再利用和传播。将其封装于共同体区块链中，便于所有潜在用户初步阅读，并设置深入阅读门槛，保护内容生产者和高级用户的利益。知识内容区块链主要分为四个模块。（1）内容创作模块：存在于应用层的客户端，主要面向知识内容的生产者即作者。作者可实时上传作品，并根据平台要求对作品进行修改和切割，同一知识产品的不同部分可以分别授权。知识内容与作者账户直接关联，知识产品的知识产权从诞生时即生效。（2）版权登记模块：知识产品的知识产权生效后，即时封装至数据层。作者的每一次加工都会自动生成该文件的哈希值，作品的每一次打包和传送都会盖上时间戳，哈希值与时间戳即作者维权的最好证明。（3）传播激励模块：高使用率、高收益率的知识产品需要多节点的传播，其传播机制放置在激励层，这一层遵循公链原则，读者可访问有声读物平台的基础内容并进行二次转载、评论，对原作品的完善起到积极作用的用户可收到区块给予的奖励。（4）内容消费模块：存在于应用层的客户端，主要面向知识内容的使用者即用户。用户可以访问和调用知识产品，其复制、转载、评论、再加工等行为都将被平台内置协议制约；用户与用户、用户与作者的互动也将被区块记录，便于保护作者的财产权和人身权。

第三节　基于区块链的有声读物平台知识产权管理实现

一、区块链技术原理

前文所述，区块链（Blockchain）本质上是一个去中心化数据库，是由所有参与者共同维护的分布式数据库，并且随着参与者的增加，区块链网络也在不断增大。其关键在于利用分布式存储、交易不可篡改的密码学算法及共识机制使区块链网络节点之间相互信任。任何人加入到区块链网络后，通过 P2P 的记账方式就可以达成信用共识，在这期间，不需要任何第三方的认证。区块链网络节点记录了每一笔交易信息和历史数据，并利用密码学方式保证数据传输和访问的安全性，网络中任何一个人都可以查看账本中的所有信息，最终完成由信息互联向价值互联的转换。参与到区块链系统中的节点，不需要相互信任，任意节点都能获得区块链网络中的完整数据记录，所有节点一起协同确保网络中的数据安全。相比传统的集中式网络，区块链这种分布式结构能够维护一条不断增加的数据链，只可以添加数据，已经入链的数据不可篡改。此外，还能利用分布式数据存储方式，无须对所有节点进行集中控制；由于区块链运用密码学确保数据无法抵赖和破坏，同时尽可能确保用户信息与数据的私密性。

区块链基本架构如图 8-4 所示，主要包括数据层、网络层、共识层、激励层、合约层和应用层。数据层是区块链的核心部分，旨在对区块链的主要架构、区块信息和加密算法等关键技术进行封装；网络层是给网络节点之间数据通信提供验证机制；共识层的共识算法是为确保各个节点之间可以达成共识；激励层是在区块链技术体系中加入经济因素，主要包括经济发行体系和分配体系；合约层是对各种代码、链码和算法进行封装，体现区块链系统的程序化实现方法；应用层主要是对区块链技术的应用场景和案例进行封装。

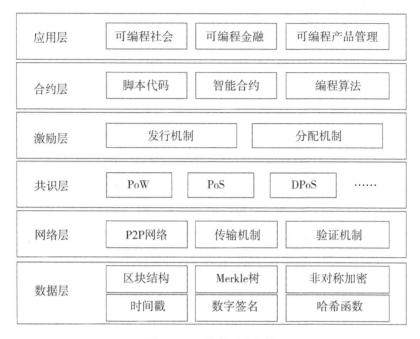

图 8-4　区块链基本架构

区块链是由多个区块组成的链式数据结构，区块是用于存储数据信息的载体，每个区块都是由头和主体两部分构成，存储了区块创建之后所有的数据信息。将每个区块按照其创建的先后次序连起来就形成一个区块链总账本。如图 8-5 所示是区块结构图，区块头中主要包括前一个区块的哈希值、时间戳、Merkle 根等数据，区块体的主要内容是该区块的交易数据。

任意区块中都包含有区块头哈希值，同时会调用前一个区块的哈希值。通过哈希值将两个相邻的区块连接起来，就构成了链条，形成区块链。时间戳，记录了某个交易产生的时间信息，具有无法复制性，因此区块经过时间戳印证后就具有唯一性。随机数是一种计数器，主要是对工作量进行证明。Merlke 根是该区块中交易的 Merlke 树根的哈希值，区块中交易数据的存储结构是 Merlke 树的结构，Merlke 树是一棵哈希二叉树。通过交易过程来理解区块链工作原理：

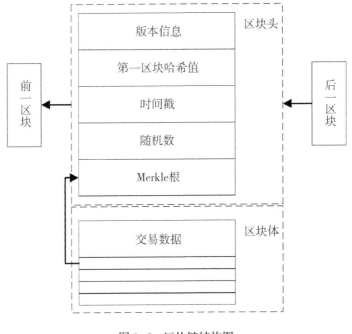

图 8-5　区块链结构图

1）用户发起交易后，首先利用数字签名将交易请求传送到其他节点，等待确认；

2）网络中的其他节点对接收的数据信息进行验证，验证通过后数据记录被保存在一个区块中；

3）网络中所有节点通过共识算法对该区块信息进行共识认证，达成共识后该区块会被正式加入区块链中存储，其他节点对该区块的状态变为接收状态。其接收方式是把该区块的随机哈希值作为最新的区块哈希值，然后该区块会将所有的交易信息提供给其他节点，同时链接在区块链网络中，最终实现资金转移。

如图 8-6 所示是区块链的账本图。图中，对于交易单 2 来说，用户 2 使用用户 1 的公钥来对用户 1 发给用户 2 的使用用户 1 私钥进行签名之前的交易信息进行验证，同时通过用户 1 和用户 2 的交易信息来确认用户 1 的身份，

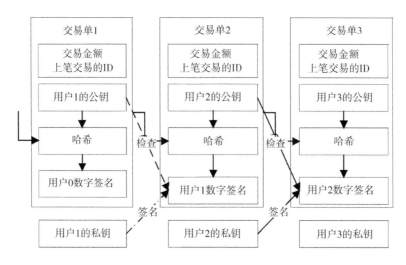

图 8-6　区块链账本图

接着对交易信息进行重新整合，使用用户 2 的私钥对重新整合的数据信息和用户 2、用户 3 的交易信息进行随机散列的数字签名，并把这个签名通过用户 3 的公钥发送给用户 3，用户 3 依照用户 2 的方式再次进行一系列的处理，这样就形成了区块链的账本。散列算法是一种单向密码机制，确保区块链中的信息不被篡改，通过散列值可以对区块进行标记。如果需要证明区块信息是否被篡改，只要通过运算得出该区块的散列值，若散列值没有被改动则表明区块信息是真实的。公匙和私匙是一种非对称加密方式，在区块链中，数据发送端使用私匙对数据进行签名，同时使用接收端的公匙对数据进行加密；数据接收端使用发送端的公匙验证发送端的数据，使用私匙对加密数据进行解密。

二、基于区块链技术的有声读物平台知识产权管理

基于前节区块链的技术原理，结合有声读物平台服务过程中有声读物生产、上传、存储消费以及下载等一系列过程，其管理框架如图 8-7 所示。该框架不是对区块链体系中的某一层或某几层进行简单的应用，是对区块链体

系中的网络层、共识层、数据层、智能合约层以及应用层进行综合和优化基础上得到的。在网络层和共识层，通过节点权限分级以及自定义共识机制实现数据安全共享；在数据层，通过优化存储结构和查询方式（如建立有效索引）提高数据查询效率，通过日志数据上链保证数据可溯源，通过使用加密算法加密数据来保证隐私性；在智能合约层，通过使用智能合约程序段实现部分数据自动化管理；在应用层，通过加密交易信息提高用户敏感信息的安全性。

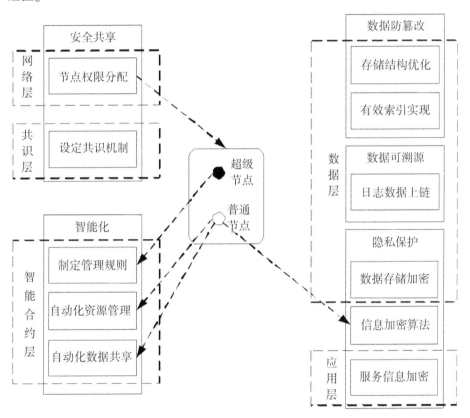

图 8-7　基于区块链的有声读物平台知识产权管理框架

　　传统区块链的网络层和共识层的作用是保证区块链网络中各个节点通过共识算法维护完整副本的一致性，只有恶意节点的算力达到总算力的一半以上，才有可能修改存储在区块链中的数据，因此区块链具有数据安全共享的特性。在传统区块链中，网络层使用的是点对点（Peer to Peer，P2P）网络，而在有声读物平台服务场景中，有声读物产品拥有者和消费者、区块链网络参与者以及区块链管理者在区块链网络中的权限并不相同。区块链管理者负责管理整个区块链，适合作为拥有最高权限的超级节点。而有声读物产品拥有者和消费者仅对自己参与的内容资源有访问权限，可以通过信息加密对访问权限进行控制，因此有声读物资源拥有者和消费者在网络层不需要享受更高的权限。而区块链网络参与者属于在区块链网络中还未进行动作的节点。因此将这 3 种节点作为参与区块链网络的普通节点即可。在基于区块链的数据资产管理新模式中，在设置 P2P 网络的同时，在网络层模仿传统数据库对节点进行权限分级，设置超级节点和普通节点两种节点类型。超级节点由官方掌控，负责对区块链网络进行管理，保证有声读物资源共享的安全与合法。有消费有声读物资源需求的用户包括有声读物资源拥有者和消费者、区块链网络参与者，他们可以作为普通节点加入网络，普通节点被超级节点管理，普通节点之间是平等的。在传统区块链中，公有链一般采用基于工作量证明或股权证明的共识机制，而私有链或联盟链一般采用实用拜占庭容错（Practical Byzantine Fault Tolerance，PBFT）等共识机制，其实质是保证所有节点的一致性，同时也在一定程度上避免了恶意节点对区块链网络的破坏。这些共识机制虽然保证了节点的一致性，但是很大程度上牺牲了数据上链的效率，不适用于有声读物平台服务的应用场景。因此，在基于区块链的有声读物资源的共识层，平台提供商可以在创建区块链平台的初期设计自定义的共识机制，以满足有声读物资源管理的需求。例如，由于超级节点由区块链管理者掌握，能保证其身份的安全，因此在内容资源上链过程中由超级节点对上传的数据进行验证，然后将通过验证的数据打包成块，并广播通知各普通节点，各普通节点收到消息后同步至本地的数据副本。

在传统区块链的数据层中，区块之间使用链表结构将所有区块首尾相接，在区块内使用 Merkle 树结构存储数据，因此区块链具有数据防篡改的特性。另外，数据层中的时间戳字段可保证存储的数据具有时序性，基于不可篡改的数据可以还原、追溯所有历史操作。传统区块链的数据结构单一且查询方式简单，因此链上数据查询效率不高。然而在有声读物平台服务场景中，数据交互的情况很多，对链上数据查询的效率要求很高，因此在有声读物资源管理的数据层中，在使用区块链技术保证有声读物资源防篡改的同时，使用Merkle-B 树等优化现有的数据结构，并使用跳表等结构建立有效的查询索引等，从而提高链上数据查询的效率。对于区块链数据结构的优化，可以修改区块内的 Merkle 树结构，将其与其他平衡树结构进行结合，从而在保证数据难以篡改的同时提高查询效率；在不改变区块链链式结构的情况下，可在链式结构上建立跳表等查询索引，以提高查询效率。除此之外，将难以篡改的日志类型数据上链，可以方便地对所有历史操作进行溯源，从而更方便地对有声读物资源管理、流通过程中的意外情况进行责任界定。

传统区块链的智能合约层可以保证在没有人为参与的情况下进行可信操作，这些操作可追踪且不可逆转，从而保证了区块链的自动化属性。在有声读物资源管理框架中，平台可以通过网络中的超级节点利用由自动化脚本代码组成的智能合约来制定共享交易规则，进行身份审查和数据校验，从而保证有声读物资源共享交易的合法性。而用户可以通过普通节点利用智能合约进行有声读物资源自动化管理，也可以利用智能合约实现与其他用户的自动化内容资源共享。在传统区块链中，智能合约部署方式被作为一种特殊的交易上链。与之类似，在基于区块链的有声读物资源管理框架中，超级节点可以将其发布的智能合约打包成区块后上传至区块链上进行部署，而普通节点的合约需要经过超级节点的验证后才能上链部署。

在传统区块链的应用层中，可以通过非对称加密算法对交易进行加密，因此交易具有隐私性高的特性。在有声读物平台服务场景中，参与数据交互的节点需要对其交易过程中的敏感信息进行保护，而有声读物资源拥有者需要对其拥有的内容资源进行保护。因此，在基于区块链的有声读物管理框架中，不仅要支持各环节中的敏感信息加密，同时也需要支持有声读物资源消费使用过程中的数据加密。对于服务过程中的敏感信息，可直接使用加密算法进行加密，只有加密节点可以对自己参与的交易信息进行访问。对于被消费的有声读物资源，需要其拥有者使用与该资源使用者相关的公钥对其加密，并传输给用户消费，资源被用户使用私钥进行解密，然后才能访问有声读物资源的内容。另外，在本有声读物管理框架中，支持普通节点使用自己的加密算法管理有声读物资源，在一定程度上优化了传统区块链的隐私保护。

本书基于区块链的有声读物管理框架通过节点权限控制和共识机制自定义来满足有声读物资源管理下的数据安全共享需求，通过优化区块结构和建立索引来保证有声读物资源管理中区块链上数据的查询效率，通过日志数据上链来满足其数据可溯源的需求，通过支持编写智能合约来满足有声读物管理中部分功能自动化管理的需求，通过数据及交易信息可加密且可自定义加密的机制来满足有声读物管理中敏感数据保护的需求。

该框架要求有声读物平台服务不同参与主体可以参与管理，但其所有节点的权限不同，对数据隐私性和安全性的要求也各不相同，以达到控制管理权限的目的。此外，作为一种数字产品，有声读物除了保存其数字资源之外，还需要保存与之相关的元数据信息，因此可以与其他应用如产品溯源与管理相似，使用链上链下的存储结构，链上存储关键数据，链下使用数据库存储其他数据。

三、实验仿真与性能分析

本节利用仿真实验对图 8-7 所示的有声读物管理框架的性能进行了验证，整个仿真实验为 Intel Core i7 处理器，CPU 为 2.7 GHz，内存为 16 GB。实验包括 1 个超级节点，并生成 8 个普通节点，节点与节点之间可通信交互。加密算法利用高级加密标准（Advanced Encryption Standard，AES）与 RSA 混合加密的方法。AES 负责加密传输文件的主体部分，提高传输效率。RSA 算法负责加密 AES 密钥，提高传输安全性。当节点间进行有声读物资源交互时，首先，发起方通过 AES 算法创建 AES 密钥，将交互数据加密，并生成交互数据加密文件。然后，接收方通过 RSA 算法创建 RSA 密钥，即 RSA 公钥与 RSA 私钥，并全网广播 RSA 公钥。发起方接收到 RSA 公钥后，使用 RSA 公钥对 AES 密钥进行加密。加密完成后，发起方向接收方传输加密文件与

AES 密钥加密文件。最后，接收方通过自身保留的 RSA 私钥解密 AES 密钥，通过 AES 密钥解密加密文件，获得原始的有声读物资源。通过这种方法，有效降低了网络中数据泄露的风险，同时也提高了数据传输效率。此外，实验共识机制内容为普通节点可将内容上传到区块链网络中，超级节点收集区块链网络中分散的上传内容，当收集到一定数量的上传内容后，就对内进行可信性验证，确保数据真实有效与数据源头安全。之后超级节点将通过验证的数据打包生成区块，并全网广播区块信息，普通节点收集到区块后，将区块复制到节点中的区块链副本上，完成数据更新。

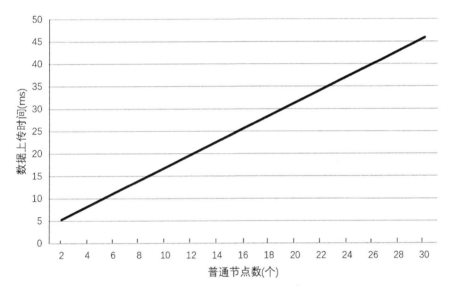

图 8-8　节点内容上传时间

为考察增加区块链之后平台的稳定性和分布式导致的平台抗压能力，实验随机选择普通节点在一定时间内向区块链网络上传相同大小的内容。将普通节点上传命令发出记为上传开始，将生成区块被添加到各个普通节点的区块链副本上记为上传结束，上传数据至区块链平台的时间如图 8-8 所示。图 8-8 显示随着节点数的增加，对应增长的内容上传时间呈线性分布，说明本框架具有稳定性。通过多个节点的内容上传时间可以发现，本框架中内容上传时间短，系统稳定且效率较高。

为验证框架查询效率，实验使用 Merkle-B 树优化现有的数据结构，同时使用跳表结构建立有效的查询索引，以提高区块链上数据查询的效率，结果如图 8-9 所示。

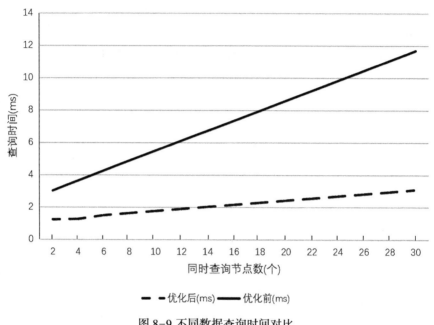

图 8-9 不同数据查询时间对比

可以看出，与 origin 方法相比，本查询方法的查询效率有显著提升，两个节点同时查询时，系统查询效率提升约 2.44 倍，当 30 个节点同时查询时，优化存储后查询效率约为原来查询效率的 3.78 倍。显然，图 8-9 所示的基于区块链有声读物管理框架不仅能保证有声读物的安全性，实现其溯源和全程管理，还有助于提升平台内容资源的上传速率和查询效率，进一步提升用户的服务体验。

结　　语

经过近 10 年的成长，我国有声读物产业已进入全场景高速发展阶段，各服务提供商迫切需要提高自身竞争优势来站稳脚跟并获得快速发展。而作为服务竞争核心理念的体现，个性化服务以用户为中心，依据各种渠道对资源进行收集、整理和分类，向用户提供和推荐其所需服务，以满足用户的需求。这种方式打破了传统被动服务用户的方式，能够充分利用各种资源优势，优化产业链，主动开展以满足用户个性化需求为目的的全方位服务，是技术进步导致企业竞争的必然产物。显然，从用户价值实现视角出发，以用户有声读物消费期望为导向评价有声读物服务平台的服务质量，找出平台服务存在的问题及其对应的原因，并设计可行的优化方案，提升平台向用户提供服务的质量，满足用户需求，更好地为用户提供高效高质量的服务，有助于促进有声读物市场的高质量发展和完善。

一、研究结论

本书针对我国有声读物快速发展导致各类服务质量问题的现实入手，以有声读物平台为对象，从有声读物平台服务的用户价值实现视角出发，构建有声读物平台服务质量评价模型，获得有声读物平台服务评价指标。在此基础上，本书从平台可靠性、稳定性、服务响应、用户内容个性化以及有声读物知识产权管理等视角对有声读物平台服务质量加以优化。本书研究内容的主要结论如下。

（1）有声读物平台用户价值呈现出层次性，重要的属性价值包括内容资源如资源丰富程度和用户享受服务的体验如随时随地听、内容质量高等，重要的结果价值是所需资源的高效获取，而目标价值则体现在乐趣和享受。此外，有声读物平台用户价值的每一层都与其他两层元素有直接或间接关联，属性层价值导向出相应的结果及目标层价值，而目标层价值也经常由不同的属性和结果达成，最后共同形成价值链。再次，娱乐休闲、成就感与自我实现为主导价值，以此来放松心情、释放压力并利用碎片化时间拓宽思路，学习新知识。最后，目前我国有声读物平台虽然社交布局明显，但并未产生明显的社区互动效益，用户社交价值和归属感期待明显。

（2）综合利用 SERVQUAL 量表和 PZB 差距理论，构建的有声读物平台服务质量模型基本符合我国有声读物平台服务现状，深入评估我国有声读物平台服务质量后发现在感知性、响应性、保证性、可靠性、移情性和声音质量各个方面，服务质量评价的总得分较低，平台且存在定价不合理、平台稳定性、服务品质和用户内容资源个性化需求有待改进，需加强内容资源尤其知识产权的管理。

（3）移动智能终端使得随时随地消费有声读物成为可能，给用户带来极大便利性，在一定程度上催生了有声读物市场的空前繁荣。但随时随地消费有声读物需要准确地获得用户位置并为其选择合适的服务节点以响应用户有声读物消费需求。当前，各类定位技术基本上能够为不同环境下的用户提供定位服务，包括室内室外。引入滤子滤波和联合熵技术，应用卡尔曼滤波，可以改善定位技术，使其适应更多复杂环境。同时，考虑到服务节点选择本质上是实现用户有声读物服务感知尽量达到预期，因为可以将其形式化为一个优化匹配问题，然后利用相关技术加以解决，从而实现服务节点的最佳分配，以提高平台的有声读物服务体验。

（4）有声读物平台服务质量问题在一定程度上是由其高速发展导致市场竞争产生的。在信息爆炸内容资源极大丰富、个性化服务成为趋势的当前信息社会，以个性化服务为特征的服务竞争必将成为有声读物平台的最终形式。服务竞争提倡"以顾客为中心"，依据各种渠道对资源进行收集、整理和分类，向用户提供和推荐其所需服务，以满足用户的需求，吸引和保持住客户，最终取得优势。服务竞争这种"以顾客为中心"的个性化服务理念的实施是建立在分析用户内容消费偏好，并以此为基础理解用户消费需求并为其推荐适合其需求的基础上的。

（5）基于位置的用户服务节点分配在提高用户有声读物消费便利性的同时有助于平台资源定位，个性化内容推荐在提升用户内容消费体验的同时有助于平台确定资源需求，云计算的即购即用模式和全球部署的各类云资源则有助于有声读物平台根据用户位置和资源需求，实时调整其服务范围和服务规模，以提升平台的稳定性、可靠性和响应速度。合理的边缘节点部署能选择合理的合作云并从其中获得所需资源，实现有声读物平台服务范围和服务规模的随用户需求变化而变化，节点间信息传输过程中的资源分配策略旨在提高有声读物平台内信息传输效率，实现全平台内容资源高效流通，二者共同组成有声读物平台智能管理策略，确保资源在整个平台服务过程中的高效流动，以保证平台服务过程中的稳定性、可靠性和响应速度。

（6）造成我国有声读物服务质量问题主要原因除了市场高速发展导致无序竞争之外，知识产权也是一个不可回避的重要因素。当前作为数字内容产品的一种，有声读物具有与其他数字内容产品相似的易复制和篡改、同步传输以及追踪和认定困难等知识产权管理问题。区块链作为一种广泛应用于金融和物流管理的新技术，具有分布式、可追溯性以及防篡改等特性，与有声读物知识产权管理有天然的契合，能应用于有声读物平台的有声读物产品知识产权的管理。仿真结果显示，利用区块链对平台进行有声读物资源的知识产权管理，还有助于提高平台内容资源的上传速率和查询效率，进一步提升用户的服务体验。

二、不足与展望

本书针对我国有声读物平台服务质量面临众多问题的现状，以服务竞争为出发点，在分析平台用户价值的基础上，引入 SERVQUAL 量表和 PZB 差距理论，构建平台服务质量模型以评估我国有声读物平台的服务质量，并根据平台服务质量面临的主要问题，从用户服务节点分配、内容个性化推荐、平台动态资源分配以及有声读物知识产权管理等方面对有声读物平台服务质量进行提升和优化，促进我国有声读物市场的快速发展。但本书还存在一些不足，主要体现在：

（1）本书从用户消费期望视角构建的有声读物平台服务质量评价模型，该方法有助于完整挖掘用户对有声读物平台服务的期望，进而减少平台服务与用户期望之间的差距。事实上，服务质量不仅与用户相关，还与有声读物平台运营组织相关，受运营组织员工的能力、意识、平台服务设施设备、有声读物产品生产质量、平台服务规范、硬软件环境、技术采纳和平台构建理念等各方面的影响。因此，有必要在接下来的时间内，继续从上述方面开展工作，以便构建更为完善的有声读物平台服务质量评价模型，以引导我国有声读物平台服务质量优化问题的研究。

（2）本书在获取的我国有声读物平台服务质量结果基础上，针对有声读物平台在服务用户过程中存在的便利性、内容丰富性和知识产权、平台的安全性、稳定性和响应速度等主要问题，引入合适的技术，从用户服务节点分配、内容个性化推荐、平台动态资源分配和有声读物资源的知识产权管理等方面设计出相应策略，对有声读物平台服务质量加以提升和优化。这些优化策略从理论上有助于我国有声读物平台服务质量的提升，实验结果也表明各类策略能取得预期效果，但这些实验大多是建立在仿真基础之上的，缺乏直接在有声读物平台上进行应用的实际效果验证。因此，有必要接下来将这些优化策略应用到实际有声读物平台，通过实际运行效果对设计的模型和策略进行效果验证并做相应的优化，以保证这些策略能在实际平台上取得预期效果。

参 考 文 献

1. 俞军等：《俞军产品方法论》，中信出版社 2020 年版。

2. ［美］伍德拉夫、加蒂尔：《洞察你的顾客》，董大海、权小妍译，机械工业出版社 2004 年版。

3. ［美］科特勒等：《营销管理》第 14 版，王永贵等译，中国人民大学出版社 2014 年版。

4. 阿迪瓦特等：《理解分布式账本技术/区块链——挑战、机遇和未来标准》，《信息安全与通信保密》2017 年第 12 期。

5. 白晨、甘利人：《数据库使用中的用户偏好分析》，《图书情报工作》2009 年第 16 期。

6. 白长虹：《西方的顾客价值研究及其实践启示》，《南开管理评论》2001 年第 2 期。

7. 曾志华、卢彬：《中国有声读物播读评价体系构建研究》，《现代传播（中国传媒大学学报）》2018 年第 7 期。

8. 陈博雅：《听书对小学生阅读推广效果的影响研究》，西南大学 2018 年硕士学位论文。

9. 淳姣、赵媛、薛小婕：《有声读物图书馆及其构建模式研究》，《图书情报工作》2010 年第 23 期。

10. 邓香莲：《新媒体环境下大学生有声阅读行为特征研究——以上海大学生为例》，《图书情报知识》2018 年第 5 期。

11. 邓学平、杨毅、彭超：《移动定位社交产品用户价值研究——基于手段—目的链视角》，《重庆邮电大学学报（社会科学版）》2016 年第 4 期。

12. 丁海猛、文宏伟：《角色变迁、顾客价值体系构建与商业模式再造——实体书店的发展探讨》，《科技与出版》2018 年第 4 期。

13. 范秀成：《品牌权益及其测评体系分析》，《南开管理评论》2000 年第 1 期。

14. 高志辉：《付费有声书知识服务满意度研究——以"樊登读书"为例》，《情报科学》2020 年第 5 期。

15. 郭少聃：《数据稀疏和隐性反馈条件下用户偏好挖掘方法》，华中科技大学 2012 年博士学位论文。

16. 何洋：《基于 Web 的用户偏好挖掘与系统实现》，华中科技大学 2012 年博士学位论文。

17. 贺钰滢：《奥德博有声出版公司研究》，《出版科学》2016 年第 1 期。

18. 胡昌平、邵其赶、孙高岭：《个性化信息服务中的用户偏好与行为分析》，《情报理论与实践》2008 年第 1 期。

19. 胡旭初、孟丽君：《顾客价值理论研究概述》，《山西财经大学学报》2004 年第 5 期。

20. 姜虹冰、吕建生：《有声读物 App 用户的持续使用行为影响因素研究》，《科技与出版》2020 年第 10 期。

21. 井一荻：《区块链在互助保险领域中的应用价值研究》，《现代经济信息》2018 年第 6 期。

22. 孔凡红：《全媒体时代有声读物的市场策略探究》，北京印刷学院 2017 年硕士学位论文。

23. 孔嘉雯：《文化传播力视角下有声读物的发展策略研究》，苏州大学 2018 年硕士学位论文。

24. 李凌：《平台经济发展与政府管制模式变革》，《经济学家》2015 年第 7 期。

25. 李武、赵星：《大学生社会化阅读 App 持续使用意愿及发生机理研究》，《中国图书馆学报》2016 年第 1 期。

26. 林佩、王兆谷：《传播载体变迁视阈下的有声读物》，《出版发行研究》

2019 年第 5 期。

27. 刘晓兰、徐丽芳：《中文数字学术期刊用户价值模型实证研究》，《出版科学》2012 年第 6 期。

28. 鲁良兵：《手机软件用户体验的评估及其对使用意愿的预测作用》，浙江大学 2010 年硕士学位论文。

29. 陆剑江、杨季文、钱培德：《基于用户兴趣的数字资源的集成化研究》，《计算机应用与软件》2008 年第 8 期。

30. 栾碧雅、张卫东：《基于感知理论的移动有声阅读平台用户满意度研究》，《图书馆学研究》2020 年第 16 期。

31. 罗茜：《我国有声读物平台研究——以喜马拉雅 FM 为例》，南京大学 2017 年硕士学位论文。

32. 梅翔、孟祥武、陈俊亮、徐萌：《一种基于用户偏好分析的查询优化方法》，《电子与信息学报》2008 年第 1 期。

33. 孟丹丹：《移动互联时代有声读物的发展现状、问题与对策》，河南大学 2016 年硕士学位论文。

34. 欧阳昌海：《基于用户价值的网络游戏营销策略》，《中国出版》2014 年第 24 期。

35. 裴永刚：《美国有声书发展态势及启示》，《现代出版》2017 年第 1 期。

36. 彭兰：《平台机制与用户意愿：知识付费的两大要素解析》，《中国编辑》2018 年第 11 期。

37. 邱璨：《移动互联网时代我国有声读物创新发展策略研究》，河北大学 2017 年硕士学位论文。

38. 田莹：《新媒体时代有声读物的发展问题与对策分析》，河南大学 2013 年硕士学位论文。

39. 童云、周荣庭：《论有声读物的用户需求及其超媒介生产策略》，《现代传播（中国传媒大学学报）》2018 年第 5 期。

40. 童云、周荣庭：《有声读物声音质量评价维度》，《中国广播》2020 年第 1 期。

41. 王洪明：《基于本体和标签的用户偏好提取系统的设计与实现》，北京邮电大学 2011 年硕士学位论文。

42. 王慧、徐丽芳：《中文学术期刊全文数据库用户价值研究》，《图书情报知识》2017 年第 6 期。

43. 王俊佳：《基于用户感知价值的移动新闻客户端用户忠诚影响因素研究》，北京交通大学 2016 年硕士学位论文。

44. 王勉：《MPR 纸质数码有声出版技术创新及发展优势》，《科技与出版》2014 年第 4 期。

45. 王冉：《基于用户体验的知识付费平台服务质量评价体系构建研究》，安徽大学 2019 年硕士学位论文。

46. 王香玉：《自媒体时代有声读物的盈利模式研究》，广西大学 2018 年硕士学位论文。

47. 王玉君：《网络信息用户偏好分析》，《科技情报开发与经济》2013 年第 23 期。

48. 王紫璇、王一鏖：《Libro.fm：专业的有声"独立书店"》，《出版参考》2018 年第 5 期。

49. 魏志鹏、张丽：《在线有声读物平台用户行为影响因素探析——基于技术接受模型的实证研究》，《出版与印刷》2020 年第 1 期。

50. 徐丽芳、徐志武、章萌：《科学网信息用户价值及其满意度研究》，《出版科学》2017 年第 6 期。

51. 徐丽芳、周伊：《欧美有声书平台比较研究》，《出版参考》2019 年第 4 期。

52. 闫健：《网络信息使用中的用户偏好分析》，《农业图书情报学刊》2012 年第 1 期。

53. 姚媛、许天才：《移动图书馆用户体验评价结构模型研究》，《国家图书馆学刊》2018 年第 5 期。

54. 姚忠将、葛敬国：《关于区块链原理及应用的综述》，《科研信息化技术与应用》2017 年第 2 期。

55. 叶阳、王涵：《有声阅读平台用户内容付费意愿影响因素研究》，《图书馆学研究》2018 年第 1 期。

56. 叶阳、张美娟、王涵：《有声书 App 用户使用行为影响因素分析》，《出版发行研究》2017 年第 7 期。

57. 叶志桂：《西方顾客价值研究理论综述》，《北京工商大学学报（社会科学版）》2004 年第 4 期。

58. 张惠彬、刘诗蕾：《从"眼见"到"耳闻"：有声书出版侵权行为的法律规制》，《科技与出版》2018 年第 10 期。

59. 张琦、徐志武、贺钰滢：《科学网博客用户价值研究》，《知识管理论坛》2017 年第 4 期。

60. 张天莉、罗佳：《短视频用户价值研究报告 2018—2019》，《传媒》2019 年第 5 期。

61. 赵丽华：《从朗读到有声阅读：阅读史视野中的"听书"》，《现代出版》2018 年第 1 期。

62. 周向军：《基于用户偏好的个性化 Web 服务优化策略》，《微电子学与计算机》2009 年第 8 期。

63. 周云倩、钟孟倩：《移动有声阅读双边市场特征与平台竞争研究》，《中国出版》2018 年第 14 期。

64. 朱娟、李永发：《美国有声书产业发展现状及对我国的启示》，《科技与出版》2019 年第 3 期。

65. 朱岩、甘国华、邓迪等：《区块链关键技术中的安全性研究》，《信息安全研究》2016 年第 12 期。

66. 诸葛寰宇：《我国有声书平台的发展研究——以喜马拉雅 FM 和蜻蜓 FM 对比为例》，《北京印刷学院学报》2017 年第 4 期。

67. 左玉冰、祁大伟：《知识付费平台产品价值链和运营模式分析》，《科技与出版》2019 年第 4 期。

68. Ahmad M., AbawajyJ. H., "Digital Library Service Quality Assessment Model", *Procedia-Social and Behavioral Sciences*, 2014, 129 (1).

69. Baker T. , Al-Dawsari B. , Tawfik H. , Reid D. , Ngoko Y. , "GreeDi: An Energy Efficient Routing Algorithm for Big Data on Cloud", *Ad Hoc Networks*, 2015 (35).

70. Barnett T. , "Book review: Digital Audiobooks: New Media, Users and Experiences", *Media International Australia*, 2017, 164 (1).

71. Beloglazov A. , Abawajy J. , Buyya R. , "Energy-aware Resource Allocation Heuristics for Efficient Management of Data Centers for Cloud Computing", *Future Generation Computer Systems*, 2012, 28 (5).

72. Cerroni W. , Callegati F. , "Live Migration of Virtual Network Functions in Cloud-based Edge Networks", *2014 IEEE International Conference on Communications (ICC)*, 2014.

73. Colbjornsen T. , "The Accidental Avant-garde: Audiobook Technologies and Publishing Strategies from Cassette Tapes to Online Streaming Services", *Northern Lights: Film & Media Studies Yearbook*, 2015, 13 (1).

74. Dongolo Z. , Kovacs K. , Simon K. , & Szecsi Z, Legendárium Nagyappó: Augmented Reality-Based Audiobook Application, *2018 IEEE 16th International Symposium on Intelligent Systems and Informatics (SISY)*.

75. Einasto Olga, "E-service Quality Criteria in University Library: A Focus Group Study", *Procedia Social & Behavioral Sciences*, 2014, 147.

76. Ergen T. , Kozat S. S. , "Online Training of LSTM Networks in Distributed Systems for Variable Length Data Sequences", *IEEE Transactions on Neural Networks and Learning Systems*, 2018, 29 (10).

77. Fisk R. P. , Brown S. W. , Bitner M. J. , "Tracking the Evolution of the Services Marketing Literature", *Journal of Retailing*, 1993, 69 (1).

78. Furini M. , "Digital Audiobook: From Passive to Active Pursuit", *Multimedia Tools and Applications*, 2007, 40 (1).

79. Gronroos C. , "Value-driven Relational Marketing: From Products to Resources and Competencies", *Journal of Marketing Management*, 1997, 13 (5).

80. Gronroos C. , "Relationship Approach to Marketing in Service Contexts: The Marketing and Organizational Behavior Interface ", *Journal of Business Research*, 1990, 20 (1).

81. Gummesson E. , "The New Marketing—Developing Long-term Interactive Relationships", *Long Range Planning*, 1987, 20 (4).

82. Guo J. , Liu F. , Huang X. , Lui J. , Hu M. , Gao Q. , & Jin H. , "On Efficient Bandwidth Allocation for Traffic Variability in Datacenters", in *IEEE INFOCOM 2014 - IEEE Conference on Computer Communications*, 2014.

83. Have I. , Pedersen B. S. , "The Audiobook Circuit in Digital Publishing: Voicing the Silent Revolution", *New Media & Society*, 2019, 22 (3).

84. Heo J. , Ham D. H. , Park S. , et al. , "A Framework for Evaluating the Usability of Mobile Phones Based on Multi-level, Hierarchical Model of Usability Factors", *Interacting with Computers*, 2009, 21 (4).

85. Hoare C. A. R, "Quicksort", *Computer Journal*, 1962 (5).

86. Holland S, KieBling W. , "User Preference Mining Techniques for Personalized Applications", *Wirtschaftsinformatik*, 2004, 46 (6).

87. https: //aws. amazon. com/ec2/purchasing-options/spot-instances/.

88. KAHLE L. R. , "Alternative Measurement Approaches to Consumer Values: The List of Values (LOV) and Values and Life Style (VALS) ", *Journal of Consumer Research*, 1986, 13 (3).

89. Lewis R. C. , Booms B. H. , *The marketing aspects of service quality*, 1983.

90. Liang Q. , Zhang J. , Zhang Y. , and Liang J. , "The Placement Method of Resources and Applications Based on Request Prediction in Cloud Data Center", *Information Sciences*, 2014, 279 (9).

91. Mianowska B. , Nguyen N. T. , "Tuning User Profiles Based on Analyzing Dynamic Preference in Document Retrieval Systems", *Multimedia tools and applications*, 2013, 65 (1).

92. Papadomichelaki X. , Mentzas G. A. , "Multiple-Item Scale for Assessing E-

Government Service Quality", *Springer Berlin Heidelberg*, 2009.

93. Parasuraman A. , Zeithaml V. A. , Berry L. L. , "A Conceptual Model of Service Quality and its Implication for Future Research (SERVQUAL) ", *Journal of Marketing*, 1985 (49).

94. Parasuraman, "Grewal D. , The Impact of Technology on the Quality–Value–Loyalty Chain: A Research Agenda", *Journal of the Academy of Marketing Science*, 2000, 28 (1).

95. Park J. H. , Kang J. H. , "Resource Collaboration System Based on Dynamic User Preference and Context", *Artificial Intelligence Review*, 2010, 34 (3).

96. Peska L. , "User Feedback and Preferences Mining", *Springer Berlin Heidelberg*, 2012.

97. Peter, J, Paul, et al. , "Caution in the Use of Difference Scores in Consumer Research", *Journal of Consumer Research*, 1993, 19 (4).

98. Reynolds T. J. , Gutman J. , "Laddering theory, Method, Analysis and Interpretation", *Journal of Advertising Research*, 1988, (*Feb/March*).

99. Rogowsky B. A. , Calhoun B. M. , Tallal P. , "Does Modality Matter? The Effects of Reading, Listening, and Dual Modality on Comprehension", *SAGE Open*, 2016, 6 (3).

100. Sasser W. E. , Olsen R. P. , Wyckoff D. D. , "Management of Service Operations: Text, Cases, and Readings", *Allyn and Bacon*, 1978.

101. Satoshi Nakamoto, "Bitcoin: A Peer–to–Peer Electronic Cash System", *Social Science Electronic Publishing*.

102. Shokoff J. , "What Is an Audiobook?", *The Journal of Popular Culture*, 2001, 34 (4).

103. Shu Z. , Yu L. , Yang X. , "Personalized Tag Recommendation Based on User Preference and Content", *Advanced Data Mining and Applications*, *Springer Berlin Heidelberg*, 2010.

104. Teng F. , Magouls F. , "A New Game Theoretical Resource Allocation Algo-

rithm for Cloud Computing", in *Proceedings of Advances in Grid and Pervasive Computing – 5th International Conference (GPC)*, 2010, Vol. 2010.

105. Tsinaraki C. , Christodoulakis S. , "An MPEG-7 Query Language and a User Preference Model That Allow Semantic Retrieval and Filtering of Multimedia Content", *Multimedia Systems*, 2007, 13 (2).

106. Wang X. , Gao L. , Mao S. , and Pandey S. , "Csi-based Fingerprinting for Indoor Localization: A Deep Learning Approach", *IEEE Transactions on Vehicular Technology*, 2016.

107. Warneke D. , Kao O. , "Exploiting Dynamic Resource Allocation for Efficient Parallel Data Processing in the Cloud", *IEEE Transactions on Parallel and Distributed Systems*, 2011, 22 (6).

108. Whitten R. , "Growth of the Audio Publishing Industry", *Publishing Research Quarterly*, 2002, 18 (3).

109. Wolfinbarger M. , Gilly M C. , "eTailQ: Dimensionalizing, Measuring and Predicting Etail Quality", *Journal of Retailing*, 2003, 79 (3).

110. Woodruff R. B. , "Customer Value: The Next Source for Competitive Advantage", *Journal of the Academy of Marketing Science*, 1997, 25 (2).

111. Xiao Z. , Song W. , Chen Q. , "Dynamic Resource Allocation Using Virtual Machines for Cloud Computing Environment", *IEEE Transactions on Parallel and Distributed Systems*, 2013, 24 (6).

112. Yin H. , Zhang X. , Liu H. H. , Luo Y. , Tian C. , Zhao S. , and Li F. , "Edge Provisioning with Flexible Server Placement", *IEEE Transactions on Parallel & Distributed Systems*, 2017, 28 (4).

113. Yoon M. S. , Kamal A. E. , and Zhu Z. , "Adaptive Data Center Activation with User Request Prediction", *Computer Networks*, 2017, 122 (7).

114. Zheng L. , Joewong C. , Tan C. W. , et al. , "How to Bid the Cloud", *Acm Sigcomm Computer Communication Review*, 2015, 45 (4).

115. Zhilin Yang, Shaohan Cai, Zheng Zhou, Nan Zhou, "Development and Vali-

dation of an Instrument to Measure User Perceived Service Quality of Information Presenting Web Portals", *Information & Management*, 2004, 42 (4).

后　记

　　有声读物作为数字出版的一种形态，是信息技术与出版产业相结合的产物，也是信息技术发展到一定阶段用户内容消费需求的必然产物。有声读物打破了人类惯用的以"看"为主的图文内容消费方式，通过"听"来获取内容，突破传统内容消费携带性较差、占据空间、阅读场所受限制等缺点，促进了内容阅读的快速发展；同时，有声读物通过将文字信息转换成声音，通过声音节奏与情绪化表达传递呈现文字内容，给受众带来场景化的沉浸式收听，提高受众阅读体验。最后，作为伴随性的阅读方式，有声读物多任务+知识性的内在属性有助于用户充分利用碎片化时间来获得知识，在扩宽用户知识获取途径的同时，提高用户的知识获取能力。有声读物在内容消费上的上述优势适应泛在移动环境下虚实交融的现实生活下人民阅读需求并得到快速发展，导致其市场影响力持续扩大，市场竞争迅速加剧，造成当前有声读物平台服务质量问题如服务品质、资源管理、个性化服务甚至平台运营等层出不穷，在一定程度上阻碍了有声读物产业的发展。

　　鉴于此，本书将笔者和同学们的研究和实践成果进行凝练和归纳，从用户视角出发，在详细分析我国有声读物平台用户价值核心元素基础上，引入服务质量评价理论，构建我国有声读物平台服务质量评价模型，揭示我国有声读物平台服务质量存在的问题及其对应的原因，并设计可行的优化方案，提升平台向用户提供服务的质量，满足用户需求，更好地为用户提供高效高质量的服务，有助于促进有声读物市场的发展和完善。在成稿过程中，方卿、徐丽芳、许洁和杨思洛老师给予了无私帮助，曹蒙、向安玲、许芸茹、蒋欢、胡锦阳、刘萍等同学在本书不同章节的内容上为本书的成书提供了帮助。大家都激励我尽快完稿。其间，无论是武汉大学信息管理学院的同事、学生，还是我的家人、朋友都给予我莫大支持和鼓舞。遗憾的是，限于篇幅，而无法在此列举更多的人。

在本书即将付梓之际，一并向所有关心、支持、帮助和指导我的人致以崇高敬意！向参与有声读物和出版知识服务相关课题研究的同仁，向业内进行有声读物和出版知识服务相关探索的专家学者致敬。

袁小群

2022 年 7 月 28 日于珞珈山枫园

责任编辑:翟金明

封面设计:姚　菲

图书在版编目(CIP)数据

中国有声读物平台服务质量评估及优化研究／袁小群著.— 北京：
　人民出版社，2022.11
ISBN 978-7-01-025373-2

Ⅰ.①中… Ⅱ.①袁… Ⅲ.①电子出版物-网络服务-质量评价-
　研究-中国 Ⅳ.①G252.17

中国版本图书馆 CIP 数据核字(2022)第 257913 号

中国有声读物平台服务质量评估及优化研究

ZHONGGUO YOUSHENG DUWU PINGTAI FUWU ZHILIANG PINGGU JI YOUHUA YANJIU

袁小群　著

人民出版社 出版发行

(100706　北京市东城区隆福寺街 99 号金隆基大厦)

北京九州迅驰传媒文化有限公司印刷　新华书店经销

2022 年 11 月第 1 版　2022 年 11 月北京第 1 次印刷
开本:710 毫米×1000 毫米 1/16　印张:18
字数:257 千字

ISBN 978-7-01-025373-2　定价:78.00 元

邮购地址　100706　北京市东城区隆福寺街 99 号金隆基大厦

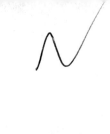